Carl Gottlob Cramer

Der deutsche Alcibiades

Carl Gottlob Cramer

Der deutsche Alcibiades

ISBN/EAN: 9783742897220

Hergestellt in Europa, USA, Kanada, Australien, Japan

Cover: Foto ©ninafisch / pixelio.de

Manufactured and distributed by brebook publishing software (www.brebook.com)

Carl Gottlob Cramer

Der deutsche Alcibiades

Vorrede.

Ihr habt meine Risa geliebt; edle deutsche Weiber! aber auch Amalien nicht verurtheilt, und ihr in der Stille vielleicht, eine mitleidige Thräne geweint? — Empfangt hier meinen wärmsten Dank! — Ich empfinde ganz eigne Freude, wenn ich offene Gefühle für natürliche Wahrheit entdecke; denn sie bezeichnen mir allemal einen unverderbten Karakter, und das ists ja, was ich an jedem Menschen, und insbesondre noch an der zweiten holdseligen Hälfte zu finden wünsche. Der Mann, ohnedem rauher, ist oft in Verbindungen eingeflochten, die ihm das verdeckt Denken und Handeln, ohne daß ers wünscht und will, angewöhnen, und größtentheils also solche Gefühle für ihn verloren gehn; er ist also, meines Erachtens, allezeit mehr zu beklagen als weniger zu schätzen, im Fall seine mindre Fühlbarkeit, dem Ganzen oder auch einzelnen Theilen nicht schadet. Sobald
ich

ich aber finde, daß ein Weib, ohne durch Verbindungen und intrikate Geschäfte zur traurigen Maske genöthigt, oder für solche diesem Geschlechte doch besonders eigne Gefühle, durch eine stiefmütterliche Laune der Natur verstumpft zu sein, auch verdeckt denken, und anders reden will als sie fühlt, so glaube ich nicht unbillig zu handeln, wenn ich sofort davon auf eine schiefe Seele schließe. Wenn das Herz gut ist, so kann beim Manne die Verstellungskunst eine besondre Tugend werden; aber bei dem Weibe wird sie es gewiß nie, weil hier die Gelegenheit wegfällt dadurch etwas Gutes zu stiften, und sie also immer nur zu kleinlicher Kabale gebraucht wird.

Aber ich wollte ja nur einigen guten braven Weibern, die mir unters Gesicht sagten: daß ihre Herzen ungleich wärmern Antheil an den Schicksalen einer unglücklichen Amalie genommen als am festen Muthe der Risa, nicht sowohl eine Galanterie sagen, als ihrem Herzen, zur Dankbarkeit, hier öffentlich Gerechtigkeit wiederfahren laſſen, die ſie nicht in jedem Männerſinne finden; und ſiehe da! der trockne Moraliſt hat Wahrheit gepredigt. Ich wollte ihnen nur ſagen, daß dieſes nicht unterdrückte Gefühl

ihren

ihren guten Herzen ungleich mehr Ehre macht als das Schnikkern und Naserümpfen eines wohlgebauten Gänschens, das, ausgethan vielleicht aus der Liste männlicher Eroberungen, oder, mit schon so durchlöcherten Aussenwerken, daß der Eroberer, über die Ruinen ihrer Tugend hin, ohne Schwertschlag in die Citadelle steigt, auftreten, und mit einem mitleidigen Achselzucken sagen kann: Amalie war gut, aber doch — schwach! — und, siehe da! ich hab' es demonstrirt. Doch ich bin überzeugt, daß sie, die so gut und fein empfinden, auch den Vorzug eines demonstrirten Kompliments vor einem nur so hingesagten empfinden, und mir die trockne Art, mit der ich es sagte, vergeben werden. Ich setze nur noch, zur Warnung für jene Stolzen, hinzu: daß ungleich mehr dazu gehöre einer Amalie das Urtheil zu sprechen als eine Risa zu bewundern; und daß der heimliche Stolz, der sie zu diesen beiden Extremen hinreißt, sie doch zu keinem Originale derselben erheben wird! — und — empfehle mich.

Geschrieben, im Sommer 1790.

Erster

Erster Abschnitt.

Die Kabale in Konvulſionen.

Es ſtemmt ſich nun ſo dann und wann ein unerwartetes Sandkörnchen Edelmuth und unüberwindbare Wahrheit, im großen Getriebe der Kabale, gegen ihre beſte Schwungfeder, und ſetzt ihre famöſe Maſchine ſo ſehr in Unordnung, daß es eine wahre Luſt iſt mit anzuſehn, wie ſich die Herren Direkteurs ängſtlich und immer ängſtlicher um die, durch ſo manchen Schiffbruch ihrer beſten Lootſen wohl bekannten Klippen und Sandbänke winden, und nach einem ſichern Ufer eilen; aber es iſt dennoch nichts hinfälliger in der Welt als Hoffnungen, die der Wohlgeſinnte in fröhlicher Voreiligkeit auf ſolche Phänomene baut! denn eher iſt der unſterbliche Polype zu tödten, eher der heimtückiſche Bandwurm aus ſeinem unzugänglichen Neſte zu jagen, als ein ſolches Staatenfreſſendes Ungeheuer auszurotten. Es ſitzt zu feſt und ſicher in den edelſten Theilen eines jeden Staatskörpers, als daß ihm der beſte politiſche Brambilla beikommen, es bei der Wurzel faſſen, und, ohne ſein eignes und das Leben vieler Tauſende zu riſkiren, herausreißen könnte. Nur der heldenmüthige Gallier, (nicht der rebelliſche Franzos, den die Zeitgenoſſen verabſcheuen, und die ſpäten Enkel bemitlei-

müssen) im Bewußtseyn seiner alten Kraft Bürde, wagt einen herzhaften Schnitt in die⸗ stbeule der Menschheit; und er glückt. Er ! — aber wer weiß immer noch ob auch der tock mit herausgerissen ist, oder etwan nun te Schabe desto gefährlicher unsichtbar unter tert und der robuste Körper immer glaubt, er sund, bis er auf einmal vom heimlichen Ue⸗ ꝛvermuthet überfallen wird, und ohne Ret⸗ überwältigt dahin sinkt. Es ist freilich eine me Sache, mit dem Dulden sowohl als mit ⸗esperationskuren, für einen ehrlichen Mann, icht so schöpsartig in die Welt hinein zu leben, en höchsten Schmerz nur mit einem erbärm⸗ „Bläh!" von sich zu geben gewohnt ist! nst strengt sich der Geist an; er erliegt unter Rasse, denn alles drückt und drängt ihn nach ːrde zurück. Umsonst keimt das glücklichste ', und treibt die schönste Knospe! Wer kein machen, nicht kriechen und schmeicheln, und ein heiliger Bube sein kann, der ist für diese eine traurige lächerliche Null. Aber setzt sich inst ein einziger Zähler an die Spitzen aller Nullen — o, dann sollt' es eine furchtbare geben! —

ndeß flickt man sich hin, so gut es gehn will, ückt sich und schleicht sich unter den fürchter⸗ Ungeheuern weg, die einen auf allen Seiten ːchen, und allenfalls drückt man auch indeß, if bessere Zeiten, ein Auge zu, weil man jetzt sicher mit zweien sehen darf, und schüttelt
sich

sich und denkt: Hu! wenn dieser Fluch auf dir ruhte; würdest du wohl so ruhig unter deinem Birnbaume schlummern können? — Der klügste Mann, von der guten Art, ist jetzt der größte Quacksalber! denn er leiert und leiert, und verschwendet die sanftesten heilsamsten Arzneien an einem unheilbaren Uebel; und wenn er dann alles gethan hat, was nur ein ehrlicher Mann thun kann, und der Schade, den er hier vertrieben, immer wieder an einem andern Orte gefährlicher ausbricht, so bleibt es — wobei es allemal in unserm Vaterlande bleibt — beim Seufzen.

In der christlichen Kirche, wo man so viel aufs Seufzen und so wenig aufs Handeln hält, möchte das allenfalls hingehen, in soferne sie keinen Anspruch auf die physische Welt macht; aber aus einem Staate seufzen auch ein ganzes Menschenalter voll Seufzer nicht einen einzigen Buben hinaus. Ich seufze nicht; denn wer würde meinen Seufzer hören? und wenn ihn eins hörte, wer ihn zu Herzen nehmen? Nein! ich schöpfe nur, mit einem freien Athemzuge, frische Luft; denn es ist doch vom Herzen weg, und wende mich ruhig nach Nordia.

Dort war es just so, wie wir hier im vorläufigen Bilde gesehn; jeder Athemzug seufzte, da Caspar auftrat, und niemand wagte mehr. Jetzt stand er vor dem Könige, und sprach, nicht wie der Bürger mit seinem Monarchen, sondern wie Casper mit seinem Arno; sprach von Herzen, wie Casper spricht — wie ein Greis spricht, der kaum diese Erde noch mit seinen Füßen berührt und mit seinem Geiste schon in der Ewigkeit ist; und die Kabale lag — in Konvulsionen.

Aber man hat ja die Beispiele, daß sich besonders ein Ungeziefer auch aus Konvulsionen erholt hat, und dann schlimmer geworden ist als zuvor; so laßt denn sehn, was diese Stimme vermag, die der Stimme eines abgeschiednen Geistes aus der

Un-

Unsterblichen Wohnsitze glich. „Arno!" rief der zitternde Casper, als sie jetzt allein waren, und er nun aufstand, da die Stunde vollendet war, um die er gestern den König gebethen hatte: „so lieb dir Glück und Ruhe disseits noch und bald vielleicht jenseits der Verwesung ist, Arno! beherzige, was dir Casper gesagt hat, der nicht gewohnt ist für einem Undinge zu zittern. — (vertraulich und bieder ihm die Hand auf die Achsel legend.) Arno! du bist nicht immer König in Nordia, dessen Wink über Leben und Tod, und über Elend und Freude der Erde gebietet! — Die Würmer scheuen keinen König! und in der Wagschale der jenseitigen Gerechtigkeit wiegt deine Krone keinen einzigen Seufzer der Unterthanen, und alle deine Heldenthaten nicht eine Thräne der gedrückten Unschuld auf! — Die Welt sagt: du hättest Religion; deine Feinde setzen hinzu: du wärst sogar eifrig, daß es an Bigotterie grenze; — (mit Nachdruck) Ich behaupte: deine Religion ist, was sie bei den meisten Menschen ist, ein Ritus, den die Maschine den Vätern und Urvätern nachmacht, ohne daß das Herz sie fühlt, und der Geist darinnen arbeitet. — Du weißt, was man einst von mir sagte, wenn ich in den Wäldern umher ritt' indeß heilige Buben am Altare lagen; ich kehrte fröhlich zurück, denn ich hatte vielleicht Bäume ausgelesen, von denen ich einer armen Wittwe wollt eine Hütte bauen lassen, indeß jene noch mit dem Teufel im Herzen aufstanden. (an sein Herz schlagend) Dieser Richter ist ruhig! und von jenem — (mit einem Blicke zum Himmel) hoffe ich Schonung

für

für Fehler, die die Menschheit dem Menschen übersah. — Nicht lange mehr, Arno! werden deine Weine und deine Schmeichler diesen Richter einschläfern! Nicht lange mehr wirst du der rauschenden Freude gebieten aus deiner Burg den Schlaf und aus deinem Herzen die Sorge zu verscheuchen! — Und dann stehst du vor deinem Richter! armseliger vielleicht als der ärmste Bettler in deinem Reiche; denn du hast Rechenschaft abzulegen von einer langen Reihe Regierungsjahre über ein weites Reich, und jener nur von seinem Herzen. (sorgsam.) Arno! du weißt es, ich war nie Tirann, als ich deine Sache verfocht; ich verwüstete niemals ohne Noth, opferte nie Menschen ohne gezwungen zu werden; und doch peinigt mich jetzt oft der traurige Gedanke: vielleicht hättest du doch so manches Blut und so manche Thräne noch ersparen können! — Ich bitte dich, Arno! täusche dich nicht mit einem leeren Wortgepränge, das das Ohr kitzelt und der Phantasie schmeichelt, aber niemals ins Herz bringt. Täusche dich nicht! denn Greise, wie wir sind, grenzen mit ihren Stunden hart an die Wahrheit. — Ich habe nichts mehr in dieser Welt mit dir abzuhandeln, (herzlich) drücke zum letztenmale die Hand meines Königs und meines Freundes — (ganz Gefühl) die Hand meines Arno! — Gehe in meine Wüstenei, und erwarte ruhig die Stunde, für der nur einem Bösewichte graußt; in der Ewigkeit sehn wir uns wieder!" —

Arno war tief gerührt; er fiel ihm mit zärtlicher Wehmuth um den Hals, und wiederholte seine dringende

gende Bitte: bei ihm in Nordia zu bleiben; aber Casper war jetzt unbeweglich. „Du bist König in Nordia," sagte er, „und ich auf Greiffenhorst! Kein prächtiger Unsinn stört dort meine Zufriedenheit, und kein hungriger Schmeichler meine Ruhe. Lebe du wohl! Handle noch auf dein Restchen Tage wie du denkst es verantworten zu können; ich habe nichts mehr mit dir und den Geschäften der Erde zu thun, in denen ich dich verlasse. Dein Casper geht voran, Arno! — Lebe du wohl! (ihm lächelnd die Hand schüttelnd) und komm glücklich nach!" —

Arno konnte sich noch lange nicht von ihm trennen; aus einer Umarmung wanden sie sich in die andre, sagten einander noch zehnmal Lebewohl! und glaubten beide noch nicht, daß sie es einmal gesagt. Wer den Abschied dieser Greise gemahlt hätte, der könnte ein unerreichbares Original männlicher Zärtlichkeit gemahlt haben. Aller Unterschied unter ihnen beiden schien aufgehoben zu sein, wie im Reiche der Todten; Arno führte seinen Casper selbst die Treppen hinunter, ob gleich alles zugriff, und manches ausgetrocknete Hofherz, in dem seit undenklichen Zeiten keine andern Gefühle geklopft hatten als Wollust und Intrike, fühlte jetzt Ehrfurcht für diesem Greise. Beim Ausgange der Burg ist linker Hand ein Zimmer, in dem sich fremde Bedienungen aufzuhalten pflegen; Casper hatte niemanden mitgebracht als den alten Burer, weil dieser sich die Freude nicht wollen nehmen lassen

ſen ihn noch einmal zu bedienen, und dieſer Burer taumelte beſoffen ihnen hier mit bloßem Säbel entgegen.

Man kann ſich leicht vorſtellen, daß dieſer Auftritt nicht wenig Aufſehn machte, wiewohl man einem Manne von ſo feſter Treue, wie Caſper und Arno ihn kannten, alles vergab; aber meine Leſer mögen indeß darüber urtheilen, was ſie wollen; ich erinnre mich, daß ich ja noch unſrer Riſa, nach einem ſo furchtbaren und ſchönen Abende, den Morgenbeſuch ſchuldig bin, und eile deſto ſchneller, mir dieſe Freude zu machen, da ich leider! am Hofe keine mehr finde. Kein edler Hektor fliegt hier mehr ſeinem gerührten Vater in die Arme, wie vor einer Stunde, da Caſper ſeine Vertheidigung mit dieſen Worten endete: „Der Segen eurer Länder und des Himmels Fluch, o König und Königsſohn! theilen dieſen Augenblick in zwei furchtbare Theile; wie Donner und Morgenroth ſchweben ſie über euch! die Freudenthränen einer glücklichen Nachkommenſchaft und das Hohngelächter eurer Feinde kämpfen noch mit gleicher Kraft den letzten entſcheidenden Kampf, zwiſchen den Lorbeern und Ruinen eures Ruhms; und die verfluchte Kabale lauert tükkiſch auf ihren Raub. Entſcheidet! — Arno! du mußteſt erfahren, daß Hektor durch keine Königreiche zu zwingen war, um urtheilen zu lernen, was er einſt ſein werde; nun überwinde ihn durch Vaterliebe! — (ſanft) Hektor! überwinde dich ſelbſt und dein blutendes Herz; auch Könige ſind Menſchen! und dieſer Menſch — iſt dein Vater!“ —

B　　　　　　　　　　Kein

Kein Arno drückt mehr den verkannten Hektor mit so inniger Rührung an sein Vaterherz, daß sich Casper die letzte Thräne dieser Erde vom Auge wischt. Prächtig und schnell, wie Sonnenblicke durch Herbstwolken, ist diese Stunde vorüber, und der neue Sturm scheint schon anzubrechen.

Aus den süssesten Träumen erwachte Risa; der ganze gestrige fürchterlich prächtige Tag, und alle seine Leiden und Freuden schien ihr ein einziger langer Traum. Ihre Sophie saß an ihrem Bett' und harrte sehnlich auf ihr Erwachen; denn sie war gestern so von diesen abwechselnden Gefühlen zerstört und ermüdet nach Hause gekommen, daß man für ihre Gesundheit fürchtete. Jetzt schlug sie mit einem sanften Athemzuge die Augen auf, und die gute Sophie rief: „o, dem Himmel sei Dank!" denn ihr Blick war ganz Leben. „Guten Morgen, Albert!" rief Risa, und streckte sehnlich, mit einem unaussprechlich gefühlvollen Lächeln ihre beiden Arme nach der in ihr Zimmer strahlenden Morgensonne aus — „guten Morgen, meine Sophie!" — Sophie fiel ihr freudig um den Hals, und genoß ganz das Entzücken, ihre glückliche Freundin auch gesund zu finden. Noch wußte sie zwar die Geschichte des gestrigen Abends in ihrem ganzen Umfange nicht; denn wer von allen wär' wohl noch fähig gewesen, ihr sie zu erzählen? aber aus dem, was sie flüchtig gesehn, und sich aus Ausrufungen und abgerissenen Erzählungen zusammengerechnet, erhellte doch so viel: daß die Geschichte ihres Herzens, und die so fest damit verwebte Geschichte des Albert eine glückliche Wendung genommen. Als sie gestern Abend in den größten Sorgen um ihre

Risa war, und einen Bothen nach dem andern aus-
schickte nach ihr, hieß es auf einmal: der Postzug
des Major rollt von der Festung hierherwärts! Sie
sprang hinaus; er hielt. Albert sprang aus dem
Wagen, drückte ihr die Hand, und übergab ihr
ihre Risa. Weiter wußte sie nichts; denn Risa
schien betäubt, und Albert taumelte für Freude —
bis Burer um den Wagen gesprengt kam, und ihr
sagte: „Sehn sie denn nichts? Fräulein! das ist
unser Casper!" — Sie wand sich um, aus Risas
Armen, und wollte rufen: o, Schutzengel der Liebe, willkommen! — Aber der Wagen rollte schon
hin. „Zeter: rief Burer; was hat das für einen
Spuk gegeben!" — und sprengte nach. Umarmungen und Thränen der Freude war alles, womit
Risa die Geschichte dieses Abends auszudrücken vermogte; sie warf sich, äusserst entkräftet und fast
ohne Bewußtsein, auf ihr Lager, und man hatte
Mühe, sie auszukleiden. Jetzt war dieser erste hef-
tige Ausbruch der Freude vorüber, er hatte keine
übeln Folgen zurückgelassen, und jede Sorge verschwand. „Und ihnen ist wohl?" rief Sophie;
Wohl! o, wohl, gute Sophie! rief Risa, sie fester
an ihr Herz drückend; hast du den Casper gesehn? —

Sophie. Auf einen Blick nur! als der Wagen schon wieder vorüber rollte, da sagte mirs erst
Burer. Ich sah nicht einmal den Albert, für Freude, meine Risa wieder zu haben.

Risa. (zärtlich) Gute Sophie! — Sophie,
was muß der Casper für ein Mann sein! Alle Thore

re springen vor ihm auf; und — o Sophie! was hab' ich gesehn!

Sophie. Geschwind aber muß ich erst den Rasch abfertigen, ehe sie mir erzählen; er wartet, wie ich höre, schon eine Viertelstunde mit Ungeduld, denn Albert mag freilich auch wegen ihnen in Verlegenheit sein.

Risa. Ich will ihn selbst sehn!

Sie stand auf, warf ein leichtes Sommerkleid über; und Rasch erschien. „Guten Morgen, lieber Rasch!" rief sie ihm entgegen; wie habt ihr geschlafen? „ — "

Rasch. Uns ist der Schlaf eine Nacht schuldig; denn alles war noch in Konfusion vom Versiegeln her.

Risa. Ihr guten Leute! Du siehst aber so munter?

Rasch. (lächelnd) Es sollt' einem ietzt wohl mehr Mühe kosten in der Freude die Augen zu schliessen, als sie offen zu behalten.

Risa. (freudig, ihn auf die Achsel klopfend) Du bist brav! das weiß ich; und dein Herr?

Rasch. Befindet sich sehr wohl, und wird sich noch besser befinden, wenn ich nach Hause komme; denn er war in Sorgen.

Risa. So säume ja keinen Augenblick, und sage ihm, daß ich — ausserordentlich munter und vergnügt sei, und nur auf ihn warte.

Rasch. (indem er abgehn will) So schnell als ich nach Hause eile, ist er wenigstens hier.

Risa.

Risa. Noch eins; höre! (sie sucht in einem Schmuckkasten) Hier bring' ihm diesen Ring! und zeige ihm da das Französische darinnen, im Fall' er's heute sollte übersehn; es heißt auf deutsch: unzertrennlich! und sag' ihm: mein Vater hätte ihn von meiner Mutter zur Verlobung erhalten; hörst du's? — Und für dich — (sie sucht weiter) Hier hast du indeß eine Uhr; verkaufe die deinige, und gieb das Geld armen Leuten. Es soll euch nie fehlen, ihr guten Menschen! Auch Burer, Dithmar und Stiri sollen haben, sobald ich mehr bei mir selbst sein werde. (Rasch will ihr den Rock küssen; sie schlägt ihn zurück, und reicht ihm die Hand) O, pfui, Rasch! ich bin ein Mensch wie du! — Wo kamt ihr aber gestern Abend alle gleich her?

Rasch. (lächelnd) O, wir hatten alle mit dem Abende schon gesattelt und aufgezäumt, und hielten an allen Ecken parat; denn es kam ein verkappter Mann unters Fenster und rief: sattelt! Der Stiri fragt' ihn, wer er wäre? Seid ihr dumm? sagte er, und gieng.

Risa. Wißt ihr, wer es gewesen ist?

Rasch. Ich glaubte die Stimme zu kennen — (leise) der Prinz Hektor! und schlich nach; da sah und hört' ich freilich allerhand, und lud meine Büchse auch. Aber, Gott sei Dank, daß es so abgegangen ist! denn allen Umständen nach hätte den Todtengräbern ihr Waitzen gewiß dicke geblüht. Indem hieß es: der alte Herr ist da! und der Burer mußt' ihn gleich nach Hofe fahren lassen. Am Schlosse fanden wir uns alle nach und nach zusammen

men, und wären mit durch die Hölle geritten. (lächelnd) Aber es gieng so weit nicht!

Risa. War der alte Herr auch schon aufgestanden?

Rasch. O, der ist schon über eine Stunde mit dem Prinzen nach Hofe! Wie er sagte, wollt' er ihn mit seinem Vater aussöhnen.

Risa. Was ist nicht vielleicht alles schon geschehn, indeß ich schlief! — Und schlief so ruhig.

Sophie. So schlafen die Lieblinge des Himmels, indeß ihre Schutzengel für sie wachen!

Risa. (ihr zärtlich die Hand drückend) Auch du wachtest! — (zum Rasch) Eins noch, sage mir: Hast du gar nicht gehört, wer das sonderbare Weib war?

Rasch. Auf meine Ehre kein Wort! Sie war mit dem Alten beim Könige gewesen, und kam fast eben so ohnmächtig von dort mit ihm zu uns an den Wagen, wie sie Burer und der Wachmeister hernach von der Festung brachten. Nicht weit von uns hielt hier ein Wagen mit sechs Postpferden — vermuthlich wars der, in dem der alte Herr angekommen — eine Mannsperson und ein Frauenzimmer saßen darinnen; die nahmen das ohnmächtige Weib hinein, und der Wagen flog wie ein Pfeil über den Wall hin.

Risa. Das ist mir doch warlich ein Räthsel!

Rasch. Mir auch! Ich habe zwar nicht ausdrücklich gefragt, denn was Burer nicht von sich selbst erzählt, das sollen wir gewiß nicht erfahren; aber ich hörte doch, daß der alte Casper, als ihn unser Herr zu Bette bracht' und darnach fragte, eben so tief davon schwieg, und ihm versicherte: daß er es nie erfahren werde.

Risa. So geh! und bring ihm wenigstens die beruhigende Nachricht: daß ich wohl bin.

Rasch gieng; und Risa warf sich ihrer Sophie in den Arm, und sank mit ihr auf ein Sopha – „Sophie! rief sie, mir ist doch warlich alles nur wie ein Traum, was gestern Abend vergieng. O, wär Albert schon hier! denn, dann erst erwach' ich. (nach einer Pause) Ich traf den Prinz Hektor unterwegs, als ich von dir weggieng, ohne zu wissen, wohin; der führte mich zu ihm. O Sophie! da lag er, wie von aller Welt verlassen, auf seinen Arm gestützt, im Gefängnisse, mein Albert; — er sprang auf, und wir flogen einander in die Arme. Sophie! was achtet die Liebe in der Noth? Hektor stand doch dabei, und wir flogen einander so freudig in die Arme, als wenn wir allein gewesen wären; — und, wie zieren wir uns sonst oft um einen Kuß? — Ich hatte, wie du weißt, ihm so viel und so nothwendig zu sagen gehabt; jetzt wußt' ich nichts mehr; denn ich hatte ihn ja selbst! Hektor schien uns mit herzlichem Wohlgefallen zuzusehn, und gieng mit so festem Schritt hinter uns auf und nieder, als wenn er unsre Liebe bewachte; der gute Hektor! — Sieh, Mädchen! und so hatten wir wohl eine Stunde gesessen, und noch drüber; Albert lag in meinem Arme, und ich strich ihm die letzten Furchen von der Stirn, — Hektor stand, in tiefe Gedanken verloren, am Fenster; auf

auf einmal wurde es unruhig, und die Thür gieng auf. Ich erschrack nicht, sondern schmiegte mich nur fester an meinen Albert; aber Hektor legte, wie ich sah, die Hand an den Degen. Da trat Casper herein — ich hätt' ihn gewiß erkannt, auch wenn mein Albert nicht: „Vater!" gerufen hätte; denn Muth und Ehrlichkeit in seinem Auge machen ihn gewiß unter allen Greisen der Erde ganz unverkennbar. „Vater!" rief ich auch, und indem stürzte ein verschleiertes Weib hinter ihm her, fiel mir und meinem Albert um den Hals, und sank dann ohnmächtig zwischen uns hin. Sie war schon etwas ältlich; aber man sah deutlich noch auf ihrem Gesicht die Spuren ehemaliger Schönheit. Ich hielt sie fest in meinem Arm', und sucht' und rief ängstlich nach etwas Stärkendem; aber der harte Casper zog sie weg, und ließ sie durch den Burer hinaus bringen. Ach, Sophie! dieses Weib ist gewiß sehr nahe mit unsern Herzen verwandt — und wir sollen sie nicht kennen lernen?

Sophie. (in tiefem Nachdenken) Ob ich durch diese Nacht sehe? Risa! dieses Weib war also mit beim Könige gewesen?

Risa. Wie Rasch sagte. Mit meinem Albert habe ich auch noch nicht das geringste gesprochen.

Sophie. Sie erinnern sich doch noch, daß Burer einst sagte, da wir um den Major so sehr in Sorge waren: er kann nicht sterben! so lange noch ich und Casper leben, und ein Weib noch „Arno!" rufen kann? — Das alte lebendige Räthsel erschrack selbst darüber, als es heraus war,

sprach

sprach von der Stimme der Natur, und setzte kurz darauf in der Uebereilung hinzu: konnte Prinz Hektor sterben? — O, Risa! rechnen sie das zusammen. Das Auge der Liebe, für so blind man es ausschreit, bringt tiefer in iede Nacht, als das Auge des größten Politikers! —

Risa. Ich erinnre michs wohl, und habe mehr darüber nachgedacht, als du vielleicht denkst; aber was hilfts, wenn wirs wissen? und was schadets, wenn wirs nicht wissen? Albert wird immer der liebenswürdige Albert bleiben, er sei mehr oder weniger. (ungeduldig) O, Sophie, Sophie! wo bleibt er?

Sophie. Rasch kann ja kaum noch hinein sein, und sie hoffen schon ungeduldig? — Wollen sie denn nicht angekleidet sein?

Risa. (besteht sich) Angekleidet? Ich traf ihn im Gefängniß, und er war mein Albert; ob ich nicht auch seine Risa bin, wenn er mich nicht angekleidet trifft? — Du willst die Liebe kennen?

Sophie. Bettler war mein Hermann — (ihr um den Hals fallend) und doch mein!

Risa. (lächelnd) So will ich mich denn ankleiden, wenn du nicht glaubst, daß ich mich um seinetwillen ankleide. Komm!

Indem sie gehn wollten, kam Falk, und bath sich das Geld für die Armen aus. Risa ließ wöchentlich unter eine gewisse Anzahl Arme hundert Thaler aus theilen: es war heute der Tag, und sie hatte noch nie vergessen, das Geld parat zu legen, als heute. „Sie sollen heute doppelt haben! sagte sie,

sie, und gieng nach ihrer Kasse zurück; und ich dächte, Sophie, wir theilten es heute selbst aus. Es ist ja so ein schöner Tag! — Ja, ja, Falk! laß sie unter dem Gartenbalcon sich versammeln, und bring mir meinen Thee hinaus." — Sie raffte Geld in ihre Schürze zusammen, wie sie es fand, und gieng; alles jauchzt' oder weint' ihr entgegen für Freuden, und sie setzte sich unter den Balcon, und theilte fröhlich aus. Keins gieng heute, wenn es bekommen hatte, wie sonst; denn es war jedem so wohl um diesen Engel zu sein. Keins stierte freudig das schöne Geld in seiner Hand an, ob es gleich wohl fühlte, daß es mehr als noch einmal soviel bekommen hatte, sondern nur die schöne fröhliche Geberin, der man es am himmelvollen Blick ansah, wie tief sie das Glück fühlte, Wohlthaten austheilen zu können. Es war eine Szene zum Mahlen! Thessalos Tochter unter einigen hundert Armen. — Sie sprach mit vielen, fragte, ob sie Weiber und Kinder hätten, und wenn sie noch nicht gnug gegeben zu haben glaubte, rief sie sie noch einmal zurück, und gab mehr. Indeß war Albert gekommen. Er winkte der Sophie, Sophie den Armen; und so schlich er sich unbemerkt heran, und weidete sich mit Götterwollust an dieser prächtigen Szene: seine Risa mitten unter Armen. Sie war zu sehr beschäftigt, als daß sie hätte bemerken sollen, daß jetzt doch mancher Blick, über sie weg, nach dem schönen Major flog; endlich aber wurde es doch zu merklich, ob gleich jedes dem Winke der Sophie gehorchen wollte; und sie sah

sich

sich um. Da lehnte der liebe Albert, trunken von diesem Schauspiel', an der schönsten Korintbischen Säule — fest und schön, wie sie. — „Albert!" rief sie, sprang auf, streute alles übrige Geld unter die Armen hin, und flog in seinen Arm. „Ich habe dich wieder, Albert! — ich habe dich wieder? — (ihn mit Wonne betrachtend) dich? — (feurig) O, ihr guten Armen! ihr habt mir gewiß alles Gute gewünscht; — ich hab' es! o, seht, ich hab' es! Ihr giengt so traurig diese Wochen her von mir, weil ich traurig war — (in Entzücken) Nun geht, und sagt in ganz Norbia: daß Risa glücklich ist!" —

Sie giengen nicht; aber ich gehe, und hole auch unsern Casper hierher.

Wir verließen ihn am Arme des Königs, als ihnen der besoffene Burer mit dem bloßen Säbel entgegen taumelte; wir wollen noch einmal vor ihm vorübergehn, wie er mit aufgehobner Krücke dasteht, und drohend ruft: Burer! Burer, was hast du vor? denn umsonst hatte doch Buxer nicht blank gezogen; und dieses Warum müssen wir wohl selbst etwas näher untersuchen, indem er vor der Hand nicht fähig seyn mögte, uns eine zusammenhängende Relation davon abzustatten.

Er gieng, als er den Casper die Treppen hinauf geführt, in das ihm bekannte Zimmer, warf sich auf einen Stuhl, und überlegte so nach seinen Gedanken, wie das alles wohl noch ablaufen werde; da kam ein Hofbedienter nach dem andern, und brachte Wein und Konfituren — immer eine Sorte kostbarer, als die andre. Burer hatte nicht geschlafen, und es war ihm wirklich nicht so recht um den Magen; er langte also ohne viel Umstände zu, und die respektive Burersche Kehle war nun einmal von der Natur so kurios gebaut, daß, wenn sie einmal naß gemacht worden, alles ohne Anstoß hinunter floß, was nur Flüßiges zwischen die Zähne kam; es konnte also nicht fehlen, daß bald der Magen mehr geladen hatte als der beste Fuhrmann Verstand, ohne umzuwerfen, fortbringen konnte. Seine Zunge wurde geläufig, die Augen zogen sich

in

in die Länge, und in tumultuarischer Fröhlichkeit erzählte er seinen ganzen Lebenslauf, voll guter und böser Avantüren. Nun wars Zeit! — denn meine Leser werden wohl schon gemerkt haben, daß man nichts mehr und nichts weniger im Sinne hatte, als den unvorsichtigen Burer ein bischen auszuforschen. Man kam, nur so, wie von ohngefähr, auf den alten Casper; und als sich auch hier seine Geschwätzigkeit, unter seinen Heldenthaten herum, abgetaumelt hatte, auf seine gestrige unvermuthete Ankunft in Nordia. Wie bewegt Arno gewesen, als er von ihm aus dem Garten zurücke gekommen; wie sorgsam er aller Augenblicke gefragt: ob der Major von der Festung herunter sei? — und endlich schloß man sich fester an ihn an, und meinte ganz im Vertrauen: es sei nun, wie ihm wolle — mit dem Major müsse es doch eine ganz besondere Bewandniß haben; das sehe man aus allen Umständen. — Er wisse es gewiß am besten. Es habe doch noch jemand beim alten Casper im Wagen gesessen, als er durchs Schloß nach dem Garten gefahren; auch auf dem Wege nach der Festung habe man es bemerkt — aber zurückgekehrt sei es nicht. — Die Soldaten, die ohnedem vom gestrigen Abende mancherlei ganz unglaubliches Zeug erzählt, hätten gemeint, es wär ein Frauenzimmer gewesen, und sei gleich von der Festung aus wieder fortgefahren; aber das sei wohl nur so ein Gesagtes; — u. s. w. — „Aha!" sagte Burer; legte sich mit dem Kopfe auf den Tisch, und von nun an war kein Wort mehr aus ihm zu bringen.

Es

Es wurde nach und nach leer um ihn, als man sah, daß nichts mit ihm anzufangen; und er fieng an einzuschlummern. Auf einmal erhob sich ein schrecklicher Lärm um ihn; und er fuhr auf. Es war ein vornehmer Herr, der, wie er vorgab, seinen Bedienten, den Schlingel, hier suchte. „Ei, sieh da, sieh da! mein lieber Burer!" sagte der vornehme Herr, als sich Burer aufrichtete; „guten Morgen!" —

Burer. (mit schwerer Zunge) Was schiert das euch! — (er legt sich wieder hin)

Der Herr. (ihn auf die Achsel klopfend) Ich habe ihm einen guten Morgen gebothen, und er dankt mir nicht einmal?

Burer. (ohne sich aufzurichten) Schön Dank! — Du hätt'st ihn aber auch behalten können.

Der Herr. Ich glaube wohl, daß er diese Nacht nicht viel geschlafen hat; — es war sehr lebhaft.

Burer. (wie zuvor) Bei Stralsund wars doch noch lebhafter.

Der Herr. Ja ja, das kann sein! Ist er auch mit dabei gewesen?

Burer. (springt schnell auf, und stellt sich vor ihn hin) Was? ob ich mit dabei gewesen bin? — ich? — Als ob ichs Kanonenfieber gehabt hätte? — (taumelnd, und mit Figuren) Herr! zwei und fünfzig Jahr hab' ich meinem allergnädigsten Könige gedient, und wo's blutige Köpfe gab, da war Burer. — Herr! ich fresse die Bauernschenke, die

ich

ich nicht mit ausgefegt habe. — (wirft sich wieder in seine vorige Lage hin)

Der Herr. Es ist ihm also wohl manchmal hart am Kopfe weg gegangen?

Burer. Ich dächte, das sähe man mir an der Nase an, und könnte des Fragens überhoben sein.

Der Herr. Ich unterhalte mich ausserordentlich gern von dergleichen Affairen.

Burer. Ja, ja! freilich ists gut reden davon, hinterm Ofen. — (zwischen den Zähnen) Du Federfuchser! —

Der Herr. Ich möchte nur gern wissen, wie es nun eigentlich bei so einer Aktion hergieng.

Burer. (ihn anschnauzend) Und ich gern schlafen! (brummend sich auf die andre Seite werfend) Ins Teufelsnamen!

Der Herr. Aber er könnt' es verschlafen; wenn sein alter Herr vom Könige kommt.

Burer. Das ist meine Sorge! — Wenn ich schlafe, so weckt er mich; ich hab' ihn auch manchmal geweckt, wenn der Feind uns auf dem Hakken war.

Der Herr. (rüttelt ihn) Hör' er, guter Freund! alleweile besinne ich mich auf etwas —

Burer. (brummend) Ich nicht!

Der Herr. Er könnte mir und noch einer gewissen Person eine rechte große Freundschaft erzeigen, die ich ihm — (in der Tasche klimpernd) gewiß recht gut belohnen wollte.

Burer.

Burer. Nun? — Aber ich dächte sie kämen ein andermal mit ihrer Freundschaft in mein Quartier.

Der Herr. Es hat Eile, guter Freund! und ist in einem Augenblik gemacht; denn kann er schlafen, in Gottes Namen, so lange er will.

Burer. Nur kurz! denn ich habe, meiner Seele! das Gerede schon lange satt.

Der Herr. (hält ihm eine Hand voll Gold hin, und klimpert damit) Hier! sage er mir nur den Ort, wo sich die — er versteht mich schon — jezt aufhält. (Burer stiert ihn an, und er fährt lächelnd fort) Ja, ja, guter Freund! er kann überzeugt sein, daß ich alles weiß; — aber von mir, o behüte Gott! erfährt auch kein Mensch eine Silbe. Sie schrieb mir vor einigen Tagen, daß sie, nur so ins Loguito, mit dem Casper hierher kommen, und auch mich sprechen werde, — das lezte muß aber doch nicht angegangen sein; sieht er, und da hab' ich ihr eine sehr nothwendige Nachricht zu geben, um die auch der alte Casper nicht wissen soll, sonst gieng ich gerade an ihn; er also — denn er weiß doch um alles — er könnte mir und ihr den grössten Dienst erweisen, wenn er mir — (hält ihm auf der offnen Hand das Gold hin) — eine Liebe ist der andern werth! — den Ort ihres Aufenthalts sagte.

Burer. (schlägt ihm das Gold aus der Hand, und wirft ihn über den Haufen) Je, du Tausendsackerment! — mich so dumm hinters Licht führen zu wollen? — dich soll ja gleich — (er zieht den Säbel, indeß rafft sich der Herr auf, und springt zur Thür hinaus.

aus. Buxer will ihm nachhauen; und fällt über einen Stuhl. Er kommt mit Mühe doch endlich auch wieder auf die Beine, und taumelt ihm nach.) —

C. „Hier war es also, da der König und sein Gefolge mit Caspern die Treppe herunter kam, daß Buxer ihnen mit blankem Säbel entgegen taumelte. „Buxer, Buxer! rief Casper ihm mit dem Stocke drohend, was hast du vor? —"

Buxer. Aha! — Unser allergnädigster König! — (Er steckt den Säbel ein, und will sich in Postur stellen; aber taumelt.)

Der König. Was gabs denn, daß du so in der völligen Arbeit warst?

Buxer. (affrös lächelnd) Halten zu höchsten Gnaden! Ew. Maj: — ich wollte mir nur so ein bischen Ruhe schaffen.

Der Hofmarschall. Er ist betrunken.

Casper. Das hört ein Blinder, ohne daß ers zur Sprache bringt; aber doch brav!

Der wachhabende Offizier. In dieser Nähe Sr. Maj: des Königs? sollte man — (ihn sanft auf die Achsel klopfend) vorsichtiger sein.

Buxer. In der Nähe des Königs? — (ihn auch auf die Achsel klopfend) Herr! sind sie draussen in der Nähe des Königs gewesen? — (an seinen Säbel schlagend) Ich habe oft in der Nähe des Königs diesen Säbel gezogen! denn wo der König war, war Casper: und wo Casper war, war ich! — (seine Mütze abreissend) Und diese Narben auf dem alten Kahlkopfe da — straf mich Gott! meistens in der Nähe des Königs; denn wo der war, giengs

das

damals immer am schärfsten. — Hier ist er; fragt ihn!

Der König. (gefällig lächelnd) Da sagt ihm einmal einer was? — (zum Buxer) Aber was hattest du denn eigentlich?

Buxer. Dort drinnen liegt das verfluchte Gold, mit dem sie mir mein letztes väterliches Erbe, die Treue und Ehrlichkeit abkaufen wollten! — das andre ist lange versoffen — (heimlich zum Könige) Sie wollten heraus haben, wer gestern Abend mit dem Casper bei Ihnen im Garten gewesen! (laut) aber —

Der König. (aufgebracht) So? — Wer unterhält Spions in meinem Hause? — Wer? — (er spricht heimlich mit dem Casper) Wer will wissen, was ich mit meinem Freunde zu thun habe? — (es herrscht eine tiefe Stille. —

Casper. (bitter lachend) Ha! ha! ha! — Mein Greiffenhorst ist eine freie Burg! In Nordia belagern Verräther ihren König! —

Der König. (wild auf seine Höflinge hinblickend) Ja, ja! verrathen! ich — unter euch? für deren Haab' und Gut, und Weib und Kinder ich oft mein Leben wagte — verrathen? — (zu Buxern) Wer war's? ehrlicher Alter! wer? sag' es laut, daß ich ihn vor deinen Augen mit ewiger Schande brandmarke! sag —

Buxer. Ja das weiß ich nicht! — (mit schwerer Zunge) Wer will das Geschmeiß alle kennen! ich nehme mir kaum die Mühe hinzusehn. — Erst hatten mich einige Bedienten vor; aber mit denen wurd' ich bald fertig. Dann kam so ein flüchtiges Menschchen, so leicht, wie ein Gänsekiel, und von der Sorte schien er mir auch zu sein; der wollte mich widers Teufels Gewalt übertölpeln — aber ich schlug ihm sein verfluchtes Cold aus den Fäusten, und warf ihn nieder. (an seinen Säbel schlagend) Ich wollte dem da noch über ihn schicken; aber ehe ich auf die Beine kam, war er fort, (zeigt nach der Thür) immer da hinaus.

Der König. So? — noch besser! also auch die Bedienten? — Hinter den Bedienten stecken natürlicherweise die Herren? (ganz wild) Ha, Schande! durch die Bedienten ihren König verrathen? — Bärenauer! — pfui! — O, daß jetzt die Natur eine grosse Stille feierte; daß ich das Schurkenherz könnte schlagen hören! — (der Stallmeister Karakoll tritt eben aus dem Hofe herein) — Stallmeister! hat euch niemand alleweile begegnet?

Karakoll. (betroffen) Ew. Maj. — Ich habe niemanden bemerkt, wie mich däucht.

Der König. (drohend) Besinnt euch, Karakoll! es kann euch zu schwer fallen.

Karakoll. (sinnend) Wer wars doch, der an den Ställen unten vorbei flog! — weiter hab' ich wirklich in einer Viertelstunde niemanden hier weggehn sehn; — Ich gab nicht Achtung! — (er springt an die Thür, und spricht mit einem Reitknechte; — indem er zurück kommt) Der Rath Tusch!

Der König. Aha! du? — Wie gieng er?

Karakoll. Ein rothes Kleid, mit Gold.

Buxer.

Burer. Richtig! So wie eine Hahnebutte; richtig!

Der König. (streng) Justizrath! — Er ist auf der Stelle kassirt, der schlechte Kerl! und karrt zeitlebens auf der Festung! — Erst aber laßt ihn auf die Folter werfen, und aussagen, wer noch mit von der Partie ist. (grimmig) Ihr! — ich will fürchterlich unter euch fahren, und einmal mein Haus rein-machen! — (den Casper umarmend) O, Casper! Casper! Wie waren wir einst so ruhig und zufrieden, wenn wir am Abende, nach einem warmen graunvollen Tage, doch wenigstens unsre Haut in Sicherheit gebracht hatten! damals wußte ich doch, daß ich unter Freunden und ehrlichen Leuten war; jetzt — o Casper! in meinem eignen Hause verrathen! — verrathen, von denen, die mein Brod essen! —

Casper. (ihm die Hand schüttelnd) Lebe wohl, Arno! Bei Gott! ich verlasse dich mit schwerem Herzen; denn es ist doch wohl alles mögliche, wenn man zu solch einem Könige sagen muß: du dauerst mich! —

Der König. (nachdem er ihn lange mit Wehmuth betrachtet) O, Casper! stirb ja bald; daß du nicht noch über deinen Arno weinen mußt! —

Casper. (schüttelt dem Könige nochmals die Hand, und klopft mit der andern den Prinz Hektor auf die Achsel) Der wird dich rächen! — (er geht, und alle Höflinge verbeugen sich tief.) —

Der König. Heiduken! —

Alles sprang zu; der Prinz selbst gieng mit an den Wagen, und half ihn hinein heben. Burer taumelte im Getümmel auch fort. Lange stand Arno noch und sah traurig seinem Casper nach; dann gieng er in sein Kabinett, und auſſer bei Tafel, die heute sehr stille war, bekam ihn diesen ganzen Tag kein Auge mehr zu sehn.

———

„Casper! Casper!" — rief alles, und riß die Fenster auf; als ietzt Casper durch die schönen Gassen Nordias hinrollte. Greise zeigten ihn ihren Enkeln, und Väter ihren Kindern, und sagten: „das war einst unser Schutzengel! und wenn der kam, sorgten wir nicht mehr. Dreimal schlug er die Feinde von unsern Mauern zurück! dreimal trugen wir ihn blutend auf unsern Händen herein! — Ach, Kinder! und beim Könige galt er alles. Wenn er sagte: Friede! so wars Friede; und wenn er sagte: Krieg! so wars Krieg. O, damals, damals! wars eine ganz andere Zeit!" — Selbst die Freudenmädchen Nordias, die bald unter der Fahne der Wollust ausgedient hatten, rühmten ihren jungen Schülerinnen jene Zeit, da Casper noch im Heere zu befehlen gehabt; „damals, o damals! sagten sie traurend, da gabs noch lauter starke rüstige Männer unter dem Heere, wie man sie ietzt selten findet; denn es durften nicht die Stellen mit — Kindern besetzt werden!"

Die

Die lebhafte Freude der Bürger in Norbia wollte seine finstere Stirn aufheitern, und er grüßte freundlich rechts und links die fröhliche Menge, die ihn anjauchzte; aber wenn er dachte: wie es in ihren Herzen, bei der Erinnerung an die vergangenen Zeiten, aussehn mögte, verschwand seine Freude wieder in einem Seufzer. Und jetzt hielt er als Palais der Landgräfin.

Noch hielt die glückliche Risa, trunken für Freude, fest ihren Albert umschlungen, und mit offnen Mäulern stand die staunende Menge Bettler umher. Sie waren nicht über das unter sie geschüttete Geld ungezogen hergefallen; nein! ein Greis ließ es von einigen Kindern auflesen, und theilte es mit der größten Genauigkeit aus. In dem trat Casper zum Thorwege herein. Albert um Risa flogen ihm freudig entgegen, hielten ihn unter beiden Armen, und waren schon im Begriff, ihn ins Zimmer zu führen; aber „Casper! Casper!" riefen einige krumme Greise aus dem Bettlerhaufen, und streckten mit von Freude verwischter Wehmuth ihre zitternden Hände nach ihm aus.

„Was giebts denn dort?" — fragte Casper.

Risa. (lächelnd) Es sind meine Kostgänger in eurem Norbia.

Casper. (sieht sie mit Staunen und väterlichem Wohlgefallen an) Eine prächtigere Tafel, meine Tochter! als wenn du tausend Höflinge fütterteſt, — (feurig ihr die Hand schüttelnd, mit einem Blicke zum Himmel) O, Thassalo! Thessala — das ist dein Herz! — Aber wer kennt mich unter ihnen?

Risa.

Risa. Casper — unter den ersten Monarchen der Erde, und — auch unter den Bettlern bekannt!

„Casper! Casper!" riefen jene Stimmen noch einmal; „Laßt doch sehn!" sagte er, und gieng näher: „Wer seid ihr?" — „Kameraden! riefen sie; Kameraden, von Albingen, Nordbrand, Hatzfeld, Dammsbach, Hastenbek, und Immwegen!" — „Aha! sagte er, und setzte sich an den Ort, wo Risa gesessen; Kameraden, und bettelt?" —

Einer. Du sprichst kein Wort mehr zur glücklichen Stunde mit unserm Könige, wie sonst; Höflinge halten ihn jetzt so fest umschanzt, daß unsre Stimmen nicht zu ihm aufbringen; kein alter Krieger darf mehr kommen, und ihm die Hand schütteln, und sagen: der Säbel wird mir zu schwer; gieb mir Brod, und — die Krücke! — Casper; und er hat uns vergessen!

Casper. So, so! — Laßt euch doch näher betrachten; — eure Namen!

Einer nach dem andern kam, stellte sich vor ihm hin, und sagte seinen Namen.

Casper. (betrachtet sie mit wilder Freude) Ja, ja! die türkischen Säbelhiebe könnens nicht läugnen, daß ihr dabei gewesen seid; ob ich mich gleich nicht mehr so genau eurer Namen erinnre.

Der Eine. (ihm die Hand auf die Achsel legend) Und wenn sie auch keinen von uns mehr kennen, so erinnern sie sich gewiß doch noch an den wilden Espenbusch.

Casper.

Casper. (ihn genau ansehend) Und das willst du doch wohl nicht seyn?

Espenbusch. (armselig lächelnd) Ich bins! — Freilich nicht mehr der unbändige Wildfang, der einst keine Gefahr kannte; Casper! aber doch immer noch der ehrliche Kerl.

Casper. (ganz erstaunt, ihn bei der Hand fassend) Espenbusch! — Espenbusch — du?

Espenbusch. Ich! — Erinnern sie sichs noch, daß wir bei Nordbrand mit einander unter den Todten lagen? und sie so durstete? und ich ihnen meine Feldflasche reichte?

Casper. Wohl! — O, wie schmeckte mir das! — Ich gab dir meinen Beutel dafür; nicht wahr?

Espenbusch. Ja! Sie gaben mir alles, was sie hatten; denn sie glaubten ohnedem nicht, daß sie davon kommen würden; (besieht ihn genau) Ihre Hauptwunde war der Schuß hier durch den Hals.

Casper. (in froher Erinnerung) Wie du dich das alles noch so erinnern kannst! ich weiß das so genau selbst nicht mehr.

Espenbusch. Ich werde ja! — Es waren über zwei hundert Dukaten in dem Beutel, den sie mir für den matten Trunk Wasser gaben; ich schickte ihn meinem Weibe nach Hauß, und dachte: da willst du dir was rechts zu gute thun, wenn du einst krumm und lahm geschossen nach Hause kommst, und dich recht herzlich und dankbar dabei an den edeln Casper erinnern! Eins wurde wahr; zerschoffen kam ich nach Hauß; aber ihre Dukaten hatte meinem Weib' und Kindern die Gerechtigkeit weggefressen. (mit männlichem Schmerz) Ich habe mich oft an den edeln Casper erinnert; aber — mit Seufzern!

Casper. (mit edeln Unwillen den Kopf schüttelnd) Hum! Hum! Wie alt bist du denn?

Espenbusch. Ich weiß es nicht! aber der Tod, den ich einst als Jüngling und Mann alle Tage vor Augen hatte, scheint sich jetzt die Mühe gar nicht mehr mit mir zu nehmen; und ich muß mich so elend hinschleppen.

Casper. Du warst ja wohl auch mit bei Dammsbach.

„Ich auch! Ich auch! Ich auch!" riefen die andern.

Espenbusch. Ja! da bekam ich eben den Rest. Der Hieb hier in die Achsel zog mir den Hals so schief, und ein Schuß durch die Lenden, nahm mir alle Kraft. Wir hieben uns, wie sie wissen, dreimal durchs ganze feindliche Fußvolk, und — entschieden!

Casper. (mit innigem Schmerz ihm die Hand schüttelnd) Espenbusch! Espenbusch! — und auch du bettelst? Auf jenem Siege stand Norbias Königreich! (zum Major) Albert, gieb mir ein Blatt Papier, und eine Bleifeder! — (zum Espenbusch) Ich habe Geld genug, und könnte dich selbst versorgen; aber — der muß es thun! dem ihr seine Krone befestigen halft. (Albert kam, und brachte es ihm; er schrieb auf seinem Knie die Namen, und einige

Worte,

Worte, und gab das Blatt dem Espenbusch) Hier!
geh — gerade zum Könige. Wer dich abhalten
will, dem sage: du kämst von mir; so wird dir
alles weichen. Und wenn du, und wenn ihr alle
nicht morgen schon Brod genug und Pflegung auf
eure alten Tage habt, so meldet euch beim Major
hier. (zum Albert) Dann! — gieb mir sogleich
Nachricht, und geh und sage dem Arno: Caspers
letzter Athemzug würde noch ein Fluch über ihn sein,
daß er seine Krieger — betteln ließ.

Alle standen in Entzücken; denn sie sahen den
Greis Casper in eben dem Feuer, wie sie ihn einst
an ihrer Spitze gesehn hatten. Er schüttelte allen
die Hände, und gieng. Albert warf dem Espenbusch stillschweigend seinen Beutel in den Huth,
und Risa drückte jedem noch einige Goldstücke in
die Hand; dem Espenbusch doppelt so viel. „Und
wenn diesen der König noch so reichlich versorgt,“
sagte sie, „so geb' ich ihm doch noch alle Tage eine Feldflasche voll Wein; (mit einer wehmüthigen
Thräne dem alten Casper um den Hals fallend) da dir
sein Wasser einst so gut schmeckte. (zum Espenbusch)
Hörst du's? Alter! du kommst alle Mittage mit
einer Feldflasche, und läßt sie dir in meinem Keller
füllen; und wenn du nicht mehr kommen kannst,
so schicke ich sie dir!“ —

Unter tausend Segenswünschen giengen die nun
wieder auf eine Woche versorgten Armen aus dem
Hause der Risa; die Wohlthäter fühlten das Glück,
sie verdienen zu können, und in jedem Auge flammte

te Dank für die Gottheit, die sie so glücklich gemacht, und wahre Menschenfreude.

Casper hatte vollauf an dem zu erzählen, was er schon heute gethan; wie er den Hektor mit seinem Vater ausgesöhnt, und dies und jenes Gebrechen in der innern Oekonomie von Bärenau dem König aufgestochen, und endlich ihm, wegen des Albert, die Wahrheit gesagt. „Aber," setzte er hinzu, „um das übrige, was dich angeht, Albert, und sie, Landgräfin! hab' ich kein Wort mehr verlohren, als was ich ihm gestern Abend, nur so gelegentlich darüber sagte. Denn bitten — mag ich nicht; und — eine schwere gefährliche Sache bleibts doch immer. Ich überlasse es euch, und der Zeit. Ich weiß daß Arno bald wird Männer brauchen; denn sein Erbfeind hat ausgeschlummert, und sieht sich helle nur nach dem Fleckchen um, wo er hinein fahren will. Das ist dein Zeitpunkt! Indeß mache dir Vertrauen unterm Heer; mache dich furchtbar am Hofe, jedoch mit Vorsicht, und geliebt unterm Volke; — so wirst du durchdringen." —

So war die Zeit zum Mittagsessen herbei geschwatzt, und Casper — wollte zwar nicht aufbrechen, aber er erinnerte sich doch, daß er sich nicht habe melden lassen; und die Landgräfin erinnerte sich, daß sie ihn nicht einmal gebeten. „Je nun," sagte Casper, „sie haben ja heute so viel Invaliden gespeiset, so werden sie mir doch auch meine Suppe mit haben kochen lassen!" — Und ich, sagte Risa, „dachte doch wohl, daß unser Vater Casper nicht bei meinem Tische werde vorbei gehn, an Arnos Tafel;"

fel'." — „Ei, dort mögt' ich auch heute essen!" rief Casper lachend; „ich habe gewiß ihnen allen den Appetit verdorben; — Aber, wohl bekomm's uns!" —

Es kamen einige Offiziers vom Regimente, die Risa durch den Major hatte bitten lassen; und noch einige Fremde, die ihn hier aufsuchten, um ihm ihre Freude über seine glückliche Befreiung zu bezeugen, behielt sie auch da; und es wurde eine so fröhliche Gesellschaft zusammen wie man sie sich nur immer wünschen konnte. Casper war ganz ausgelassen in der Freude. "Ich habe Mädchen, Wein und Soldaten um mich," rief er, mit dem Glase in der Hand; „einst wenigstens fehlte mir, wenn ich das hatte, nichts: und so kugle sich meintwegen morgen die Welt mit mir um, ich befinde mich doch heute noch wohl!" — „Und das merkt euch, Soldaten!" fuhr er fort, da alle fröhlich mit ihm angestoßen und getrunken hatten; „merkt's euch! Liebt ehrlich, und trinkt brav; aber so wie ihr auf den Feind stoßt — dann keine Flasche Wein, und keinen Gedanken an Weib oder Kind oder Mädchen mehr! Der Wein berauscht; und ihr braucht Gelassenheit und Ueberlegung. Liebe macht weich; und ihr braucht Festigkeit und Kälte. Denkt an den Casper; und ihr werdet den Feind schlagen." —

Nach der Tafel fuhr er auf einige Minuten zu dem alten Rottland, der schon seit einiger Zeit ohne Hoffnung krank lag, und ihn sehnlich noch einmal zu sehn wünschte; und als er zurück kam, suchte er

ein

ein Lager zu seinem Mittagsschläfchen, um dann, völlig wieder ausgeruht, abfahren zu können. Denn so wohl ihm auch hier war, welches er ihnen allen nicht genug versichern konnte, so war doch weder dieses Wohlsein noch alles herzliche Bitten nicht im Stande seinen Vorsatz: keine Nacht mehr in Nordia zu schlafen, abzuändern. Er hatte sich schon seine Postpferde bestellen lassen, um diesen Abend bei einem alten Freunde auf dem Lande zu sein, und von da morgen bei guter Zeit in seinem Greiffenhorst einzutreffen. Vielleicht hatte er zu dieser Eil auch seine besondern Ursachen; vielleicht war er zu besorgt um die uns bekannte Julie; und vielleicht wollte er sie gar noch auf dem Lande bei seinem Freunde treffen; denn Albert durfte ihn durchaus nicht bis dahin begleiten, so sehr er dieses wünschte; und sogar seine Pferde nahm er nicht an, weil dann auch einige von seinen Leuten hätten dabei sein müssen. Diese Genauigkeit in seinem Plane ließ allerlei vermuthen, und weil er einmal über diese Dinge zu schweigen gebethen hatte, so drang man auch nicht weiter in ihn, und ließ ihm, so sehr es sie schmerzte, diesen edeln Greis, in den ersten glücklichen Stunden seiner Gesellschaft, schon wieder zu verlieren, in allem seinen Willen.

Er gieng also sein Mittagsschläfchen zu schlafen; und als Sophie, die ihn begleitete, zurück kam, sah man ihr an, daß sie geweint hatte.

Risa.

Risa hatte bemerkt, daß sie den Casper immer mit einer besondern Aufmerksamkeit betrachtet; oft in Gefühl versunken ihm gegenüber gestanden, und mit der größten Zärtlichkeit allen seinen Wünschen und Bedürfnissen zuvorzukommen gesucht hatte. Sie allein kannte ihre ganze traurige Geschichte, und ihre geheimen Ahndungen und süßen Träume, die durch die entferntsten Wahrscheinlichkeiten, hier den Vater ihres Hermann zu finden, Nahrung erhielten, und es befremdete sie nicht, daß sie jetzt mit verweinten Augen zurück kam; aber die süße glückliche Schwermuth, in der sie jetzt am Fenster stand, und mit dem Schicksale zu sprechen schien, ließ sie noch tiefer in ihre gute Seele sehn. „Du hast geweint, meine Sophie!" sagte sie, da sich Albert entfernt hatte, um ein Billet des Hektor zu beantworten, und legte vertraulich ihre Hand ihr auf die Achsel. „So glücklich! so glücklich!„ rief einigemal der gute Casper, als ich ihn jetzt hinter führte; „sagte sie, wie in einem Labyrinthe von süßen Gefühle versunken;" und, als er sich aufs Bett niederwarf, mit einem schweren Seufzer: O, Gott, und doch so unglücklich! Es ergriff mich wie Fieberfrost, Thränen stürzten mir aus den Augen, und ich sprang fort. (Stark und in Entzücken) So wahr Gott lebt; er ists!" — Albert kam schon zurück, und sie mußten abbrechen; aber Risa verfolgte diesen Gedanken, und fand jetzt selbst darinnen mehr Wahrscheinlichkeit als ehemals. Sie selbst hatte bemerkt, daß Casper den Albert niemals seinen

Sohn

Sohn genannt; und wenn sie nun jetzt damit die abgebrochenen Ausrufungen des Burer, und die sonderbare Erscheinung des Weibes gestern im Gefängnisse, und Sophiens Ahndungen zusammen rechnete, so stands Sonnenklar vor ihren Augen: Albert ist Caspers Sohn nicht! — Aber wessen Sohn sonst? — Das unbekannte Weib, das ihr, wachend und im Traume, beständig unveränderlich gegenwärtig blieb, war, wie Rasch sagte, mit dem Casper im Garten beim Könige gewesen, und in größter Bewegung zurück gekommen; — Burer gerieth in Verzweiflung, als wenn er glaubte was verrathen zu haben, da er gesagt hatte: konnte Prinz Hektor sterben? — Diese Geheimnisse! — Risa war nicht stolz genug, um sich hier mit Zuversicht einen Königssohn zu träumen; denn sie war ja fest genug in der Liebe gegen den Edelmann Rordenschild gewesen, um einen Königssohn auszuschlagen; sonst wärs ohne weiteres Nachdenken sogleich dabei geblieben: er ist es! — Sie war ungewiß, und ihre Gedanken schwindelten in einem süßen Labyrinthe; da strich ihr Albert mit der flachen Hand über die Stirn; — da rief seine melodische Stimme: meine Risa! — Weg war das Labyrinth! — Sie blickte auf; sah weder Königssohn noch Edelmann; nur ihren Albert sah sie. Sie liebte ja weder Edelmann noch Königssohn; nur ihren Albert liebte sie. Weg war also das Labyrinth; und sie fiel ihrem Albert um den Hals. —

Er nannte jetzt einigemal den schlafenden Casper seinen Vater; und so oft er ihn nannte lächelten die Weiber. Er bemerkte es; es schien ihm mehr als zu
gefäl=

gefällig, und er fragte die Sophie: warum sie lächle, wenn er den Casper nenne? — ,,Weil ich nicht gehört habe, daß er sie seinen Sohn genennt hat!'' sagte sie mit festem Blick, und einer unbeschreiblich ruhigen Ueberzeugung. Albert schwieg, und schien mit gleicher Ruhe von einem flüchtigen Gedanken auf einen festern überzugehn. — ,,Aber mich doch seine Tochter?'' — sagte Risa lächelnd, und schmiegte sich fester an Alberts Seite.

Sophie. (indem sie aufstand, nach der Uhr sah, und vor ihnen vorüber nach der Thür gieng) Das könnten sie auch, unter gewissen Umständen, allenfalls eher werden, als er sein Sohn! —

Albert. (nachdem er der Sophie lange mit Verwundrung nachgesehn) Träumt das Mädchen? oder seit wenn ists sonst unter ihrer Haube nicht richtig? —

Risa. Vielleicht ists nie richtiger darunter gewesen als eben jetzt! — (lächelnd) Und wenn sie träumt — Je nun, lieber Albert! so laß sie träumen. O, du kennst die Süßigkeit der Träume eines liebenden Mädchen nicht! Man befindet sich wohl dabei, ob man gleich oft weiß, daß es Träume sind.

Albert. Ich habe nichts dawider! aber es könnte dich unruhig machen; daß du nicht zu wissen glaubtest wer ich wär, und wohl am Ende gar dächtest ich wär etwan aus einem Pilz aufgewachsen, oder von einem Zigeunerweibe in einem holen Baum auf der Greiffenhorster Heide gehecket worden.

Risa (lachend) Mir recht! — (ihn mit süßem Entzücken betrachtend) Ob wohl dieser Albert aus einem Pilze kann aufgewachsen, oder von einem Mit-

lei-

leidigen Holzhacker aus einem holen Baume kaum aufgerafft worden sein? — Oder ein feuriges, unschuldiges, liebevolles Mädchen — (Albert wird aufmerksam, und sie lenkt ein,) träumte sich wohl gar die Frucht einer Sternschuppe zum Geliebten? — Bist dus nicht? Albert! den deine Risa liebt? oder ists der Major Mardenschild?

Albert. (zufrieden) Ich bin freilich lieber der Albert meiner Risa, als der Major des Königs; schlinge lieber meinen Arm um deinen lieben Nacken, als seinen Degen um meine Lenden; höre lieber wenn meine Risa spricht: ich liebe dich! als wenn seine Trompete mich zur Schlacht ruft; (ganz Feuer) denn ich bin eben so stolz auf diese Risa, als er auf seine Krone! —

Risa. Lieber Schwerner! und du glaubst doch es gäbe was in der Welt das mich unruhig machen könnte, so lange du mein Albert bist? — Und gesetzt du wärst an irgend einem alten Felsen auf Greiffenhorst, oder Gott weiß jenseits welchem Meere, auf einer Felsenklippe als Pilz aufgewachsen, und im Magen einer Seeschwalbe zu uns herüber gebracht, und an der deutschen lieben Sonne vollends ausgebrütet worden; weiß Sophie welcher Marder in Podolien oder Sibirien ihren Hermann vielleicht aus einem Hühnerneste gestohlen oder ob ihn etwan eine Wasserfluth aus einem verfallenen Schlosse heraus gewaschen hat? und sie liebt ihn doch! — (zärtlich drohend) Albert! und du trautest also dem Herzen deiner Risa weniger Liebe zu? Könntest es laut
dem

dem deinigen klopfen hören, und doch zweifeln? — (mit einer süßen Thräne im Auge; ganz Gefühl) Albert!

Albert. (schmeichelnd ihr die Wangen streichelnd) Ich habe nicht gezweifelt, meine Risa; warlich nicht! Aber ich fühle auch zu welcher Würde mich meine Risa — (lächelnd) nicht die Landgräfin erhoben hat; —

Risa. (ihn lächelnd unterbrechend) Das war dein Glück, daß du das hinzu setztest! sonst — du weißt doch noch die Strafe, die wir drauf gesetzt haben, wenn du das wieder erwähnst? Du scheinst mir jetzt mancherlei zu vergessen, hast mir heute schon Dinge gnug gesagt, die ich nach unsrer Konvenzion nicht hätte dulden sollen; und ich hätte schon Lust einmal zu strafen.

Albert. (an ihrem Halse) In einem ganzen Tage keinen Kuß! — o, Risa, die Strafe ist zu hart, in diesen glücklichen Tagen. Wenn ich sie verdiene, so wollen wir sie wenigstens ietzt nur zusammenrechnen, und aufschieben; (sorgsam) es wird eine Zeit kommen! — eine Zeit, wo der Major dem Albert fatale Streiche spielt!

Risa. Auch das verdient Strafe! denn du fühltest ja zuerst wie nöthig es unsrer Zufriedenheit ist: nicht über das Gegenwärtige weg zu denken. Aber es mag hingehn! nur sage mir nichts mehr von Erhebung.

Albert. (rasch) Trotz aller Strafe, Risa! ich sag' es noch einmal; denn ich wär ja, bei Gott! deiner Liebe nicht werth, wenn ichs nicht fühlte. Wenn ichs nicht fühlte: wie groß ich da war als Risa den herrlichen Königssohn ausschlug, und mich wählte. Risa, mich wählte, mich? — meine Risa, mich? ihren Albert? — O, Risa! (ganz Feuer) Risa! — wie armselig steht in solchen Augenblicken der Major da, neben dem Albert!

Risa. Aha, da liegts! du willst avansiren. (schäkernd in einem tröstenden Tone) Je nun, lieber Gott, habe doch nur Geduld; ich kanns ja warlich nicht zwingen! — Aber der alte Rottland kommt wahrscheinlich nicht wieder auf; und da wirst du doch wohl Oberster.

Albert. Du lachst mich aus! — Und wenn ich dann Oberster bin; ist der Oberste mehr als Albert?

Risa. Nun, so sei doch zufrieden! Ihr seid doch warlich unbändige Leute, Männer! euch kann weder das Schicksal noch unsereins was recht machen; und ich glaube wenn du König wärst —

Albert. (sie unterbrechend) Immer doch nur König über andre Menschen; und — der Albert meiner Risa. (mit Würde) Risa! so wahr Gott lebt, mit diesem Gefühle weiche ich keinem Monarchen der Erde! —

Risa. Nun wirds Zeit daß wir abbrechen! denn ich sehe dirs am Auge an wohin dich deine wilde Phantasie reißt.

Albert. (im vorigen Tone) Der Mensch war eher als der König; und Lieben eher als Gehorchen. (aufspringend) Einen Thron der Erde gewinnen kann jeder Arm, in einer guten Laune des Glücks; aber eine Risa — Risa! dich dank' ich allein meinem Herzen. — (mit zusammengeschlagenen Armen sie feierlich betrachtend; langſam, und mit Nachdruck) Du ſchlägſt eine Krone aus! —

Riſa. (lächelnd) Eine goldne! — Windeſt du mir nicht eine Krone von Myrthe? lieber Albert! Es ſind weniger Dornen darinnen als in einer Königskrone.

Albert. (raſch) Aber doch Dornen! — Ach Riſa, leider! und ehe wir dieſe Dornen zerknicken — (ihr um den Hals fallend) Ich werde bluten! denn ich habe ſie dir gewunden. —

Indeß erwachte Caſper. — Ein Mädchen kniete vor ſeinem Bette und drückte ſeine Hand feſt an ihre Lippen. Es war Sophie und neben ihr ſpielte ein ſchöner blonder Knabe von zwei Jahren. Er richtete ſich auf, und ſah ſie lange mitleidig an; denn er glaubte nicht anders als ihr Verſtand ſei nicht in den beſten Umſtänden. Auch ſie richtete ſich langſam auf, und betrachtete ihn, mit einer Thräne im Auge, voll inniger Ruhe. — „Du biſt gewiß ein ſehr unglückliches Mädchen!“ ſagte Caſper, und drückte ſanft ihre Hand. „Das bin ich!“ rief Sophie, mit einer Stimme die durch Mark und Bein drang — (ſanft und zärtlich) „Aber du gewiß auch ein ſehr unglücklicher Vater!“ — Er erſchrack, und zog ſchnell ſeine Hand aus der ihrigen. „Woher weißt du das?“ fragte er in ſichtbarer Unruhe; und kehrte ſich von ihr.

D 3 Sophie.

Sophie. „Ach Gott; und doch so unglücklich!" riefst du, da du dich vorhin hier nieder warfst; daß es mich wie Fieberfrost schüttelte, und mir die Thränen aus den Augen stürzten; denn ich fühlte wie nah' ich mit deinem Schmerze verwandt bin — (langsam) und du mit dem meinigen! — (nach einer Pause, unter der er sie mit stierer Verwundrung angesehn) O Gott! — Gott! — dein ganzes Herz; bieder und gut, und stolz! — Dein ganzes Wesen! — und, ob du gleich Greis bist, unverkennbar alle deine Züge! — kämpfend zwischen Schmerz und Freude) Vater! — (sie rafft den Knaben neben sich auf, und hält ihm ihn hin) Sieh! — Er heißt Hermann! —

„Hermann! Hermann!" rief der Vater Casper; denn jetzt fühlte sein Herz keine Verbindung als die die Natur knüpft. "Hermann!„ rief er, und streckte seine zitternden Hände nach dem Knaben aus. Sophie warf ihn ihm in den Arm, und sah mit gefalteten Händen diesem Schauspiele zu. „Du bists!" rief sie freudig; „du bists! O, Natur! Natur! — du bists! — (die Knie des Casper umfassend) auch mein Vater!" —

Casper hatte Mühe sich zu besinnen; denn dieser Auftritt hatte seinen ein und dreißigjährigen Schmerz, und alle seine Vaterfreuden, in einen Punkt zusammen gedrängt. Er biegte sich, mit dem Knaben auf dem Arme, bekümmert zu Sophien herab, und klopfte sie sanft auf die Achsel. „Meine Tochter!" rief er; „O, meine Tochter! — das bist du! das sollst du sein! — meine liebe gute Tochter!" — Aber, wo? wo ist er? — O, sage mirs immer, meine Toch=

Tochter! die Freude tödtet mich nicht; denn wenn sie mich hätte tödten können, so hätte sie mich jetzt schon getödtet. — (Sophie blickt ihn schmerzhaft an) Wo? liebe Tochter! wo?

Sophie. (weinend) Wär ich unglücklich, wenn ich das wüßte?

Casper. (in tiefem Schmerz) O weh! Aber, ob er lebt?

Sophie. (gefaßt) Er lebt! denn sonst wär ich wahrscheinlich auch todt. Erst seit einigen Tagen habe ich Nachricht von einer Freundin, daß er unter den ○○*schen Truppen Oberstleutnant ist; aber wo? — diese Nachrichten sind alle so ungewiß wie der Augenblick unsers Todes.

Casper. (legt den Knaben neben sich aufs Bette, und faltet die Hände) Gott sei Dank, für diese! — (Sophie umarmend) Und dir! du hast mich am Rande des Grabes aus einer Hölle gerettet; Engel! — Er wird sich durchwinden. — (schmerzlich) Aber, er weiß keine Spur zu mir!

Sophie. (freudig) Er kann sie doch zu mir erfahren, durch meine Freundin; und dann bringe ich ihn dir!

Casper. (in Entzücken) O, Gott, Gott, was wird das für eine Stunde sein! — (mit ausgebreiteten Händen zum Himmel blickend) Laß mich sie erleben!

Sophie. Glorie des Himmels wird sie dir anmelden, und die letzte Seligkeit der Erde sie beschließen!

Casper. (in süßer Trunkenheit) Ich habe viel Glück und Ehre in dieser Welt erlebt; wenig Freude!

be! Aber, und wenn dieses die letzte und einzige wär, so stürb' ich zufrieden! — (den Knaben betrachtend). Aber, Kinder! Kinder; euer Schicksal! —

Sophie. Tage langten nicht hin es zu erzählen; und das Herz würde mir brechen, wenn ich dir nur sagen sollte: wie ich ihn fand und wie er mich verließ! — Dieser Knabe — (ihm um den Hals fallend) O, Vater! — Vater, vergieb dem unglücklichen Mädchen ihre Schwachheit in jener Stunde! — (mit wollüstigem Schmerz) Vater! ich kann sie nicht bereuen; denn es war vielleicht die glücklichste meines Lebens — (den Knaben mit Wonne betrachtend) Knabe! die Stunde in der du wurdest. Und wenn ich dir dein Brod betteln, und das Wasser mit meinem Blute erkaufen müßte, — so kann ich sie nicht bereuen. — Vater! es war die letzte ruhige Stunde unsrer Liebe. Große Buben rissen ihn aus meinen Armen, denn ich hatte damals das Unglück schön zu seyn: er zeichnete sein Recht auf mich mit Blut auf ihre Stirnen, und dem einen ins Herz — ach, Vater! und ich sah ihn nicht wieder! —

Casper. (mitleidig) Armes — armes — unglückliches Mädchen! — (auffahrend) Aber daran erkenn' ich meinen Sohn! die Nordenschilde duldeten keine Buben. — (dem Knaben die Hand auf den Kopf legend) Auch du bist ein Nordenschild! und wenn dich einst deine weinende Mutter den Namen „Casper" lallen lehrt, so schlage dein Herz „Nordenschild" dazu; wenns vielleicht deine Mutter, um der Schwachen willen, noch nicht wagen darf es laut zu sagen.

Der

Der Knabe. (lallend) Casper! Casper! — (breitet seine Händchen fröhlich nach ihm aus)

Casper. (freudig) Aha! du kannst es schon. Nun denn: wenn dus nicht mehr lallen, und auf meinem Grabe vielleicht, den Menschen das erstemal fest und trotzig unter die Augen sagen wirst: ich bin ein Nordenschild! — so stehe schon dein Fuß im Nacken eines großen Buben! — (er küßt ihn zärtlich, drückt ihn mit Vaterwärme an sein Herz, und giebt ihn seiner Mutter) Das der Seegen deines Großvaters! — (Sophie weint, und Casper fährt nach einer kurzen Pause fort) Es war recht gut, liebe Sophie! daß ich dieses alles noch heute erfuhr. In sieben Stunden hätte ich über meine Güter disponirt gehabt; und dieser arme Knabe — denn man weiß doch nicht wie die Fälle kommen — dieser arme Knabe wär zu kurz gekommen. Nicht wahr ihr hattet nichts aufzuweisen? wußtet keinen Namen? keinen Ort?

Sophie. Nichts; in der Welt nichts! — Sein Vater nennte sich bloß Hermann von Unstern aus Siebenbürgen; ich allein wußte, daß er mit seinem Namen und Vaterlande so unbekannt war, wie mit den Dingen jenseits der Gräber. „Ein unbekannter Königssohn, sagte er einst, hat mich aus der Wiege verdrängt." — Das war alles.

Casper. (erschrocken) Und das wußt' er? — Ha treuloser Ottenbach! seinen Namen verschwiegst du ihm, weil dir das Geld eintrug; aber diesen Dolch pflanztest du ihm ins Herz, daß keine Vaterliebe darinnen aufkeime. — (mit festem Ernste) Sophie! darüber muß es Nacht bleiben! Mein Eid und Ehrenwort ruht darauf; — Es muß Nacht bleiben! Hüte dich für der Sünde, noch am Rande seines Grabes, einen Greis, dem Ehre und Leben immer eins war, unglücklich zu machen! und schweig. Auch gegen die Risa.

Sophie. Ich will gern schweigen, mein Vater! will tief in mein klopfendes Herz diese namenlose Freude verschliessen, den Vater meines Hermann gefunden zu haben, und schweigen so lange du willst; aber — die gestrigen Auftritte — Vater; Risa merkt es!

Casper. Merken hin, merken her! Das Merken war hier unvermeidlich; und vielleicht ist es gut. Aber wo keine ausdrücklichen Worte sind, ist auch kein Verbrechen wider meinen Eid; Tochter, und dafür hüte dich! dulde, und schweig! — Wie bald wankt vielleicht iener eigensinnige Graukopf vollends in die Gruft; — Dann, Sophie! so wie er die Augen schließt, erwacht mein Sohn. Indeß — ich könnte sie auch eher schliessen als er — Hermann ist wahrscheinlich ietzt mancher Gefahr ausgesetzt — Der Knabe also. (nachsinnend, indem er ihn mit inniger Freude betrachtet) Hast du noch bekannte Familie?

Sophie. (weinend) Keinen Vater, und keine Mutter, und keinen Bruder mehr! — Einsam und verlassen war ich in der Welt, wie einst das erste Sonnenstäubchen im ewigen Leeren. Meine Mutter hab' ich nicht gekannt; — mein Vater blieb in Irrland, unter dem unglücklichen Jakob, und mein einziger Bruder, unter Eugen und Marlborough, bei

Ande-

Aüdenarde. (mit Schmerz und Freude) Vater! dieser Knabe, mein Hermann, und du! — Diese drei Norbenschilde sind mir alles! —

Casper. Und so solls auch bleiben! — Du heißt Sophie von Sternberg?

Sophie. Ja!

Casper. (indem er sich aufschreibt) Einem so unsichern Namen wie sich Hermann gegeben hat, wollen wir es doch nicht anvertrauen; und — du bist ja Mutter. Im Fall ich also sterbe, ehe sich diese Geschichten aufklären, erbst du zwölf Rittersitze; das übrige was ich habe ist anvertrautes Guth des Königs — das fällt an den Albert. Du wirst doch meinem Hermann sein väterlich Erbe nicht vorenthalten? oder es unter fremde Leute bringen?

Sophie. (mit Würde) Casper!

Casper. (ihr die Hand reichend) Nun, nun! — Ich habe den einzigen Sohn, und bin ein alter Mann; du mußt mir was zu Gute halten.

Sophie. (ihm die Hand küssend) Ich mag nichts, als was mein Hermann hat! Und soll ich noch unglücklicher werden als ich schon jetzt bin, so kann ich doch nicht verläugnen, daß dieser Knabe mein Sohn ist.

Casper. Das meine ich eben; gute Seele! das meine ich eben, daß du ja Mutter bist. Und damit du für alles gesichert bist, und Schutz hast — denn ich traue einem einzigen Unholde aus meiner Familie nicht; er heißt Hardi — so will ich dir den Albert zum Vormunde setzen. Er ist brav und hat Ansehn;
und

und wird dir gewiß nichts thun lassen. (freudig) O, Gott! wenn ich es auch also nicht erlebe — Gott! wie freue ich mich schon jetzt; und wie will ich mich übern Grabe herüber freuen, wenn mein Hermann einst kommt, und mit seiner Sophie sein väterlich Erbe findet! (Sophie weint) Weine nicht, meine gute Tochter! ich bin ja ein alter Mann, und man weiß doch wirklich nicht ob ich den Morgen erlebe. — (sich auf ihre Achsel stützend) Wenn er nun also kommt, un er Hermann, so führe ihn an mein Grab, und sage: da schläft er! — Dem Namen nach wird er mich wohl aus der Geschichte kennen; denn mein Herz und mein Degen haben mich ein bischen bekannt gemacht in der Welt; aber seinen Vater, der ihn verbannte, wird er freilich nicht unter diesem Nordenschilde suchen, von dem man sagte: er hab' ein rechtschaffenes Herz gehabt, sei ganz Krieger, aber nie Tirann gewesen. Sage ihm, meine Sophie! sage ihm: zum ersten Schritte hätte mich die Liebe zum besten Könige verleitet, und dann, als noch sein Schicksal ganz in meiner Hand gestanden, ein Schurke mein Vertrauen gemißbraucht, und ihn um mich, und mich um ihn betrogen. — (unruhig) Sag' ihm — liebe Sophie! — sag' ihm — sag' ihm — (ihre Hand fest drückend) o, sag ihm: — (in der wehmüthigsten Bewegung ihr um den Hals fallend, und sie zitternd an sein Herz drückend) ich bitt' ihn um Vergebung! —

Sophie weinte herzlich in den Armen dieses edeln Greises, den die Liebe zu seinem Könige und der Geiz eines falschen Freundes so grimmige Schmerzen kostete;

kete; der Knabe klammerte sich fest an sie an, und weinte mit. Endlich faßte sie sich zuerst, und richtete sich auf. „Ich bitte sie um alles in der Welt, sagte sie, Vater! schonen sie sich; diese Bewegungen könnten einen festen Körper bis zum Hinsinken erschüttern, und sie — Fühlen sie nicht wie theuer uns ihr Leben ist? und was sie selbst noch für eine Freude zu hoffen haben?"—

Casper. (sehnlich) Ob er mir vergiebt?

Sophie. (lächelnd) O, mein Hermann ist so edel als Casper! Casper bittet, und Hermann vergiebt.

Casper. (beruhigt) Ich sollts zwar auch denken; denn, wenn er auch mein Sohn nicht wär, so ist er doch ein Nordenschild! (zufrieden) Kannst du mir ihn nicht beschreiben? wie er ist — wie er aussieht —

Sophie. (lächelnd) O, könnten sie in mein Herz sehn; hier steht sein Bild! aber — es zu mahlen?— Er ist lang und schön, hat helle große blaue Augen, und blondes Haar; — edler Stolz, und Hoheit, und männlicher Ernst auf seiner offnen Stirn; und in seinem Auge — welch ein großer durchdringender Blick! was für Feuer! was für Muth! — ach, und welche Liebe! (feurig) Stellen sie ihn neben den Albert; und es soll iedem Weibe die Wahl schwer werden! (zärtlich) Nur mir nicht, und der Risa.

Casper. (freudig) Ich hab ihn gesehn! — O, Sophie! warlich, ich hab' ihn gesehn! und da — da steht er noch! — wie du ihn mahltest. Hätt' ich doch nicht

nicht gedacht, daß meine Phantasie noch so gut fort
könnte. — Gut! mag ich nun sterben; ich hab' ihn
gesehn! — (ihr die Hand reichend) Ich danke dir! —
Und nun komm; alles bleibt dabei wie wir es ver-
abredet haben, meine gute Tochter! und du schweigst. —
Diesen Winter geht die Landgräfin auf einige Wochen
nach Holm, und du wohl also mit; sie hat mir versprochen, wenn ich noch lebe, mich auf dem Hinwe-
ge zu besuchen; — vielleicht ist sie zu bereden, daß
sie dich einige Tage bei mir läßt; dann wollen wir
uns satt schwatzen.

Sophie mußte ihm den kleinen Hermann noch
einmal auf den Arm geben, und dieser noch einmal
„Casper!" rufen; — Er drückte ihn einmal übers
andre väterlich an sein Herz, und konnte sich nicht
satt an ihm sehn. "Gott erhalte dir ihn, und seinen
Vater!" rief er dann, gerührt und entzückt von der
glücklichen heitern Miene und den unschuldigen Lieb-
kosungen des Knaben, und gab ihr ihn mit einer
Thräne im Auge zurück. Sie sprang fort, und
brachte ihn wieder zu seiner Wärterin, um keinen
Argwohn zu erwecken, kam fröhlich wieder, und
führte nun ihren guten Casper in den Saal, wo
die Gesellschaft und der Kaffee schon auf ihn wartete.

─────────────────────────

Nun? — meine schönen Damens! was wundern sie sich denn; daß unsre gute Sophie einen
kleinen Jungen hat? — Als wenn das so was un-
er-

erwartetes wär, daß zwischen zwei jungen feurigen
Liebhaberöleuten ein kleines Drittes erscheint! —
Die Stunden sind nicht überein; und, es spickt!
wenns auch nicht allemal schauerliche Mitternachts-
stunden mit Mondenschein eingefaßt sind. — Und,
sie da — sie? — ich glaube gar sie rümpfen die
Näschen drüber, und sprechen: fi donc! — Ach, ich
bitte sie doch ums Himmels willen, lassen sies stecken! —
und machen sie sich nicht lächerlich! Ich will nicht
hoffen, daß sie im Ernste so menschenfeindlich seyn;
und die gute Sophie darum nur um einen Athemzug
weniger schätzen und lieben werden, als zuvor; sondern daß es nur so eine kleine Anwandlung
schneeweisser affektirter Unschuld gewesen sei, was
ihre respektiven Näschen und Nasen so geschwind
spitzte, und die Mäuler und Mäulchen in so verschiedene Falten zog; eine Ziererei, die man noch
allenfalls schleichen läßt; — sonst könnt' ich leicht
in Versuchung gerathen, ihnen eine solche Predigt
abzuorgeln, vor der ihnen acht Tage lang eckeln
sollte. Denn solch einem guten Mädchen, das —
je nun ja, lieber Gott, lieber Herr! — man weiß
es ja schon, wies nun geht in der Menschenstunde;
und unsre Menschenstunden haben wir ja — sie
mögen nun sagen, was sie wollen, und so heilig und
unschuldig thun wie sie wollen — warlich alle! —
Ja, solch einem Mädchen lasse ich nun einmal nichts
thun; und da hab' ich ihnen ein Maul, wenn ich
einmal so auf den Text komme, wie ein Schwert;
und es fließt mir besser als manchem Kandidaten
im examine rigoroso die orientalia. Nein, nein!

laſſen

laſſen ſie ja die Rümpfnäschen weg, und machen ſie es, wie der beſſere und klügere Theil von ihnen, laſſen ſie dem guten Herzen der armen Sophie Gerechtigkeit wiederfahren, und verdammen ſie nicht; ſo haben ſie mehr Ehre davon, und ihre ſchwache Seite bleibt auch — eine ſchwache Seite. Sehn ſie, wie wohlgezogen ich bin? ich halte Wort, und gehe vorüber ohne einen Mux weiter zu thun; ob mir gleich die böſen Leute ſchuld geben, ich hätte wunder was für ein Schandmaul und raiſonnirte zuweilen ins Zeug hinein, mehr als ich in pleno verantworten könnte. Lieber Gott! es war ja ſo ein lieber ſcharmanter Junge, daß ihn jedermann hätte auffreſſen mögen; es gäb mancher alle Sonn- und Feſttage einen baaren Dreier in den Klingelbeutel, wenn er einen ſolchen Stammhalter hätte! Daß er einige Jahre vor der Heurath kam — gehört unter die Dinge, die nun einmal nicht abzuändern ſind, und wenn man mit Händen und Füßen dagegen arbeitete; und daß er deswegen vielleicht nun nicht ſtiftsfähig iſt — wer weiß denn, ob er ſich auch viel daraus macht? oder ob er nicht einſt an ſeine Stirn zeigt, und ſpricht: hier iſt meine Pfründe! — an ſein Herz ſchlägt, und denkt: dies mein Stern! — und ſeinen Degen umſchnallt, und ruft: das iſt mein Ordensband! — Aber ich denke doch die Herrn ſollen indeß aufgeklärter denken lernen, und ihn, wenn er nur ſonſt die erforderlichen Qualitäten — e. g. — doch, exempla ſunt odioſa! — dazu hat, in Gottesnamen aufnehmen.

Er

Er war bisher in Holm, unter Valeskas Aufsicht erzogen worden, und erst seit kurzen, mit einer neuen Kammerfrau, die sich Risa von dort her schicken lassen, (weil man dort bessern Kaffee kochte, als sie hier die traurigen Beispiele gehabt hatte) frisch und munter anhero gekommen. Die Kammerfrau paßirte hier für seine Mutter, die sich, wie man sagte, unter keiner andern Bedingung, als daß sie ihn mitbringen dürfe, zu dieser Bedienung entschließen wollen; und weil es eine sehr gute brauchbare Frau war, so hatte man sich diese Bedingung erstlich bloß gefallen lassen; weil aber, wie man fand, der kleine Wildfang ein ganz allerliebster Junge war, so gab man sich sehr zärtlich mit ihm ab, hätte ihn um alles in der Welt willen nicht wieder weggegeben, und er war mehr um die Herrschaften als bei der Kammerfrau. Wie das nun geht! — Fragte man ihn: wie es heiße, so konnte er schon ganz trotzig antworten: Hermann! — Fragte man: wie sein Vater heiße, so sagte er auch: Hermann! und als ihn, kurz nach diesen Tagen, einst im Schäcker Albert fragte: wie sein Großvater heiße? so sagte er ihm mit der größten Zuversichtlichkeit unter die Nase: Casper! — Risa wollte sich krank lachen, über den ehrlichen Jungen; denn Albert wurde wirklich roth. Nicht etwan, als ob er geglaubt hätte, daß der Junge recht haben könne; denn er wußte ja ganz gewiß, daß er seine Mutter, die gute Kammerfrau, in seinem Leben mit keinem Auge gesehn hatte als hier; auch nicht etwan, weil ihm eben eingefallen: daß doch

viel

vielleicht ein solcher Bube auftreten, und nicht in so kindischer Nachschwätzerei, wie dieser, weil er diesen Namen öfters nennen hören, sondern mit mehr Zuverläßigkeit, es sagen könne; behüte der Himmel! — Aber, kurz, er wurde roth; und Risa schraubte ihn bei allen Gelegenheiten damit. Sophie selbst hatte, wieder in einer andern und zwar in der gründlichsten Rücksicht, ihre wahre Freude darüber, und ihren Spaß mit dem Albert; und als sie einst in der Uebereilung hinzu setzte: je nun, was wärs denn nun weiter? fuhr ihr Risa ordentlich auf den Hals; denn Sophie hatte ihr absichtlich ihre vormaligen Träume, wie man es nannte, schon ausgeredet, und sie glaubte also wirklich dieses: je was wärs denn nun weiter? beziehe sich in allem Ernste auf den Albert, oder wohl gar auf sie und den Albert in Kompagnie. Sophie war aber froh, daß man es so genommen; lachte herzlich, und sagte es nie wieder.

Ich weiß manchen solchen ehrlichen Jungen, der zwar eigentlich seinen Herrn Vater nicht kennt, auch, aus gewissen Ursachen, vor der Hand wenigstens nicht kennen soll; aber in aller Unschuld und kindischer Einfalt ihn einmal, mitten in einer großen Gesellschaft, laut und deutlich nennt, oder wohl gar mit Händen greift, und von der Mutter — Rippenstöße bekömmt. — Der arme Junge!

Casper hielt sich nicht lange mehr auf; denn er hatte vor Sonnenuntergange noch viel zu thun.

So-

Sogar die größte Hälfte des kleinen Pfeifchen brach er sich ab, das er beim Kaffee zu rauchen gewohnt war; und eilte mit Ungeduld. Wer ihn eigentlich darüber störte, der hatte lange auf kein freundlich Gesicht von ihm zu rechnen; denn er war allemal dabei in der größten Ruh' und Behaglichkeit. Jetzt legte ers zufrieden lächelnd hin, und als Alberi es sah, versicherte er der Landgräfin: daß dies das unwiderruflichste Zeichen zum Aufbruche sei, und bath sie: ihn durch keine Bitte mehr in Verlegenheit zu setzen. Aber eine noch mußte er ihr dennoch gewähren. Es war ja Risa! und wer hätte dieser eine Bitte nicht gewähren müssen? denn mit solch einem Auge, mit solch einem Blicke, mit solch einer Stimme, wie Risa bath — so bath auf der ganzen weiten Erde kein Mädchen mehr. Er selbst, Casper, machte dabei die Anmerkung: daß sie, wenn er noch jung wär, alles aus ihm würde machen, und alles von ihm erhalten könnten. „Und auch jetzt noch;" setzte er lächelnd hinzu, „warlich, auch jetzt noch! — Wenn es nicht sein müßte, Landgräfin! ich käm heute nicht und morgen nicht — und wer weiß wenn — aus ihrem Hause. Norcia wollt ihn nicht mehr sehn, und meinen Arno nicht mehr; aber bei ihnen — mich herrlich befinden! — Aber — kommen sie nur bald auf mein Greiffenshorst! und bringen sie mir ihre Sophie mit, und alles, was sie gern um sich haben. Das Nest ist groß genug für ihr ganzes Haus! ich stecke darinnen wie ein Zaunkönig in einem Adlerhorste. Kommen sie ja bald! — (ihr die Hand schüttelnd) Halten

fie ja Wort! — Es möchte sie bald gereuen, dem
ehrlichen Casper diese Freude nicht gemacht zu haben! wenn sie vorüber fahren und meinen Leichen-
stein, unter meinen Bruder-Bauern, über die Got-
tesackerwand kucken sehn!" — Sie versprachs ihm
noch einmal; fest und unverbrüchlich. Sein Wagen war eine Stunde weit leer vorausgeschickt, wo
er es noch zur letzten Bitte sich hatte gefallen lassen
müssen, weil ihn bis dorthin Risa begleiten wollte;
sie setzten sich also in ihren Postzug, und fuhren
traurig davon. Auch Sophie fuhr mit, und der
kleine Hermann; Albert, und der zweite Major
ritten.

Es gab trübe traurige Gesichter in Nordia, da
man den braven Casper, über dessen Erscheinung
man sich so herzlich gefreut hatte, schon wieder
zum Thor hinaus rollen sah; denn alles hatte gehofft, er werde wenigstens auf eine Zeit lang hier
bleiben, und sich von seinem Dasein alles Gute
versprochen. „Das Gott erbarm!" rief Bürger
und Bürgerweib, und schlug die Hände zusammen:
„er fährt schon wieder fort!" — Es gab aber
auch hämische fröhliche Gesichter, die tückisch lächelnd hinter den Gardinen vorschielten, als er
schon wieder zum Thore hinaus rollte; denn diese
hatten befürchtet, daß er, auf einige Zeit lang wenigstens, dableiben werde, und sich von seinem
Dasein nichts Gutes versprochen. Diese schlugen
Schnippchen, oder klatschten in die Hände, und
riefen einander zu: „Gott sei Dank! da fährt er
wieder hin!"-

Aber

Aber gegen die traurigen Gesichter, und gegen das Gesicht der unglücklichen Sophie besonders, als sie jetzt, am bestimmten Orte seinen Wagen einholten, und er nach seiner Krück griff, und „Halt!" rief, waren dieses immer noch Festtagsgesichter. Es war nicht anders, als wenn sie sich auf immer von ihm trennen sollten! und doch hatte Risa schon ihre Reise in ihr Vaterland, auf der sie ihn in Greiffenhorst besuchen wollte, nach Wochen berechnet; aber es war auch ein Mann, dieser Casper, dem sie alle ihre ganze irdische Glückseligkeit schuldig zu sein glaubten. Jeden Weltbürger treibt sein eigner Geschäftskreiß umher, und unvermeidlich also sind die Schmerzen der Trennung unter guten Menschen! — Man trift sich; man lernt sich kennen; man liebt sich; man glaubt unzertrennlich von einander sein zu müssen; und ehe man sichs versieht, fällt die Thräne des Abschieds in den Becher der Freude. Auf kurz oder lang; auf eine Viertelstunde, oder auf tausend Meilen — gleich viel! denn an die kürzeste Trennung grenzt oft die längste.

Casper umarmte seine Lieben, und — schied! den Knaben Hermann hielt er lang in seinen Armen. Albert allein war Mann, und rief fröhlich dem Scheidenden nach: wir sehn uns wieder! — die Blicke der Weiber flossen still und traurig in den Sand hin. Erst, als sie nur noch den fliegenden Staub von seinem Wagen aufsteigen sahn, kamen Thränen; und die gute Sophie dankte es dem Schicksale doppelt, daß auch Risa bewegt war; denn nun durfte sie doch ihrem vollen Herzen keine Gewalt mehr anthun; und ihre Thränen flossen in schwesterlicher Eintracht.

Die Majors mußten sich endlich in den Wagen setzen, um sie zu zerstreuen und aufzuheitern; aber obgleich Hastenfest, der so ganz Laune war, daß selbst der Pfarrer in der Beichte über ihn lachen mußte, alle seine bekannte Force im Aufheitern reichlich verschwendete, so wollte sich doch lange kein Lächeln, vielweniger ein Lachen, wieder einstellen. „Traurigkeit und Schulden, sagte er endlich ganz ernsthaft, merk' ich wohl, sind von einerlei Art; sie sind geschwind gemacht, aber schwer zu tilgen!" — Mit dieser richtigen und aufrichtigen Bemerkung erreichte er ein doppeltes Gutes. Erstlich fieng Risa, und mit ihr Albert und Sophie darüber an zu lachen; denn alle wußten, daß er mehr Thaler Schulden als Heller im Beutel hatte, ob er gleich übrigens ein sehr gescheuter, brauchbarer, und rechtschaffner Mann war; denn er war nun einmal ein Genie. Wenn er aufs Land zu guten Freunden ritte, so konnte man sicher drauf wetten, daß in seinem Futterkasten kein Körnchen Hafer mehr anzutreffen war; und wenn er auf der Parade den Albert fragte: wo er diesen Mittag esse? so hatte er gewiß in vier und zwanzig Stunden kein Glas Wein getrunken, und getraute sich auch diesen Mittag keinen bezahlen zu können; und Albert nahm ihn ohne Umstände mit zur Risa. Wer war da vergnügter als Hastenfest! denn er wußte, dort fand er guten Wein, und — gute Herzen. Das

zweite

zweite Gute, was er damit erreichte, war beson=
ders für ihn höchst wichtig. „Ein Dienst ist des
andern werth; sagte Risa fröhlich, als sie an ih=
rem Palais abstiegen, Herr Major! Sie haben
unsre Traurigkeit getilgt, die nach ihrer Bemerkung
eben so schwer zu tilgen wär als Schulden; wie
wärs, wenn ich mich an ihre Schulden machte?“ —
„Stille! sagte der Major, daß es unser Chef nicht
hört; sonst komme ich ins Teufels Küche, und kann
morgen nicht aufs Land reiten.“ —

Risa. (lachend) Der Hafer wird ihnen in ih=
ren Futterkastens vermodern, wenn sie immer aus=
wärts herum reiten!

Hastenfest. (aufrichtig) Meine Seele nicht! —
die Luft kann recht durchziehn.

Risa. Nun, nun; man sieht, wie's geht! —
Aber dem sei wie ihm wolle: sie können ihre drin=
genden Geschäfte auf dem Lande doch wohl auch
übermorgen, oder übers Jahr abthun?

Hastenfest. O, ja! — Wenn jene alten
Vettern auch indeß sterben; — desto besser!

Risa. So essen sie morgen Mittag wieder bei
mir, und — (heimlich ins Ohr) der Chef solls nicht
erfahren, wie viel sie Schulden haben; — sagen
sie nur mirs!

Wer war in vier und zwanzig Stunden glückli=
cher als Hastenfest! — Er gieng, frank und frei,
ohne vor diesem und jenem Schuster oder Schnei=
derhause über die Masen höflich den Huth zu ziehn,
durch alle Gassen; und kam wenigstens in einem

Vier=

Vierteljahre nicht zu seinen guten F- unden und bbsen Vettern aufs Land.

Aber wie sah es denn nun, nach dieser Diver-sion, am Hofe? Wir haben zwar schon einen flüchtigen Blick hingethan, und die leidige Kabale, zu unserm größten Vergnügen, in sehr bedenklichen Umständen gefunden; allein wir mögten doch eigentlich wissen: wo es ihr fehlte, und was sie für Defekte bekommen? und wir verfügen uns also, ohne Umstände, ob wir gleich keinen Rang am Hofe haben, gerades Wegs zum nächsten Galatage dahin. Es war der Geburtstag des Prinzen Hektor, der leider seit langen Zeiten das erstemal wieder so solenn gefeiert wurde. Schüchtern und mit schweren Herzen schlichen einige dahin, denn sie glaubten nicht anders als im tiefsten Rausche der Freude dort den Lohn für ihre Thaten zu empfangen, oder ihn wenigstens furchtbar, in einem kalten bei ihrem nunmehrigen traurigen Nichts vorüberfliegenden Blicke des Hektor oder seines Vaters, flammen zu sehn; aber Hektor war zu großmüthig, als daß er die Ueberwundenen hätte zertreten, und Arno zu glücklich, als daß er jetzt hätte zürnen können, und so schlichen sie, wenigstens ohne ganz vernichtet zu werden, noch vor der Hand durch. Hektor sah ja den Augenblick immer näher vor Augen, in dem er, ohne dem Herzen des Arno mehr wehe zu thun, machen

machen konnte, was er wollte; warum hätte er nicht bis dahin noch seinen gerechten Eifer unterdrücken, und dem Greise die Erkenntniß seiner Schwächen ersparen sollen? Alles dieses hätte zwar gegen das Gefühl eines Zwanges, der seiner Heldenseele nun einmal unerträglich war, allem Anscheine nach nichts vermogt; aber er war entwaffnet durch Vatergüte, — da siegte sein Herz über den Geist! Auch Alberts Feinde wären vielleicht heute lieber zu Fuße nach Mecca gewallfahrtet, als in ihren prächtigen Karossen nach Hefe gefahren; denn was konnten sie sich von einem Manne versprechen, den sie so meuchelmörderisch verfolgt, und zum Theil öffentlich gedrückt hatten? nun, da er mit so viel Aufsehen und Ehre mitten unter ihnen vor und aus ihren Klauen gerissen, und, durch die Ueberzeugung seiner Unschuld, dem Herzen des Königs um eben so viel näher gebracht worden, als sie sich, durch ihre Tücke, davon entfernt? Aber sie nahmen freilich das Maß von Alberts Herzen und Handlungen nach dem ihrigen, und irrten also natürlich um den ganzen Messer; denn ihm war noch nicht eingefallen, einem einzigen von ihnen eine schiefe Miene zu ziehn, viel weniger gerechte und billige Rache von diesen Sklavenseelen zu fodern. Er fühlte seinen innern wahren Werth, und fand seine Größe im stillen Triumphe der gerechten Sache, die dem Auge des Edeln um desto sichtbarer wurde, je weniger er diesen Triumph selbst zu bemerken, und diese Größe jemanden empfinden lassen zu wollen schien. Er war eben noch so freund-

E 5

lich

lich und unbefangen als sonst; sah eben so ruhig und fest ietzt dem Könige in die Augen als ehemals; stand eben so kalt und stolz ietzt wieder an seiner Seite, wie er vor wenig Tagen, als ein Vorwurf der Gerechtigkeit, auf der Festung vor ihm stand, und sagte: wer den Tod nicht fürchtet, der fürchtet nichts! — Auch nicht um die unbedeutendste Mine hatte er sich verändert! — War weder vertraulicher noch zurückhaltender gegen den König sowohl als gegen die Großen des Reichs; nahm weder mehr noch weniger Antheil an seiner Gnade und an ihren Gesichtern, und überhaupt schien, nach seinem Betragen zu urtheilen, gar nichts vorgefallen zu sein. Aber mit diesem Scheine konnten sich die klopfenden Herzen seiner Feinde freilich nicht beruhigen; indem sie aus ihren selbsteigenen hohen Beispielen sich zu überzeugen Gelegenheit gnug hatten: wie sehr der Schein betrügt; und so fuhren sie bei der geringsten zweifelhaften Bewegung so schrecklich zusammen, wie ein Haase, den der Windhund überrascht. Sie zitterten beim Namen „Albert" eben so sehr, als wenn sie den ihrigen nennen hörten; denn sie fühlten freilich in was für einer gefährlichen Konstellazion diese Namen mit einander standen, und jeder zweideutige Blick des Königs, oder irgend eines andern Hofmannes, war ihnen ein Dolchstich ins Herz.

„O, verflucht, und ewig verflucht! war ein solches Gefühl! ruft hier der Verfasser, unter seinem ruhigen Birnbaume; das in beständiger Furcht das elende Menschenaas umher treibt. Der Körper
ist

ist elend, und der Geist für iedes Geschäft verloren! unfähig und unnütz die ganze Maschine; — Gott! wie verhunzt dein Meisterwerk! O, wie mir mein Bauerbrod und mein Landwein, und iede Freude, die die gute Mutter Natur mir giebt und gute Menschen, so herrlich schmeckt! — Elende, kleine Menschentirannen — Ich hab' ein gut Gewissen!!! — Ihr sitzt bei den theuren prächtigen Schüsseln; und euch ekelt! — Das Glas mit dem edeln Rheinweine zittert in eurer Hand; — o pfui! ihr seid nicht werth, ihn zu trinken! — Die sanfteste Musik wiegt euch nicht in süße Schwermuth und sanften Schlummer! — Horaz, Horaz! du hast recht:

Districtus ensis cui super impia
Cervice pendet, non Siculae dapes
Dulcem elaborabunt saporem
Non avium citharaeque cantus
Somnum reducent! —

Lib. III. Od. I.

Ich danke! — Bietet mir allen Glanz der Welt an, um meine Ruhe; sie ist mir nicht feil! Ihr seht in euren vergoldeten Wagens, auf denen Jäger, Mohr und Heiducke, wie Riese, Wald und Mitternacht, oder drei Welttheile, stehn, über mich Fußgänger an Gottes lieben Erdboden hinweg; — das thut nichts! Wenn ich mich Abends sauf mein Ohr lege, und denke: wer hat dir von deinem Tagewerke Rechenschaft abzufordern? — dann fühl' ich, wie groß ich gegen euch bin! Und wenn ich des Morgens aufwache, und mir das Herz nicht ängstlich dem Tage entgegen klopft; dann jauchz' ich

ich und fühle wie unaussprechlich glücklicher ich bin, als ihr." —

Aber, wir sind jetzt wieder am Hofe. — Jetzt trat Hektor herein, und alles drängte sich um ihn her, seinen Glückwunsch anzubringen. Er beantwortete sie meistentheils eben so kalt und maschinenmäßig, wie sie meistens es selbst waren, und schien ungeduldig das Ende zu wünschen. Einer der letzten war Albert. Hektors Gesicht heiterte sich merklich auf, als dieser kam; denn jetzt kam ein Freund! Sie drückten sich die Hände: — "Mein lieber Graf!" sagte Hektor, und umarmte ihn brüderlich. Albert stutzte, und ein ganzes Heer von Höflingen hätte in die Erde sinken mögen. "Hier," fuhr Hektor fort, und überreichte ihm das Diplom; mein Vater hat mir diese Freude zu meinem Geburtstage gemacht. Es trägt zwar nichts zu ihrer Glückseligkeit und eignen Größe bei; aber die Nachwelt würde, nach der Geschichte, die Könige von Bärenau für ungerecht halten, daß sie ihre Nordenschilde nicht zu unterscheiden gewußt." — Er sprach dieses letzte so laut, daß es der ganze Hof hören konnte; aber er hätte es nicht nöthig gehabt, denn es war eine so tiefe Stille, daß man das leiseste Flüstern hätte verstehn können; und jedem gellte das Ohr, der nicht Alberts Freund war. Albert dankte flüchtig dem Hektor, steckte sein Diplom ein, und niemand fand ihn im geringsten verändert. Der König war herzlich gerührt, als er ihm danken wollte. "Vergiß!" sagte er, "was dir dein Herz zu vergessen erlaubt! deinen Dank mag ich nicht

hb=

hören; aber empfinden will ich ihn!" — Er drück⸗
te ihm mit Vaterwärme die Hand, und kehrte sich
schnell von ihm.

Aber Risa war ganz Gedanke bei diesem Vor⸗
falle. Sie dachte an Sophien, und glaubte jetzt
einen hellem Schimmer in der dunkelsten Nacht auf⸗
gehn zu sehn. Freund und Feind drängte sich mit
leerem Gewäsch und biedern Händedruck an ihn,
und er konnte jetzt deutlicher als jemals alle seine
Feinde unterscheiden. O, welch eine furchtbare
Zahl! Es hätte gewiß mancher bei dieser Bemer⸗
kung den Muth sinken lassen; aber Albert stand
ruhig-lächelnd unter ihnen, denn er fürchtete sie
nicht. Er fürchtete niemanden; denn er hatte ja
ein gut Gewissen. Es kam ein Blick aus der dick⸗
sten Menge geflogen; er erkannte den Blick seiner
Risa, blickte noch einmal kalt und verächtlich auf
diese verächtlichen Menschen hin, und ließ sich von
diesem mächtigen Blicke, wie Stahl von einem
Magnet, anziehn. „Ich gratulire!" sagte Risa
fröhlich, und reichte ihm die Hand; „Herr Graf!
oder ists ihnen lieber, wenn ich nicht gratulire? so
nehme ich gerne mein Wort zurück." — Albert ver⸗
sicherte ihr eben so freimüthig: daß es ihm eben so
lieb sei, wenn sie ihm zu einem gewonnenen Albus,
als wenn ihm eine Menge ohne Herz zu einer Krone
gratulirte! — Kein Weib, von alle denen, die die⸗
ses anhörten, hätte um wie viel es gewagt, jetzt
aufzublicken; denn ihr Blick war entweder ein Ar⸗
mersünderblick, oder ein Blick voll Hölle gewesen,
und dieses beides hielten sie nicht für gut ihm,

zum

zum stolzesten Triumphe, zur Schau auszustellen. Er half ihnen mitleidig aus dieser Verlegenheit, und fieng an von Neuigkeiten und unbedeutenden Dingen zu sprechen; indem er wohl merken konnte, daß dieses, vor seiner Dazwischenkunft, der herrschende Ton unter ihnen gewesen. Einige waren schwach gnug zu glauben: er suche sich selbst, durch diese Veränderung seines Tones aus der Verlegenheit, in die ihn dieses Gesagte gesetzt habe, zu ziehn, und dachten so gefällig ihn zu unterstützen, indem sie mit einstimmten; aber andere, die von seiner Klugheit und Heldenruhe, die keine Verlegenheit kennt, eines bessern überzeugt waren, entdeckten, aufs erste Wort, darinnen die feine Wendung seiner Politesse, fühlten sich verachtet, indem man sich nicht einmal mehr schien die Mühe zu geben, ihnen das zu verbergen, was man als den Grund ihres Hasses und ihrer Rache kannte, fühlten sich gedemüthiget, indem man sogar ihrer Verlegenheit zu Hülfe kam, und wer nicht die Gegenwart des Geistes hatte: Gleiches mit Gleichem zu vergelten, schwieg, oder entfernte sich. Es herrschte durchaus am Hofe jetzt ein ganz eigener Ton; man schien recht mit allem Fleiß darüber übereingekommen zu sein, und darauf als auf das unverbrüchlichste Gesetz zu halten. Es war, richtig ausgerechnet, der klügste, den man annehmen können; und der kluge Zuschauer hatte dabei nichts zu bewundern, als die so ganz einstimmige Wahl, ohne darüber einen Reichstag angestellt zu haben. Es machte der Klugheit Ehre; und wenn

es

es Uebereinstimmung in einer guten Sache gewesen
wär, so würde es auch dem Herzen Ehre gemacht
haben. Albert sah ihn voraus, und versicherte der
Risa, die sich bereits auf einen andern gefaßt gemacht hatte, daß sie es gar nicht werde nöthig
haben. Er rechnete richtig! denn was sollte man
für eine Mine dazu machen, wenn man alles das
wissen wollte, was am Abende der Befreiung des
Albert vorgefallen? Aus welchem Gesichtspunkte
sollte man die Risa betrachten, die man bei ihm
im Gefängnisse getroffen? O, dafür hatte man
in Nordia keinen Gedanken! — Und wenn man
einen hatte, so war er gewiß so schlecht und weggeworfen, daß er Anspucken verdiente; denn er
war nach dem Maße der erbärmlichsten Seele ge-
messen. Und was sollte selbst Arno dazu sagen,
wenn ers wissen wollte? Sollte ers gut heißen,
oder darüber aufgebracht sein? Beides war gleich
gefährlich, und gegen alle Plane. Man fand also, vom Arno bis zum Thorschreiber, und von der
Prinzeß Heinrike bis zum Mädchen Nanette, für
gut: alles das in diesem Zwischenraume Vorgefal-
lene weislich zu ignoriren; und wenn ja irgend ein
geschäftiger Geschichtenträger kam, und mit aller
Gewalt erzählte: daß Ihro Durchl. die Landgräfin wirklich und wahrhaftig, in eigner hoher Person, bei dem Herrn Major von Nordenschild auf
der Festung gewesen, und zwar in Gesellschaft Sr.
Hoheit des Prinzen Hektor; so lachte man ihm
ins Angesicht, und sagte: er sei nicht gescheid. Wenn
er klug war, so merkte ers, und schwieg auch,

und

und wußte es nicht mehr; und war er dumm, so blieb er dumm. Es war gut; denn man hatte doch nicht das Unangenehme, gerade zu sagen zu müssen: ich wills! und, wer spricht das Urtheil? — Aber daß auch Arno schwieg, war dem Albert höchst unangenehm. Er liebte ihn wirklich aufrichtig, und es that ihm also weh, daß er ihn mit den Uebrigen in eine Brühe werfen sollte. Konnte er nicht, wenigstens in der Stille sagen: „Albert! Albert!" — und zur Risa: „Risa! Risa, was hast du gemacht!" — Jedes würde ihm dann eben so herzlich und aufrichtig geantwortet haben, und er hätte nach und nach aus ihren Antworten, und aus der Sache selbst, einsehn und glauben lernen: daß keine Macht der Welt im Stande sei, sie zu trennen. Hätt' er aber nur erst dieses eingesehn und geglaubt; o, dann wär an einem gütlichen Abkommen auf jeder Seite kein Zweifel mehr aufgestoßen. So war er in der einen Rücksicht gnädiger, als man es sich hatte versprechen können, und schien hier ganz Vater; in der andern aber, an der ihnen mehr lag als an hundert Diplomen, eben so zurückhaltend als der feinste Staatsmann; und erschien also ganz als solch einer. Was sollte man von ihm urtheilen? Sollte man ihn lieben oder hassen? ihn zu hintergehn oder zu gewinnen suchen? oder wo lag ein Mittelweg, in dem man sonst auftreten und zu einem Zwecke kommen konnte? Wollte er vielleicht Alberts Liebe von der Risa durch seine Gnade wegschmeicheln?

Er

Er betrog sich! und verlohr das mächtige Gefühl des Danks, das die Herzen der Edeln, auch über hundert andre Schwächen hinweg, zu dem Gnädigen hinreißt; oder sie, durch sein anhaltendes Schweigen, wenigstens in beständiger Furcht erhalten, und so der Liebe wenigstens die Fortschritte verwehren? Er betrog sich! Denn die Liebe schreitet unterm Zwange mächtiger fort als in der Freiheit, das ist ausgemacht; und er verlohr noch überdies das kindliche Zutrauen. O! das hätte er wissen sollen! Aber — es habe nur einmal ein alter Mann einen festen Grundsatz gefaßt, oder sich einmal was eingebildet, und sich darauf gefreut, — und wenn er im übrigen in einer Stunde zehnmal zu verändern wär; hier hält er so fest wie ein Türk' an seinem Mahomet. Das ist in der Anthropologie gegründet. Einmal hatte sich Arno nun eingebildet: wie herrlich es sein müßte, wenn die schöne Landgraffschaft Holm wieder mit seinem Reiche vereinigt würde! War ihm also gleich alles verunglückt, was er bisher in dieser Rücksicht unternommen; Unmöglichkeit sah er doch immer noch nicht ein; denn sein Eroberungsgeist, im Kabinett und im Felde, kannte keine Schranken. Seine Räthe waren es recht wohl zufrieden, daß er dieses nicht einsah, befanden sich wohl dabei, und hüteten sich sehr, an einer andern Ueberzeugung zu arbeiten; er hätte ja leicht dann auf den Einfall gerathen können, dadurch den ihnen ohnehin schon gnug furchtbaren Albert noch furchtbarer und wichtiger werden zu lassen. Nein! es mußte dabei bleiben; dafür wurde gesorgt. So lieb er

F

er auch also den Albert hatte — von dieser Seite war sein Herz unzugänglich. Er hätte ihm, glaube ich, die Hälfte seiner Länder, die schon lange erobert waren, und also die kindische Freude der Eroberungs= sucht darüber vergessen, überlassen können; nur Holm nicht! denn das war ja noch nicht erobert. „Alles in der Welt, Arno; nur Holm nicht!" rief der Eroberungsgeist, und mahlte ihm die Stunde, in der er das erstemal sagen würde können: es ist mein! mit so herrlichen Farben vor, daß er alles andre darüber vergaß. Holm war sein süßester Gedanke! Casper selbst, den er so sehr liebte, nicht; nicht die lebendigsten Gefühle, die ihn zum Albert hinrissen, und die Sorge nicht: an ihm einen der ersten Hel= den in Nordia zu verlieren, waren im Stande seinen Sinn abzuändern; nur: wie? darüber war er weder mit seinen Räthen, noch mit sich selbst, noch seine Räthe mit ihm, noch unter einander selbst einig. Oeffentlich seine Hand weiter darnach auszustrecken, durfte er nicht wagen; denn es war ohnedem ein ewiger Zankapfel gewesen, und seine Feinde schickten sich schon seit Thessalos Tode, besonders aber seit einiger Zeit, in aller Stille dazu an, ihn so nach= drücklich als möglich auf die Finger zu klopfen. Je= de Verbindung, die sie eingiengen, sagte ihm das deutlich genug; und von allen Seiten her riefen sie ihm mit ans Schwert gelegten Händen entgegen: „Du! Du!" — Dort also nichts; und hier nichts! Aber die Hofnung eines Eroberers hat ein hartes Leben; hier scheint sie zu verlöschen, und indem flammt sie dort desto mächtiger auf. „Nur erst die=

sen

sen Widersacher! dachte Arno, den ich zwar nicht eben fürchte; dem ich aber auch nicht gerne weh thun mögte; nur erst diesen deinen Planen aus dem Wege, der so nah und so fest an der Quelle sitzt! dann wird sichs schon finden. Er brennt vor Begierde nach Ruhm und Eroberungen! — darinnen kann er den Vater nicht verläugnen; aber muß er denn just des Vaters Nebenbuhler werden; muß es denn just Holm sein? — Also nur indeß dem Kinde ein Spielwerkchen hingegeben, daß es schweigt, und vielleicht auf was anders fällt; indeß findet sich vielleicht von selbst, was man umsonst durch tiefes Nachsinnen zu erstreben sucht. Albert! — wenn ich todt wär? — in Gottesnamen! Aber — mit meinen Augen es sehn?" —

Er setzte sich, und unterzeichnete sein Diplom Albert war zu klug, als daß er nicht im ersten Augenblicke gleich hätte das Wesentliche wenigstens von diesen Gedanken einsehn sollen, und darum hatte er nicht eben eine Freude darüber, als ihm Hektor dieses Diplom übergab. Hektor merkte es; und da sie auseinander giengen, und ihm Albert noch einmal danken wollte, verbath ers, und sagte: „es geht dir doch nicht von Herzen!" — und als dieser ihm demonstriren wollte: warum? und in wiefern — sagte er lächelnd: „Geduld!" — drückte ihm die Hand, und gieng.

Albert konnte wünschen und vom Arno verlangen was er nur wollte; nichts wurde ihm abgeschlagen. Nur dieser einzige — just aber sein süßester sehnlichster Wunsch, wollte sich seiner Erfüllung um keine flüchtige Minute nähern. Der alte Rottland starb; und er hatte, ohne ein Wort zu verlieren, das Regiment, und war Oberster. Das hatte jedermann schon voraus gesehn, und es fiel niemanden ein sich darüber zu wundern. Er fand dieses und jenes an der Uniform und der ganzen Einrichtung und Equipage des Regiments auszusetzen; und er erhielt aufs erste Wort, und ohne Widerrede, die Erlaubniß, es ganz nach seinem Sinne einzurichten. Er brauchte beständig ungleich mehr Leute dazu als die andern Regimenter, ob gleich aus Holm ganze Schaaren der schönsten jungen Leute zuströmten; nicht etwan, als wenn ihm so viele davon gelaufen wären, o nein! es mußte der ausgemachteste Taugenichts sein, der von ihm weglaufen sollte; aber er wollte nicht allein weder schwache Kinder noch mürbe Greise, sondern nur rüstige Jünglinge und starke Männer haben, auf deren Stärke und Dauer man sich verlassen konnte; sondern er wählte sogar auch die Seelen aus den Körpern; und sobald er also merkte, daß einer feig oder tückisch war, so litte er ihn nicht eine Stunde mehr. Er vertauschte zuweilen zwei — drei — der schönsten Leute an ein andres Regiment, gegen einen einzigen, von dessen Muth und Treue er Beweise hatte; man wunderte sich oft lange dar-

über

aber, und wollte es seiner Laune schuld geben; aber in kurzem vielleicht oder doch wenigstens einst sah man, was mit diesem Tausche gewonnen worden, indem sie entweder die niederträchtigsten Streiche machten, oder gar zum Henker liefen. Er brauchte daher, im Anfange besonders, immer viel Leute, und erhielt mit leichter Mühe die Erlaubniß, hier und dorthin im Lande Offiziers auf freie Werbung auszuschicken. Es war schon bekannt, wie man unter ihm diente, und es liefen also seinen Werbern die schönsten Leute zu, aus denen er dann die besten auswählte, und behielt; diejenigen aber, denen er nicht recht trauete, ließ er indeß, mit einem gewissen Gehalt, wieder hinlaufen, und genaue Aufsicht auf ihr Betragen führen. Auf diese Weise behielt er immer Vorrath, und konnte aus den guten die besten wählen. Es kostete dieses ihm natürlicherweise viel Geld, indem er auch überdies sehr vielen einen beträchtlichen Zuschuß gab; aber das that nichts! er wußte seine Quellen. Und dafür hatte er auch, erstlich, die Freude, daß Arno ganz entzückt war, als er ihm sein Regiment, in der neuen Uniform, die dem menschlichen Körperbau überhaupt, und jedem insbesondere besser angemessen war, als einst, vorführte, und war, zweitens, überzeugt: daß er zur Zeit der Noth mehr mit seinem einzigen Regimente werde machen können als mancher andre mit einer ganzen Brigade. Denn er war zwar völlig überzeugt, daß der Soldat Maschine sein muß; aber weil er doch einmal eine Maschine mit Sinn und Gefühl ist, so dachte er doch, daß es nothwendig

F 3   wär,

war, diese Sinne und Gefühle für sich zu gewinnen, und sich eine gute Maschine zu ziehn; nicht eben durch barbarische Strenge, wiewohl er ihnen auch keine Ungezogenheit übersah, denn er glaubte, daß dieses schwerlich die beste und sicherste Methode sei, sondern durch Vernunft, Ambition und Liebe. Besonders suchte er ihnen auch Leute vorzusetzen, die sie nicht übersehen konnten; wie man leider auch schon damals in manchem Regimente die traurigen Beispiele fand. „Was soll der Soldat für Respekt und Zutrauen gegen seinen Vorgesetzten haben? pflegte er oft zu seinen Offizieren zu sagen; und wie soll er mit Ruhe und Muth in die Schlacht gehn, und überzeugt sein, daß er ihn gut führen, und seine Maschine mit Vortheil anstellen werde, wenn er ihn in den ersten leichtesten Grundsätzen der Kriegskunst unverzeihliche Fehler machen sieht? O, meine Herren! und auf dieses Zutrauen und edeln Stolz und Liebe kommt doch dort alles an, wo die Furcht für den feindlichen Kugeln die Furcht für dem Stolke gar leicht überwindet.“ —

Sein stärkstes Kommandowort war Liebe. Dieses durfte er ihnen nicht vorsagen; denn es klopfte in ihren Herzen. Sein Wunsch war ihnen der strengste Befehl; ein Wink von ihm belebte sie mehr als eines andern lange Rede. Sie kannten hinter ihm keine Furcht, als nur die einzige: seine Liebe zu verlieren. Es war das schönste Regiment in der Armee, das Regiment Holm, und jedermann bewunderte und bestaunte jetzt die Ordnung, Schnelligkeit und Leichtigkeit in seinen Evolutionen; wie wird man es es einst anstaunen, wenn es mit dieser Ordnung, mit diesem Feuer und mit dieser Liebe in die Feinde bricht?. — Es gab zwar jetzt noch einige mürrische eigensinnige Greise, die lächelten und sagten: es sind Dratpuppen! — und als einst ein Oberster von dem Hofe, dem man keine gute Nachbarschaft mehr zutrauete, es sah, meinte er höhnisch: es ziehe doch wohl nur bei Sonnenschein auf die Parade? — als wöllte er sagen, daß es Schade drum wär, wenn es naß werden sollte; folglich in seinen Gedanken auch nicht fürs Solide brauchbar schien. Albert wurde nicht böse über diese Frage, wie man befürchtete, sondern lächelt' und sagte: vielleicht treffen wir uns einst in Sturm und Wetter, Herr Oberster! und dann bitte ich mir nochmals ihre Rezension über mein Regiment aus. — Er hätte sein Ehrenwort auf die Wette setzen können, und nichts riskirt! denn — o, diese Dratpuppen hatten Herzen unterm Küraße wie die Löwen, Riesenkraft in den Knochen, und — er gieng ja voran. Aber nach und nach lernte man in der ganzen Armee einsehn, daß die Einrichtung dieser Dratpuppen so unrecht doch nicht, und das rohe wilde Wesen, das größtentheils noch unter ihnen herrschte, keine Tugend und wahre gute Eigenschaft an einem Soldaten sei, sondern ihn sicherer zu Ausschweifungen als zu wahren Heldenthaten führe, nahm sichs zu Herzen, und alles bildete sich endlich nach dem Regiment Holm. Prinz Max war, an Alberts Stelle, Major. Er war zwar sehr jung, aber mit Leib und Seele Soldat, und in Alberts Schule wurde er bald einer seiner vorzüglichsten Offiziere. Max wußte eben so wenig, daß er Prinz war, sobald er vor dem Regimente hielt, als Albert dann mußte, daß in der Welt eine Risa war. Er scheuete mit ihm weder Sturm noch Kälte noch Wind noch brennende Sonnenhitze, und erfüllte seine Pflichten im Dienste mit so pünktlichem Eigensinne, daß ihm Albert bald, nebst dem Hastenfest, die gewöhnlichen Uebungen des Regiments allein anvertrauen, und indeß bei seiner Risa sein konte. Max dachte sehr gleich mit dem Albert, und erwarb sich auch bald beim Regimente mit ihm gleiche Liebe. Nie vergaß er, daß es noch Grauköpfe darunter gab (besonders unter den Offiziers) die als er noch in der Wiege gelegen, den Orient zittern machen helfen; er behandelte sie, mitten im strengsten Dienste, mit so viel edler Achtung, daß die vergaßen, daß er erst zwei und zwanzig Jahr alt war, und im Jünglinge Max seinem Vater, dem ehrwürdigen Greise Ludwig, mit Ehrfurcht und Freude gehorchten.

Am Hofe wurde man es endlich so gewohnt, daß Albert erklärter Liebling der Risa war, daß es gar nicht mehr auffiel, wenn man ihn in ihrem Wagen, oder sie neben ihm in dem seinigen erblickte; man vermied zwar so viel als möglich davon zu sprechen, aber wenn man einmal darüber sprach, so sprach man wie von einer bekannten Sache, und wenn irgend

gend ein Hof- oder anderer Bediente was an ihn
auszurichten hatte, so pflegte er ihn gewöhnlich eher
bei der Landgräfin als in seinem Logis aufzusuchen.
Die großen Damens zuckten zwar manchmal die Achseln, wenn man sie mit einander von einem Hofbal-
le nach Hauß fahren gesehn hatte, und der Gedanke, den dieses Achselzucken ausdrücken sollte, mogte
so christlich nicht sein; Arno selbst schüttelte zuweilen – aber ganz in der Stille – den Kopf, und
mogte wohl denken: a bove majore discit arare mi-
nor! auf Deutsch: wie die Alten sungen, so zwit-
scherten die Jungen! — Aber, auf Ehre! man that
ihnen höchst Unrecht. Ich sterbe eigentlich nicht am
Herzdrücken, wie sie es wohl schon werden bemerkt
haben, meine schönen Leserinnen! und resp. Leser! —
und wenn ich was von diesen prächtigen Liebesleut-
chen wüßte, so sollten sies warlich alles haarklein
erzählt bekommen; aber, kurzum, ich weiß nun einmal nichts! und sie können, auf meine Verantwor-
tung, dem strengsten Moralisten noch heute keck und
fest unter die Augen treten, ob sie gleich oft die Mitternachtstunde ganz allein antraf, und — solus cum
sola praesumitur non orare pater noster — auf Deutsch:
daß wahrscheinlich zwei Leutchen, wenn sie mit einander allein sind, nicht allemal — Zwirn wickeln.
Ich will nicht weiter schwören und mich vermessen,
auch nicht behaupten, daß sie just allemal Zwirn
gewickelt haben, wie es das einemal der Fall war,
als sie Falk, der immer Räuber und Mörder im
Sinn hatte, von ohngefähr überraschte; aber, sie
können mirs auf mein ehrlich Gesicht glauben, meine

ne lieben Leserinnen! es war alles in seiner größten
Richtigkeit. Nicht etwan als wenn sie sich nicht
eben so herzlich, innig, zärtlich und feurig geliebt
hätten, wie Hermann und Sophie, wovon letztere
das unwiderlegbarste Dokument aufzuweisen hatte —
nein! — Huch! sie brannten wie Feuer, wenn sie
so neben einander saßen, und — nicht Zwirn wik-
kelten; ihre Pulse pochten oft eben so voll und un-
ordentlich in solchen Stunden, wie Sophiens und
Hermanns Pulse, vor zwei Jahr neun Monat und
drei Tagen, nimmermehr mögen gepocht haben;
aber — Gotts Bliz! — ah, ich großer Sünder!
daß ich fluche, — man mußte doch wohl hier den
Verstand ein bischen besser zusammen nehmen, und
ihn nicht so mit den dummdreisten fünf Sinnen in
dulci jubilo Haschemännchen spielen lassen; dem
wilden Gefühl eine Bremse, und der leichten ver-
wegnen Phantasie wenigstens einen Kappzaum ad
interim anlegen. — Kurzum! — 's ist zwar wahr,
wenn mans bedenkt, ein Albert und eine Risa —
und so manche schöne schauerliche Mitternachtstunde — man sollte nicht denken, daß es möglich wär!
und kann es beinah niemanden verdenken, wenn es
in diesen ohnedem schwergläubigen Zeiten, an die
Macht des Kappzaums und der Bremse weniger
Glauben hier hat, als an die Macht der Liebe; —
Kurzum aber, — und was hilft nun alles Reden! —
ich weiß selbst nicht, wie es kam; — der Teufel
hatte nun einmal sein Spiel nicht! oder, wie die
Bauern zu sagen pflegen: es sollte nicht sein!

Also

Also die großen Damens beliebten dann und wann dero Achseln zu zucken; — sie hätten es ganz füglich weglassen können, und sich dadurch die Sottise erspart, die ich ihnen alleweile zu sagen genöthiget werde, indem ich versichre: daß sies gar nicht Ursache hatten! sintemal ich, aus den sichersten Nachrichten, ganz zuverläßig weiß, daß sie sämmtlich — eine einzige ausgenommen, von der ich mit Ehrfurcht spreche — sich das größte Vergnügen daraus gemacht hätten, unter Donnern und Blitzen sogar — für welche Pracht der Natur ihre Aeuglein doch eigentlich zu schwach, ihre Ohren zu zärtlich gebaut, und ihre Herzen zu kindisch sind — ihm in der Mitternachtstunde Gesellschaft zu leisten; da es denn, nach ihrer Situation, Karakter, und übrigen menschlichen Symptomen zu urtheilen, ganz gewiß nicht aus — Zwernwickeln gekommen wär. Ihre Augen konnten es noch heute nicht läugnen; und im schiefen Zuge ihrer aufgeworfenen Oberlippe war auf Ehre mehr Neid als sonst etwas. — Sehn sie; das hätten sie sich ersparen können! denn ich war zu sehr im Fluge meiner Geschichte hingerissen; und hätten sie also die Achseln nicht gezuckt, so wären sie wirklich glücklich durchgewuscht. Ich kann nun einmal solch ein bedenkliches Achselzucken nicht leiden, und muß es rügen, auch wenn ich im nothwendigsten Zusammenhange begriffen wär.

Auffer diesem Achselzucken und dem ganz leidlichen Kopfschütteln unsers Alten aber war es auch so ruhig und eingeschläfert in Nordia, daß man es für ein wahres Experiment der Gescheidheit ausgeden konnte: Jeder betete den Albert, wie die Wilden den Teufel; an — ne nocéat! — denn der König unternahm ietzt beinah nichts, ohne den Hektor und ihn um Rath gefragt zu haben, und man merkte zuweilen recht gut, daß eine Sache ganz anders klang, nachdem er mit diesen gesprochen, als zuvor; und da hätte es ja gewiß auch mit ihnen auf einmal ganz anders klingen können, wenn sie sich nicht wenigstens so betragen, daß er wenigstens ihre Liste nicht an seinem kitzlichsten Fleckchen empfunden. Seine Freunde stiegen aber nicht, wie man voraus zusehn glaubte; Drako war noch immer Leutnant, bis es endlich Arno selbst bemerkte, und ihm sagte: daß er doch Vorschläge thun solle, wie man ihn heben könne? Da bath sich ihn Albert bloß in sein Regiment zum Adjutanten aus. So wars auch mit den übrigen; nur seine Feinde sanken doch immer in ein eleuderes Nichts hin. Auch Risa gewann durch ihr edles großmüthiges Betragen sich manches Herz wieder, das schon im Begrif gewesen war, sich auf die Seite der unedlern Menge zu schlagen, indem sie niemanden die Wichtigkeit ihres Albert, und ihren eignen Einfluß am Hofe, fühlen ließ. Sie bath, wo sie befehlen, dankte, wo sie Schuldigkeit erwarten, und verzieh, wo sie sich rächen konnte, so gut wie ihr Albert; und manches Weib, in dessen Herzen wenigstens just noch so viel Edelmuth schlug, um der Leidenschaft die Wage zu halten, bewarb sich ietzt um ihr Vertrauen und ihre Freundschaft, und fühlte sich ietzt glücklich bei dem Lächeln und Händedruck dieses Albert, auf dessen völlige Eroberung

sie

sie noch vor kurzem alles vermocht hätte. Nur
Therese stand noch an der Spitze einer kleinen Schaar,
die Verderben und Rache brütete. Bei einigen Vor-
fällen, die für den Albert und die Risa widrige Folgen hätten haben können, spürte man nach, und
fand an der Quelle diese Therese; man warnte, man
drohte, — doch; es half nichts! — Es fiel wieder
was vor, und man fand wieder eben diese Therese.
Man erfuhr, daß sie eine Menge Kanoillen im Sold
hatte, und fand sich endlich genöthigt, das Nest zu
zerstören. Albert hatte von dem allen nichts gewußt; einst kam Buschmann — (Theresens Jäger,
den wir einst auf einen Blick gesehn haben) in sein Logis,
und fragte den Rasch: obs mit seiner Versorgung in
Richtigkeit sei? „Ja! sagte Rasch, ich gehe künftigen Monat mit der Landgräfin nach Greiffenhorn,
und werde dort Oberförster; aber warum!" —
„So melde mich beim Herrn! sagte Buschmann;
ich will dein Nachfolger werden." — Albert horchte, da Rasch ihm seinen Antrag machte; denn er
wußte, daß der Gräfin ihre Leute sehr gut standen, und selten einer von ihr weggieng. „Ja,
Herr Oberster! setzte Buschmann lächelnd hinzu,
da er es merkte; dort ists nicht richtig. Die Gräfin erhielt gestern ein Billet vom Hofmarschall,
und zerriß es in der größten Furie in tausend Stückchen; ich fand einige davon im Hofe, und studirte
darauf die Worte zusammen: „Hof" — und
„verlassen" — Albert hätte sich beinah vergessen,
und eine Freude darüber gehabt: „Er ist ein Sach-
se, mein lieber Buschmann! sagte er, wenn ich
auch

auch meinen Rasch nicht versorgt hätte — nur abspänstig wollte ich ihn der Gräfin nicht machen, und wußte ja auch nicht, wie wohl er sich bei ihr befand —. er kann heute noch seine Sachen herschaffen lassen, wenn er sonst will. — (indem Buschmann vergnügt abgehn wollte, nachrufend) Und daß er sie ja nicht etwan inkommodirt, und ein Attestat von ihr verlangt; — ich mag ihre Hand nicht sehn!" — Therese wüthete, da Buschmann ihr andeutete: daß er heute noch von ihr weg, und in die Dienste des Obersten Nordenschild gehn werde; denn sie vermuthete vielleicht, daß da mancherlei möchte ausgeschwatzt werden; aber Albert machte es dem Buschmann zur ersten Bedingung, als er seinen Dienst antrat, daß seine vorige Herrschaft auch nicht mit einem Wort erwähnt würde. Sie wollte ihn durchaus nicht weglassen, weil doch seine Zeit noch nicht um sei; aber Buschmann lachte; denn er wußte, daß die ihrige um war. Sie fühlte knirschend dieses Lachen, und ihre ietzige Ohnmacht; Buschmann empfahl sich, und in einigen Tagen hatte man sie ganz in der Stille zum Thore hinaus fahren gesehn.

Prascha, der eigentlich den Hektor und Albert am meisten gedrückt hatte, war indeß noch immer in seiner vorigen Aktivität; denn Hektor sagte einst zum Albert, als er den mächtigen Minister mit einem scharfen Auge betrachtete, wie wenn er ausrechnete, was dazu gehöre, ihn auszuheben: laß mir diesen! — Albert verstand ihn, und ließ den reifen Sünder laufen. Aber er betrug sich auch ietzt

ietzt in iedem Vorfalle so fein und vorsichtig, daß man ihm, ohne das Alte aufzurühren, hätte nur mit Mühe beikommen können.

Es war ein höchst komisches Schauspiel, so sich ieden, der sich nicht sicher wußte, mit der sichtbarsten Aengstlichkeit um die Klippen hinum winden zu sehn, an denen unter diesen Umständen auch der intrikatste Staatsmann, im Meere dieser großen Ungewißheit den Hals brechen konnte! Jeder nahm nur seine Maßregeln zum sichern Rückzuge, schien das Vertrauen zu iedem Fortschritte völlig aufgegeben zu haben, und wälzte klüglich alles von sich ab, was nur abzuwälzen war. Albert schien mit der guten Sache völlig im sichern Triumphe zu stehn, und die Kabale lag — in Konvulsionen. Aber doch immer nur — noch in Konvulsionen! —

Zwei-

Zweiter Abschnitt.

— — — Jam galeam Pallas et aegida
Curruque et rabiem parat!
Hor. Lib. I. Od. XV.

Zu dieser Lage verstrich also der Herbst, und der erste Theil des Winters noch so vergnügt gnug; denn abgerechnet, daß man wohl wußte, wie wenig man sich vor der Hand noch unter gepropten Freunden befand, und also doch nicht so ganz sicher und ohne Zurückhaltung den Gefühlen seines Herzens und der Freude freien Lauf lassen konnte; so hatte man doch nicht mehr den Feind von allen Seiten, und wußte Rückenhalt.

Die Zeit kam, da Risa beschlossen hatte, nach ihrem Holm zu reisen; sie beurlaubte sich, und fuhr. Jedermann glaubte: nun werde Albert keinen Augenblick in Norbia mehr Ruhe haben; aber man betrog sich! Er hatte sie bis zum alten Caspar auf Greiffenhorst begleitet, und ehe man noch dachte, daß sie dort angekommen sein könnten, war er schon wieder hier, und erschien eben so fröhlich in allen Gesellschaften, als wenn auch sie noch hier wär. Nicht etwan um seinen Feinden, denen man

diese Gedanken zutrauen konnte, bloß die Freude
zu vereiteln: es getroffen zu haben, und sich mit
ihren verwunderungsvollen Gesichtern einen Spaß
zu machen; o, nein! Er hätte gewiß gern diesen
eignen Spaß der Glückseligkeit aufgeopfert: auch
unter ihren ehrlichen Holmern um seine Risa zu
sein; aber es gab weit wichtigere Gründe, warum
er sie diesen Wunsch zu unterdrücken bath, und ihn
selbst, ehe er noch ganz reifte, schon aufgab. Ar=
no war ein alter Mann! aus den Augen, aus
dem Sinn! konnte es heißen; denn seine Feinde
hatten in seinem Rücken mit dem Herzen des Kö=
nigs freie Gewalt. Es war also besser, er blieb,
um nicht durch einige glückliche Tage von der Höhe
vielleicht wieder zurückgesetzt zu werden, auf die er
sich über die Kabale bereits emporgeschwungen hat=
te. Das war eins; und durch seine unveränderte
Fröhlichkeit und ununterbrochnen Eifer in seinen
Geschäften, zeigte er dem König und ganzen Hofe:
daß sein Herz, nicht aber sein Geist und seine Thä=
tigkeit durch seine Liebe leide.

Niemand befand sich besser in Greiffenhorst als
Sophie; niemand elender als ihre Risa. Sophie
konnte doch mit jemanden offen von ihrem Herr
mann sprechen, ach! und einem Herzen, das kei=
ner süßern Freuden vor der Hand gewohnt ist, ist
ja dieses schon ein Götterfest; aber Risa — Sie
hatte sich zwar auch sehr angenehme Tage bei die=
sem ehrlichen Alten versprochen, und mußte ihm
das Zeugniß geben, daß er alles hervor gesucht
hatte, was nur dem Herzen eines Menschen Freu=

de zu geben im Stande ist; sie hatte sich betrogen! Ihr Herz nahm keinen Antheil an irgend einer der Freuden, die jeden Tag abwechselten, und wenn sie auch fröhlich schien, so gewann sie es nur mit Mühe über sich, um den guten Alten nicht unruhig zu machen, der sich so lange auf diese Tage gefreut hatte. Jetzt erst empfand sie ganz, was ihr ihr Albert war! Einst, als sie ihn in Gefahr wußte, ketteten sich mehr Sorgen und tieferer Schmerz an diese Trennung, und die Liebe war nicht nach ihrer Unruh und Traurigkeit abzumessen; denn auch Sophie und jedermann, der ihn liebte, war ja damals unruhig und traurig; aber jetzt, da sie so ganz um ihn selbst ausser Sorge sein konnte, da Sophie fröhlich und Casper in Entzücken von ihm sprach, jetzt fühlte sie nur den Verlust seiner Gegenwart, und jede Freude war ihr ein Unding. Erinnerung allein gab ihrem Herzen jetzt die wohlthätige Nahrung, die den Unglücklichen Edeln nicht zur Kleinmüthigkeit herab sinken läßt; aber ein Seufzer endete ja jedesmal das süße Schauspiel dieser Erinnerungen! — „Er ists also! rief sie einst auf einem einsamen Spatziergange, dort auf Greiffenhorsts Bergkette, wo man sie zuweilen ängstlich suchte; — Er ists! — aus allen Menschen der einzige, den die Natur mit deinem Herzen so verkettete, daß du ohne ihn in der ganzen Welt einsam und von allen ihren Freuden ausgeschlossen, und mit ihm mit der ganzen Welt und allen ihren Freuden in Verbindung sein solltest; er ists!" — Sie stand mit ausgebreiteten Armen nach

den-

den wilden wüsten Thälern hingewendet, auf einer schroffen Felsenklippe, von der der wohlthätge Sonnenstrahl die letzten Schneeballen in die wiederhallenden Tiefen hinunter rollte; Muth und Entzücken flammten aus ihren Augen, ihre blonden Locken flogen wild im weichen Abendwinde, und ihre ganze liebevolle Seele schien im süßen festen Gedanken: er ists! hinzuschweben. „Er ists!" hallte es jetzt aus hundert Abgründen um sie her von allen Seiten wieder, und ein sanftes ruhiges Lächeln schwamm bei dieser natürlichen Stimme der Natur über ihre Wangen. „Er ists!" rief Sophie, die ihr nachgeschlichen war, und sie jetzt unvermuthet umarmte. „Er ists!" rief Rosa Sophien in den Arm stürzend: „er ists!" riefen Thäler und Sophie. — Rosa kehrte völlig heiter zurück; und dieses war der erste fröhliche Tag auf Greiffenhorst.

Sie machte bei der Annäherung ihres Abschieds ungleich weniger Einwendungen gegen die Bitte des alten Caspers: ihm ihre Sophie da zu lassen, als man befürchtet hatte, ohne zwar zu fühlen, wie viel dieser guten Seele jetzt daran lag; aber sie hatte schon oft daran gedacht, wie wehe ihr dort der Anblick verschiedner Menschen und Gegenstände thun würden, und so lebhaft sie auch voraussah, wie sehr sie, besonders in der jetzigen Einsamkeit ihres Herzens, diese Freundin vermissen werde, so war es ihr doch lieber, ihr die traurigen Erinnerungen an ihr ehemaliges Elend zu ersparen; und sie fuhr gern allein.

Auf der Grenze kam ihr ihre Valeska schon entgegen. Risa staunte; so schön war ihre Valeska geworden! Aber, freilich, als sie sie verließ, hatte sie ja ihren Mar noch nicht gesehn. Liebe giebt erst ieder Schönheit das wahre Leben, und iedem Zuge die besondre Grazie; giebt einen Blick dem Auge, der uns warm macht, ihrem Händedrucke Sprache, dem Lächeln Himmel, Elektrizität dem Kuß, und dem ganzen Wesen des Mädchen jene magnetische Kraft, die ganz unwiderstehlich hinreißt; — O, warlich! ohne Liebe ist das schönste Mädchen, eine Puppe; kaum, und nicht einmal, was ein schönes Bild ist! Denn über das Bild ärgert man sich doch nicht, daß es kein Leben hat, sondern man wünscht es nur, und beklagt es höchstens, mit einer bitter süßen Empfindung. Aber ein schönes Mädchen — o, weh! wenn es dasitzt und mit der größten Genauigkeit ihr Strümpfchen strickt, indeß der feurige Jüngling, in der süßen Hoffnung diese Reitze mit Liebe zu beleben, umsonst alle seine Laune verschwendet; den trüben Blick im Auge des Mannes, und auf seiner Stirn das melancholische Wölkchen nicht kennt, und seinen Seufzer nicht versteht, und seinen Händedruck nicht erwiedern kann; o, kalte Mädchen! was hab' ich mit euch zu schaffen! Aber wenn das Mädchen nur erst dann und wann eine Masche verliert — o, da ists schön gut! dann giebt sich das übrige nach und nach von selbst; indem nichts unterm Monde, — keine Sittenverbesserung und Staatsökonomie, keine Verfeinerung des Tones und Aufklä-

rung —

rung — schnellere Fortschritte macht als die
Liebe.

Rosa schüttete nun ihr Herz aus, und ihre Valeska wartete mit Ungeduld: ob nun auch die Reihe bald an ihren Mar und an sie selbst kommen werde. Sie wartete lange vergebens, und ihre Ungeduld hätte nicht die Ungeduld eines Mädchen sein müssen, wenn sie nicht hätte endlich reißen sollen; denn der Witz eines Genies, und die das feste Land umarmenden Meere, sind nicht so unerschöpflich als ein liebendes Mädchen in den Erzählungen von ihrem Geliebten. Aber die gute Valeska war doch auch ein Mädchen, und hatte auch einen Geliebten; es durchkreuzte sich also Valeskas Ungeduld und Risas Unerschöpflichkeit in einem Punkte, wo es freilich eigentlich nicht gut ist, wenn sich zweierlei Gedanken durchkreuzen, aber doch oft geschieht. „O, Valeska! rief Risa, im Fluge der Redekunst eines liebevollen Mädchen, ohne den Namen zu nennen; denn was liegt hier am Namen? — O! wenn er nun so in meinem Arm liegt, und ihm die ganze Welt nichts ist, und mir die ganze Welt nichts ist; o! dann möcht' ich oft weinen: daß ichs ihm nicht aussprechen kann, wie grenzenlos ich ihn liebe!" — „Meinen Mar?" rief Valeska, schnell und erschrocken, und ergriff ihre Hand; Da nun erinnerte sich Risa: daß das Herz ihrer Schwester auch ein Mädchenherz sei; erinnerte sich: daß sie der Ungeduld ihrer Liebe wahrhaftig eine zu harte Probe lassen aushalten, und hielt sie reichlich dafür schadlos. „Ich bin deinem Mar auch

auch gut, sagte sie lächelnd; aber der, von dem ich erzählte, war Albert!" — Valeska fragte schnell nach allerhand von ihrem Max; und als sie, vielleicht in der Geschwindigkeit, nichts wichtiges mehr zu fragen wußte, fragte sie wenigstens noch: ob auch der böse Finger geheilt sei, den er verm Jahre mit von hier weggenommen? — denn fragen mußte sie viel, um ihre Risa zu derangiren; sonst hätte, bei dem Namen „Albert" ihre Suada leicht eine neue ihrer Geduld gefährliche Digression machen können. Es hatte ihr vollkommen geglückt, und Risa war ganz zu ihren Diensten. „Er sieht jetzt braun aus, von der Sonne verbrannt, sagte sie, Schweiß und Staub hat ihm so gut wie meinem Albert den Teint verderbt, und auch die Hände sind nicht mehr so weich und weiß wie sonst; der Degen in der einen, und der Zügel in der andern, haben sie ihm auch schon ziemlich hart gemacht." —

Valeska. (ruhig lächelnd, in süßer Ungeduld) Aber, sein Herz?

Risa. (lächelnd) Das hab' ich nicht gesehn! — In so fern es aber unter meinem Kommando steht — du weißt doch, daß er in meinem Regimente Major ist? — da bin ich sehr wohl damit zufrieden; und wegen deinem Kommando —

Valeska. Kommandirt auch ein Mädchen das Herz eines Mannes? (sorgsam) O, Risa! mich däucht, unsre Sklaven sind immer freier als wir selbst.

Risa. Du scheinst mir viel Erfahrungen gemacht zu haben, seit wir uns nicht gesehn; — aber

bei

bei deinem Mar hast du das nicht zu befürchten, denn seine Kälte gegen das weibliche Geschlecht grenzt beinah an Ungezogenheit und Eigensinn. Er genießt keine Freude, wo das weibliche Geschlecht den Ton angiebt, und scheint nicht dem Manne, sondern dem Greise entgegen zu gehn. O, Valeska! wenn ich dich noch so leicht gefunden hätte, wie du sonst warst, — ich wär sehr geneigt gewesen, den armen Mar zu beklagen; aber du scheinst mir auch deine Freuden für seine Umarmungen aufzusparen.

Valeska. (mit einem halblauten Seufzer, voll süßer Schwermuth) O, Risa! Wenn?

Risa. (lächelnd) Sein Oberster hat nächstens einen Rekrutentransport auf der Grenze in Empfang zu nehmen, und weil dieser Oberste mein Albert ist, wird er doch wohl so gescheut sein und dem Major ein Leutnantskommando anvertrauen? — Ich sollt' es wenigstens hoffen!

Valeska. (traurig) Und du hast's ihm nicht gesagt? Hoffst's nur?

Risa. Wer wird denn euch aber auch gleich alles haarklein hererzählen! — Ist nicht eine wenigstens halb und halb unverhoffte Freude weit süßer, als eine, an der man sich schon lange in der Hoffnung halb satt gefreut hat? — (ihr die Hand drückend) Als ich ihn verließ und ihn fragte; ob er nichts mehr zu bestellen hätte — er begleitete uns zu Pferde — da stand er am Wagen, und reichte mir die rechte und meinem Albert die linke Hand — „Geschrieben hab' ich nicht; sagte er; denn ich hoffe,

sie sollen ihr mehr sein als ein Brief; aber setzen sie
hinzu, wenn sie der herrlichen Valeska nun erzählt
haben, daß ich mich noch wohl befinde; setzen sie
hinzu: daß ich unveränderlich ihr Max sei! — Ich
bin Fürst wie sie, fuhr er mit Ernst und Nachdruck
fort; und drückte mir die Hand; und sie haben hiermit mein Fürstenwort! — Ich bin Soldat; und
Albert hat hiermit mein Wort, als Mann und Soldat: Valeska ist mein! — Nur muß ihr Max erst
vor der Welt und allen ihren Fürsten und Fürsten-
söhnen auftreten und sagen können: ich habe sie
verdient!" —

Valeska schwindelte viel von seinen Verdiensten,
denn das „Nur" wollte ihr gar nicht in den Kopf;
aber Risa sah schon besser ein: daß ein Fürst ohne
Land ungleich mehr Ursache hat, durch Thaten seinem Namen ein Gewicht zu geben, als ein Edelmann mit zwei und zwanzig Rittergütern, und pre-
digte ihr in optimâ forma die christliche Geduld.

Je tiefer sie indeß ins Land kamen, je lauter
wurde der Jubel über ihre Zurückkunft; und ihr
Einzug in die Residenz gleich einem solennen Triumphe. Mädchen und Jünglinge kamen im tiefsten
Schnee ihr entgegen, und bekränzten ihren Wagen
mit Blumen, die sie der kalten Natur, aus war-
mer Liebe, für ihre Landgräfin abgezwungen hatten; und wo man nur hinsah, sah man frohe Gesichter, und wo man nur hin hörte, hörte man frohe Lieder. Aber es war unsrer Risa doch nicht
mehr so recht, als ob sie in Holm zu Hause sei;
sie konnte nicht mehr so herzlichen Antheil an jedem
Um-

Umſtande nehmen, der ihr ſonſt unendlich theuer
geweſen ſein würde; denn ihr Albert war ihr mehr
als Holm! und der alte ſtaatskluge Manilia, der,
unter der Vormundſchaft des Arno, die Landgraf=
ſchaft adminiſtrirte, zwang ihr, durch ſein kaum
merkbares ſorgſames Achſelzucken, nicht zwar ei=
nen Seufzer ab, ſondern ein lächelndes: Je nun!
und einen gewiſſen abſchreckenden unangenehmen
Gedanken gegen alles, was Herrſchen hieß; indem
ſie fühlte, daß eben durch dieſes Herrſchen ihre
theuerſte Freiheit eingeſchränkt zu werden ſchien.
Er ſetzte ſich in ihrer Seele ſo feſt, dieſer ihrer Lie=
be widrige Gedanke, daß ihn auch der entfernteſte
Schein eines Zwanges in ſeiner ganzen Häßlichkeit
erweckte; und es wurde nach und nach ihr alles
unerträglich, was nur die geringſte Gemeinſchaft
mit ihm hatte. Man nahm es ihr an ihrem Hofe
jetzt übel, oder ſchien wenigſtens darüber betreten
zu ſein, daß ſie nicht mehr an alle dem Mancher=
lei Freude fand, das man ihr um deßwillen auf=
tiſchte, weil man wußte, daß ſie ſonſt daran Freu=
de gefunden. Es ſchien unangenehm aufzufallen,
daß ſie Nordia jetzt immer im Munde führ=
te; — nicht als ob ſie Nordia ſelbſt mit ſo ſehr
angenehmen Erinnerungen angefüllt hätte, ſondern
weil ſich ihr Albert dort aufhielt. — Es gab Urſa=
che zu bedenklichen Augen, daß ſie ſo wenig auf
eine Beſtätigung ihrer alten Rechte drang; — nicht
als ob ſie dieſe Nothwendigkeit nicht mehr eben ſo
lebhaft gefühlt hätte wie ſonſt, aber weil ſie ſich
überhaupt jetzt an dergleichen Dinge ſehr ungern

erinnerte. — Dieses alles, und noch mehr dergleichen von einer Selbstherrscherin unzertrennliche Dinge brachten sie endlich dahin, daß sie mehr Tage in der größten Abgeschiedenheit als unter ihren im Grunde doch guten und geliebten Hofleuten und Unterthanen zubrachte, mitten in ihrem anfangs so lebhaften Holm in einer Einöde vergraben schien, und sich mit jedem Tage mehr nach ihrem Albert und ihrer Sophie — wenn es nicht anders sein könnte — mitten in das unruhige Nordia, zurück sehnte.

Sie konnte, sobald sie wollte, diesen Wunsch ihrer eignen Sehnsucht erfüllen; aber um nicht noch mehr Aufsehn und Sensazion zu erwecken, wenn sie vor der bestimmten Zeit aufbreche, that sie sich selbst Gewalt an, und unterhielt sich am meisten mit ihrer liebenswürdigen Phantasie. Doch das Schicksal hatte für sie zwei Streiche von der gewöhnlichen Art in Bereitschaft; es scheint zuweilen unsre Wünsche zu begünstigen, und eben dieser Schein, den wir mit hoffnungsvollem Heißhunger ergreifen, ist der fatalste Schlag, den es unserm Lieblingswunsche versetzen konnte. So waren auch die Streiche beschaffen, die Risa zu bestehn hatte.

Mit dem ersten Anbruche der leiblichen Märztage, schrieb ihr Albert die Zeit und den Ort, wo er ihre Rekruten in Empfang nehmen lassen wollte;
sie

sie sagte der Valeska nichts, sondern bath sie nur: sie auf einer Reise nach den Gebirgen zu begleiten. Es war der Valeska solch eine Reise nichts unerwartetes, theils weil jene Gegenden von jeher immer Risas liebsten Spazierreisen gewesen waren, theils weil sie so gut mit der Lage ihres Herzens bekannt war, daß ihr auch eine Reise in die Wüstenesen Arabiens eine bloße Zerstreuung geschienen hätte. Sie kamen immer dem bestimmten Orte näher, und Risa wurde immer fröhlicher; auf einmal hielt ihr Wagen, und der liebe Max sprang aus einem einsamen Hause. Valeska wollte in Ohnmacht sinken; aber die Liebe war mächtiger als der Schreck, und sie — sank in seinen Arm. Indeß durchblätterte Risa die Schreibtafel ihres Albert, die Max ihr, indem er die Valeska schon umarmte, zuwarf, und fand darinnen für sich folgende Worte:

„Meine Risa!"

„Komm, so schnell als möglich! — Ich kann dir, ich darf dir weiter nichts sagen; aber, ich bitte dich: eile! — Max wird dir sagen, daß ich wohl bin. — Ich schreibe dir dieses, da zu meiner Rechten der König, und zur Linken Hektor reitet; Arno glaubt ich berechne was, von dem wir eben sprachen, aber Hektor lächelt, wie ich eben bemerke; denn er weiß, daß Max sogleich abgeht, und ich bisher keinen Augenblick mein eigner Herr war. Lebe wohl! es erwartet dich mit Sehnsucht Dein
Albert."

Es fehlte bisher der Risa nichts als solch ein Wunsch ihres Albert, und wenn er auch wirklich nicht wichtiger gewesen wär als der Wunsch eines jeden Liebhabers: seine Geliebte zu sehn, um ihrer eignen Sehnsucht und Unbehaglichkeit das Uebergewicht über alle Bedenklichkeiten zu geben; und ihr Entschluß war schon gefaßt, als Max sich aus Valeskas Umarmungen au richtete, und mit dem lebhaften Liebhabersturme beklagte: daß die Augenblikke der Liebe so kurz wären! und er sich, ohne seine Pflicht zu verletzen, auch nicht eine Minute mehr aufhalten könne. Seine Rekruten waren wirklich schon den Tag zuvor voraus, und er hatte mit der größten Unruhe nur noch diesen Augenblick abwarten wollen; seine Pferde standen gesattelt und aufgezäumt; denn er hatte Befehl zur möglichsten Eile. Valeska sah ihn traurig an; ein liebendes Mädchen hält die Pflichten des Mannes nicht allemal für wichtig gnug, um ihnen mit schuldiger Bereitwilligkeit ihren süßesten Wunsch aufzuopfern; aber Valeska war doch so billig, ihn nicht durch Vorwürfe zu kränken. „Sei ruhig, Valeska!" sagte Risa; „binnen fünf Tagen höchstens sind wir in Nordia!" — Sie schrieb in Alberts Schreibtafel: Ich komme! Max umarmte seine Valeska noch einmal, dankte der Risa: daß sie es ihm so leicht mache, seine Pflicht zu erfüllen, warf sich auf den Gaul, und flog, in der süßen Hoffnung, seine Valeska in fünf Tagen wieder zu sehn, auf und davon. — Ihr Wagen war nicht abgespannt; er lenkte also nur um, und am folgenden Tage waren sie bei guter Zeit wieder in Holm.

Alle

Alle Bedenklichkeiten fielen nun weg; — es mogte sein was es wolle, so war es doch der Wunsch ihres Albert, und der mußte erfüllt werden. Indeß Valeska die dringendsten Nothwendigkeiten zur Abreise besorgte, sprach Risa mit dem Manilia; sah nicht auf sein sorgsames Achselzucken, und empfahl ihm nur ihre guten Unterthanen. Er stand noch mit ofnem Munde, und konnte nicht einsehn: wie sie sich so schnell entschlossen ꝛc. — Da rollte der Wagen schon in den Hof; sie drückte ihm die Hand, und flog mit ihrer Valeska wieder auf und davon. Sie fuhren Tag und Nacht, mit den schnellsten Postpferden; und je mehr sie es sich aus dem Sinne schlagen wollten, je öfter kam unter ihnen die Frage vor: was es wohl sein mag! — Auf Greiffenhorst — denn diesen kleinen Umweg, um ihre Sophie wieder abzuholen, mußte sich schon die Liebe gefallen lassen — auf Greiffenhorst fanden sie Sophien in völliger Bereitschaft zur Abreise, und wunderten sich. O, mir hats Casper schon lange gesagt, versicherte sie, daß sie höchstens heute kommen, und mich abholen würden!" — und sie wunderten sich noch mehr. Indem kam Casper selbst, von einem Jäger geführt an den Wagen, und einige Leute brachten Erfrischungen. „Ich wollte sie nur sehn! sagte er; denn aufhalten thun sie sich jetzt doch nicht!"— „Aber, was es sein mag! rief Risa sorgsam; Alter! was es sein mag?" — Er lächelte, und versicherte ihr ruhig: daß sie sich noch bis morgen um zehn Uhr gedulden müsse; „denn, setzte er hinzu: keine Zunge spricht bis dahin von dem, was Arno dann thun wird!" —

wird!" — Sein Lächeln schien sie einigermaßen zu beruhigen, und ihr sogar jene süße kühne Hofnung zu bestätigen, die ihr ihre Liebe ganz in der Stille vorschmeichelte. Sie nahmen einige Erfrischungen, und fuhren noch in der Viertelstunde wieder ab.

Es hatte schon zehne geschlagen, als sie den folgenden Tag vor Nordia anlangten; alle Thore waren verschlossen, und sie sahn einander an, und die Herzen klopften. „Die Landgräfin von Holm!" rief die äusserste Schildwache vom Walle hinab; — „passirt!" rief eins inwendig, und das Thor that sich auf. Aber, Himmel! was sahn sie, was hörten sie! da sich das Thor aufthat, und sie hineinrollten. — Von allen Seiten her braußt' ihnen Trommelschlag, und sprengten ihnen blasende Trompeter entgegen; Bürger und Soldaten liefen unter einander umher, und auf den Gesichtern herrschte blasser Schreck und wilde Freude. „Gott! rief Risa, das ist Krieg!" — Und es war richtig. — Arnos Feinde hatten sich in der Stille gerüstet, und ihn unbereitet zu überfallen gedacht; aber er hatte es erfahren, und hielt für besser, ihnen zuvor zu kommen. Niemand hatte davon gewußt, als seine ersten Generals, und Casper, Hektor, und Albert; sein Heer war immer in der völligsten Bereitschaft, und heute, Punkt zehn Uhr, erbrach jede Garnison ihre Order zum Aufbruch. Arno selbst war ganz heiter und unbefangen auf der Parade erschienen, und hatte so ruhig wie sonst mit seinen Soldaten gesprochen; aber sobald es zehne geschlagen, hatte er seinen Huth abgenommen, und gesagt: „In Gottesnamen, — meine Herren und Kammeraden! morgen um diese Zeit stehn wir im Felde." — Die Thore wurden sogleich geschlossen, daß keine Nachricht davon umher erschallen, und vor ihnen her gehn konnte; jedes Regiment erhielt seine besondern Orders, und — denn wir können es dreist sagen, weil es vorüber ist — das Land der Feinde war überschwemmt, ehe sich dort ein Bataillon formirt hatte.

Wie mußte das die guten Mädchen erschrecken, die gehofft hatten, in den Armen ihrer Geliebten, die durch eine so lange Trennung entbehrten Freuden nachzuholen! — Aber es waren ja Heldentöchter; und die Geschichte liefert uns Beispiele gnug, daß diese sich freuten, wenn ihre Geliebten in die Schlacht giengen. — Unter unsern deutschen Mädchen, denen doch eine Uniform über alle Glückseeligkeit der Erde geht, haben wir zwar auch die Beispiele noch häufiger, daß sie bei der Order zum Marsch in Ohnmacht fallen, und den Herzinniggeliebten durch ihre Thränen oft so weich machen, daß er, der in Friedenszeiten von Kanonen wie von Seifenblasen, und von einer Schlacht wie von einem Balle sprach, jetzt doch einen Anfall vom Kanonenfieber bekommt, sich überzeugt: daß es sich doch wohl besser in ihrem Bettchen als in Feindes Lande kampiren müsse, und — sich mit ihr, hinter die väterlichen Krautstauden, auf und davon schleicht. Hier sieht man es recht, daß ihr nur Oberfläche liebt, deutsche Mädchen! denn der Glanz eines Soldaten in Friedenszeiten, ist doch nichts anders als

als Oberfläche? Krieg ist seine Bestimmung! und dann erst gilt sein innerer Gehalt. Aber ihr heult und schreit und fallt in Ohnmacht, wenn seine Bestimmung euren glänzenden Helden in den Krieg ruft? Hattet ihr Stolz genug, die Geliebten glänzender Helden sein zu wollen, so habt auch nun den Muth, sie als Helden, in ihrer Würde, zu sehn! oder ihr seid es nicht werth, daß ein Held an sein Herz schlägt, und spricht: Mädchen, ich liebe! — Doch giebts auch Helden, die es nur dem äusserlichen Glanze wegen sind — elende süße Zuckerheldchen, die nur den subordinirten Soldaten tirannisiren, und die Bauern scheeren können — je nun, diese sind gut genug für euch.

Aber Risa war ganz werth, von einem Helden geliebt zu sein! — Die ersten Bewegungen der Menschheit, die auch den größten Helden beim Signale zur Schlacht ergreifen, müssen wir einem Mädchen vergeben; blaß und stumm lehnte sie freilich ihrer bleichen Valeska gegenüber, und ihr Blick war eben so starr und todt, wie Valeskas Blick; aber sie waren noch nicht aus dem Wagen gestiegen, als sie sich schon gefaßt hatte. „Valeska! rief sie mit Ernst und Würde; Valeska! wir sind Töchter des Thessalo, der in der Brautnacht aufbrach, um Arnos Feinde zu schlagen. Helden sind unsre Geliebten, die jetzt das Vaterland ruft; und wir sollten weinen?" — Valeska konnte sich noch nicht aus dem süßen Traume des Wiedersehens sammeln, und sollte schon mit Gelassenheit an eine so furchtbare

bare Trennung denken? das war hart! — Traurig und sorgsam blickte sie zu ihrer Schwester auf, und eine Thräne stand ihr im Auge. „Weine nicht, meine Valeska! fuhr Risa lächelnd fort; es ist nun einmal nicht anders: Wenn süße Ruhe das Vaterland umschwebt, und der Pflüger pfeifend an seinen Acker zieht, und der Minister nur Anschläge zur Verbesserung des gemeinen Bestens überlegt; dann lassen ungestört die Töchter des Vaterlandes seine müßigen Helden, und die Helden winden den nervigen Arm um die Nacken der vaterländischen Mädchen, wenn sie vom Waffenspiele zurückkommen; und alles träumt sich in dieser unstäten Veränderung Ewigkeiten; aber die Kriegstrompete schollt — da blickt sorgsam der arme Pflüger nach seinen blühenden Saaten; ängstlich arbeitet der Minister an Verbindungen, um das Gleichgewichte zu sichern, und die vaterländischen Helden schwingen in dem Arme, der die Nacken der Mädchen im süßen Frieden umschloß ihre Schwerter; ziehn aus, und strafen den habsüchtigen Feind, und bringen den süßen Frieden dem Lande, und den Mädchens sich und ihre ruhigen Umarmungen zurück." — „Aber, rief Valeska kummervoll, es kehren auch viele nicht zurück." — „Es sterben auch welche zu Hauß, am hitzigen Fieber, oder an den bösartigen Blattern, sagte Risa; jenseits der Gräber sehn wir sie wieder!" — Jetzt hielten sie an ihrem Palais; Risa sprang zuerst aus dem Wagen, und war eben im Begriff, ihre Valeska schäkernd heraus zu heben, und an den Grenzen ihres Hauses zu bewillkommen; indem

H   trap=

trabte ein Trupp Reiter in der einen Straſſe herauf, und an ihrer Spitze rief eine bekannte Stimme: „Willkommen in Nordia!" — Wer war es anders als Albert? — „O, ſieh, ſieh! rief Riſa ihrer Valeska zu; das iſt er!" — Aber ſie konnte ihn kaum noch auf einen Blick erkennen; er wendete ſich, und flog mit ſeinen Reitern nach dem Thore zu. „Dieſes Willkommen ſollte doch wohl nicht der Abſchied ſein?" ſagte Riſa betroffen, als er verſchwand. Er war es nicht! denn ſie hoben nur jetzt von iedem Regimente Vorpoſten aus; aber auch nicht viel mehr. Erſt gegen Abend, als Valeska ſchon nicht mehr hoffte, kam Max, und meldete ſeinen Oberſten. Die Freude des Wiederſehens grenzte zu nah an eine ſo ganz ungewiſſe Trennung, als daß die gute Valeska nicht mitten in ſeinen Umarmungen hätte weinen ſollen, ob ſie gleich der Riſa verſprochen: ihrem Beiſpiele zu folgen; aber Max war ganz Mann! er tröſtete ſie ſo vernünftig und altklug, daß ſich Riſa kaum des Lachens enthalten konnte; denn ein Jüngling von zwei und zwanzig Jahren ſprach von der Beſtimmung des Menſchen und Leidenſchaften, wie Sokrates, und vom Kriege, wie Mark Aurel. „Aber ich muß eilen! rief er endlich, und ſprang auf; daß meinem Oberſten die Zeit nicht zu lang wird! denn einer von uns muß auf dem Platze ſein; und ſo haben wir einander verſprochen: die übrigen Minuten brüderlich zu theilen." — „Ei ſieh doch! ſagte Riſa lächelnd zu ihrer Valeska, was mein Albert dir alſo für eine Galanterie macht! Er ſchickt dir deinen Max erſt; indem es doch wohl bei ihm stand, der erste zu sein. Aber, sagen sie ihm nur, lieber Mar! er hätte hier wider die Bibel gesündigt; denn dort steht: man soll seinen Nächsten lieben als sich selbst; (lächelnd) aber nicht — mehr!" —

Mar. So hätten wir alle beide zugleich kommen müssen! und das gieng nun einmal unter diesen Umständen nicht an.

Risa. Schon gut! Es ist jetzt nicht Zeit, sich auf orthodoxe Spitzfindigkeiten und Distinktzionen einzulassen. Gehn sie nur, gehn sie! denn ich bin auch ein Mädchen. Wenn Albert so lange hier gewesen ist, wie sie, dann will ich ihrer Valeska gleichfalls erlauben, ihn fort zu schicken.

Er gieng, und kurz darauf erschien Albert. Albert war recht, was man sagen kann, innig vergnügt, als ihm seine Risa: Glück auf! entgegen rief. „Ists möglich?" rief er in ihrem Arme, „Risa! theuerstes bestes Mädchen! ists möglich? — Nordias Schönen heulen und schreien, und mancher Poltron hängt den Kopf, und stiert ohne Gedanken durch die Ohren seines Gauls hin; aber meine Risa ruft fröhlich ihrem Albert: Glück auf! entgegen? — O, gäbs doch noch etwas ausser dem großen Alles, über das ich dich liebe! denn jetzt ist mir dies Alles gegen dich zu klein." — Risa hielt ihm lächelnd seine Hand mit dem Ringe mit Thessalos Bilde vor die Augen — „Ha! fuhr er freudig fort; du willst sagen, daß dieser dein Vater war? Richtig! und, daß ich werth bin, von dieses Thessalo Tochter geliebt zu sein, sollen Arnos Feinde fühlen!" —

„Wußt' ich nicht, daß du Soldat warst, als ich dich das erstemal umarmte? Sah ich nicht im Anblicke deiner Uniform auch die Minute, die dich einst aus meinem Arm in die Schlacht rufen werde? sagte Risa lächelnd; Albert! Du gehörtest eher dem Vaterland' als mir! Ich danke seiner Ruhe die Stunden, in denen du mein sein konntest, herzlich, und gebe dich ihm heute fröhlich zurück. O, dieser Arm, der jetzt noch so sanft meinen Nacken umschlingt, wird seinen Feinden schwer werden!" — Albert war entzückt, und Valeska, die diesem Entzücken eben in den Weg lief, wurde mit einer feurigen Umarmung empfangen. Das unschuldige Mädchen erschrak, denn sie sah ihn ja das erstemal, und glaubte nicht, daß man in einem Augenblick einander so nah rücken könne. „Warlich, schön! sagte Albert, indem er sie vor sich hinstellte; mein Major ist auch kein Narr, wie sein Oberster! — (ihr sorgsam drohend, indem er viel Schwermuth auf ihrem Gesicht entdeckt) Aber — daß sie mir ihm nur nicht so warm machen! er braucht jetzt Kopf und Herz. (schmeichelnd) Sie sind doch die Schwester meiner Risa? — (seinen Ring ihr vor die Augen haltend) und — kennen sie den?" —

Valeska. (freudig) O, mein Vater!

Albert. (streicht ihr lächelnd mit der Hand über die Stirn) Weg denn, mit dieser Wolke da! — weg! — Er kommt wieder! — Und wenn auch seine Hände hart sind vom schweren Säbel, die einst nur mit diesen braunen Locken und mit der sanften Melodie des Klaviers spielten, und seine Stimme rauh,

rauh, und sein Gesicht braun gebrannt ist von Schweiß
und Staub und Wind und Sonne; so ist er doch
immer noch der liebe Mar! — ernst) O, dieser
Mar, der für Arno den Degen zieht, spricht dann
in Nordia mit mehr Nachdruck als Ludwigs Sohn!

Valeska. Wenn sie nur der ersten Liebe diese
Thräne vergeben, Herr Oberster! o dann sollen sie
mich nicht mehr von meiner Schwester unterscheiden können!

Albert. Und doch! schöne Valeska! — doch! —
(schäkernd) diese Locken dunkelbraun, und die Locken
meiner Risa blond; — Dein Arm langt kaum an
meinen Nacken, und Risa — (lächelnd) aber freilich biegt sich so gern dieser Nacken herab, wenn
meine Risa den Arm ausstreckt! — (feurig, sie beide
mit seinen Armen umschlingend) O, Schwestern!

Risa. (schnell) Ich bitte dich, Valeska! schaffe
dir diesen schwermüthigen Blick ab! — (ihren Albert
mit Wonne betrachtend) O, mit welchem Stolze will
ich morgen am Hofe sagen: mein Albert ist in der
Schlacht! —

Albert. (zufrieden) Und ich so fröhlich mein
Schwert schwingen, und sagen: meine Risa weinte nicht, als ich zog! —

Indem erschien Burer an der Thüre, mit einem
handbreiten Säbel unter dem Arm. "Ist er fertig?" fragte Albert; "Ja! sagte Burer; Herr! —
(nachdem er sich mit seiner gewöhnlichen afrösen Freundlichkeit über das hohe Wohlsein der Landgräfin und ihrer
Schwester gefreut) Herr! und der Teufel hol mich!

der

der muß bis aufs Leben gehn! — Ein wahrer Da=
masceuer! mein Seele, ein wahrer! Sie wollten
mirs immer nicht glauben; und ich mußts doch so
gewiß daß ihn Casper mit aus Ungarn gebracht.
(in wilder Freude) Was der pfeift! — Hier sehn sie,
hab ich den Biegel wegnehmen lassen, daß er kom=
mod ist, und hier ist nur einer die Quere herüber
gezogen, daß er die Hand deckt; und hier —

Albert. (lächelnd) Schon gut! — Lege ihn
nur dorth'n aufs Sopha. Die Küraße bring auch
heraus; — o, Risa! dort, dort! — (auf das Sopha
zeigend) wo uns so manche schöne Stunde fand;
dort sollst du mir ihn umschnallen! — und ihrem
Mare deine Valeska.

Burer. Und wie weiter? denn daß sie nun
nicht wieder hinter kommen, hab' ich ausgerechnet.

Albert. Ei, wirklich? Nun, dazu gehörte
doch warlich viel Kopf! — (er sieht nach der Uhr)
Mit der anbrechenden Nacht marschirt die Infan=
terie aus, und da sorgt ja, daß unsre Packpferde
mit dem Regimente des Prinzen abgehn! Punkt
zwölf Uhr bricht Thurneisen mit der leichten Reite=
rei auf; und um zwei Wüstenfels mit der schwe=
ren — dann müssen meine Pferde hier sein! denn
so wie der Tag graut will Arno zu Pferde sitzen;
und mit diesem gehn wir. (lächelnd) Verschlafen
werden wirs nicht!

Burer. Richtig! — Aber der große Braune
draußen?

Albert. Bleibt auf jeden Fall hier!

Burer.

Burer. Und der Postzug? und die beiden Jungen? und ihre Kanarienvögel?

Albert. (ungeduldig) O Gott, über die Fragen! und über die Sorgen! Ihr packt, schließt dann das Hauß zu, und du bringst die Schlüssel heraus zur Landgräfin; hast du noch mehr?

Burer. Sonach — nichts!

Risa. Burer geht also wirklich auch mit? ich denke er soll bei mir bleiben?

Burer. (grimmig lachend) Auf den Ritt noch nicht! Ihr freundlich Gesicht und ihre Weinkeller werd' ich wohl auch vermissen; aber — draussen! — o, das geht doch Burern über alles!

Albert. (indem Burer abgehn will) Höre, Burer! — (Burer steht, und Albert schlingt zärtlich seinen Arm um Risas Hals) Ob ich wohl aufbrechen kann? jetzt schon aufbrechen? — und doch — (die Valeska sorgsam ansehend) der arme Mar! — (entschlossen) Höre, Burer! jage vor auf den Marienplatz, und sage dem Prinz Mar: er solle alles dem Hastenfest überlassen, und gleich hier seyn! — O, mögen doch Nordias Helden heute sagen: sie schwelgen im Arme der Liebe! — Morgen wollen wir ihnen zeigen, wie wir dem Feind ins Auge sehn! —

Burer gieng, und Albert warf seinen Degen auf einen Tisch hin. ,,Ruhe! rief er, als die bange Valeska wehmüthig ihrer Schwester um den Hals fiel, und stellte sich zwischen sie; Ruhe! — Wenn ich mich nicht sehr betrüge, so haben wir einen raschen aber kurzen Feldzug! — (sie beide fest mit seinen Armen umschlingend) und, gute Seelen! sind bald wieder bei euch! — Denn, seht nur, morgen um diese Zeit brechen wir an vier Orten in Feindes Land ein. Verrathen kann unser Aufbruch nicht sein; denn kein falscher Athemzug hat davon schnauben können; und also finden wir den Feind ganz unvorbereitet. Eine lebhafte" — Schlacht, wollte er vermuthlich sagen, und ein tiefer Seufzer drängte sich schon aus Valeskas Busen; aber indem sprang Max herein, und der Seufzer erstickte zwischen der Schnürbrust. Er war sehr eilfertig, denn er glaubte, sein Oberster habe nur noch was besonders anzuordnen; aber Albert bath ihn lächelnd: abzulegen, und es sich auf heute noch kommode zu machen, gieng und sprach selbst mit dem Reiter, den er als Ordonanz mitgebracht, und schickte ihn mit dem Befehle an den Hastenfest zurück: daß er nur auf den äussersten Fall durch eine Ordonanz Nachricht von ihm erwarte; daß übrigens alles beim schon ertheilten Befehle bleibe; und er schon alles allein aufs Beste veranstalten werde.

Die Nacht brach an, und nun gabs erst Lärm in Nordia. Für den kalten Zuschauer war es das herrlichste Schauspiel. Eine schöne stille Mainacht, und unter der prächtigsten Feldmusik die braven Bärenauer, mit ihrem festen donnernden Schritte, durch alle Gassen, im völligen Marsch; aber das Schluchzen der Mädchen und Weiber und Mütter gab ein trauriges Accompagnement, und Risa selbst hielt es nur einige Minuten aus. Um es nicht zu hören, hatte Valeska das entferntese Zimmer aufgesucht;
                                              aber

aber wie konnte sie dem Gefühl entfliehn? und sie lag weinend im Arme ihres Geliebten. Albert hatte noch hunderterlei mit seiner Risa zu verabreden, und wenn sie fertig zu sein glaubten, hatten sie doch immer einander nichts gesagt, als daß sie sich liebten, und die Stunden verflogen so schnell, wie die feurigsten Gedanken. Hier stand Wein, und niemand wollte trinken; hier stand Essen, und niemand hungerte. Sophie schlich traurig von einem Paare zum andern, und erinnerte: daß die Mitternacht heran nahe; keines wollte Theil an dieser traurigen Erinnerung haben, und die feurigsten Weine verdampften.

Noch hörte man nur dumpf aus der Ferne die brausende Trommel und das Wehklagen der Menschen hatte sich in ein mattes Aechzen verlohren; auf einmal schmetterten die silbernen Trompeten das noch manchem Mädchenherzen so furchtbare: Marsch! Marsch! durch die Gassen hin, und Risa fuhr erschrocken in Alberts Arme zusammen. „Noch nicht, Liebe! sagte Albert lächelnd; es gilt der leichten Reiterei. Sie hat einen weiten Marsch, daß wir uns nicht im Wege sind." — Er stand auf, gieng an den Tisch hin, und trank. Er trank, und sah lange das Glas lächelnd an. „Eine sonderbare Kraft hat der Wein und die Trompete! sagte er heiter; ohne diese beiden, o Risa! wär ich warlich in deinem Arme zum gemeinen Liebhaber hingeschlummert. Höre, Sophie! rufe den Mar; er muß essen und trinken, da wir nun einmal nicht schlafen; denn von Sonnenaufgange bis zum Sonnenuntergange wissen wir dann keine Ruhe mehr." — Max kam, froh wie ein Halbgott; denn es hatte ihm geglückt; seine Valeska zu beruhigen. Albert trank ihm fröhlich entgegen; und sie tranken endlich alle vergnügt, in den süßesten Umarmungen: auf fröhliches Wiedersehn! —

Hand in Hand gelobten sie sich jetzt mehr als Valeska wenigstens zu halten im Stande war; ob sie sich gleich, wie jedes Mädchen, alles mögliche zutraute. Sie gelobten sich einen ruhigen standhaften Abschied; und so laßt denn sehn, wie sie es halten werden. Der Mond stieg auf, und sein liebliches melancholisches Angesichte machte ihnen Lust, noch einen Gang in den Garten zu versuchen; ob gleich die Männer die sicherste Hoffnung hatten: nun bald recht im Freien zu sein, und die Weiber einer Zeit entgegen sahn, wo ihnen noch oft der liebe blasse Mond der getreuste Gesellschafter sein würde — kurz, es sollte in den Garten gegangen werden; nicht um mit dem Monde dort oben am lieben Himmel zu sprechen, denn es hatte ja jedes vor der Hand seinen lieben Mond und seine liebe Sonne noch im Arme, sondern nur um — in den Garten zu gehn! denn weiter wußte man doch gewiß jetzt keinen Grund dazu anzugeben, es hätte denn der sein müssen: daß eins oders andre seinem Gesichte nicht getraut, und sich also lieber auf Discretion an den lieben vertraulichen Mondschein, als an die Aufrichtigkeit der hellen indiscreten Wachslichter ergeben wollen. Aber die Freude war kurz! — Das lange Kapitel von der Liebe war noch lange nicht bis zum

ersten

erſten Theile abgehandelt, als ſchon aus der Ferne
die Trompete ſich hören ließ, von der nun kein Er,
barmen mehr zu erwarten ſtand, und Albert ſchon
ſeinen Irrländer an der Mauer herauf brauſen hör:
te. Was war zu thun? es ſtemme ſich eins gegen
das große Rad, das alles in Bewegung ſetzt; ſtem,
men kann ſich eins wohl, aber obs ihn nicht
mit unwiderſtehlicher Allgewalt hinreißt, daß es im
Widerſtreben den Hals bricht; iſt eine andre Frage.
„Der Morgen graut doch noch nicht?“ ſagte Va,
leska traurig, aber Riſa lenkte ſchon ein, und ſie
mußten ihr und dem Schickſale folgen. Albert trank
noch ein Glas Wein, indeß ihm Burer das eiſerne
Kreuz auf dem Huthe befeſtigte, bei deſſen Anblicke
der Riſa graußte, weil es ihr eine zu ſchwache Schei:
dewand zwiſchen dem furchtbarſten Tode und dem
theuerſten Leben ſchien; Valeska wurde bleich. Es
herrſcht' eine tiefe traurige Stille. „Der König iſt
ſchon auf,“ ſagte Burer; „er reitet bis Illingen,
und ſein Wagen iſt ſchon bis dahin voraus.“

Albert. So haben wir nichts mehr zu ſäu,
men; denn angezogen iſt er geſchwind.

Burer. Haſtenfeſt ſchickt einen Trompeter,
wenn ſie ſich vor dem Schloſſe formiren.

Albert. (indem er nach ſeinem Küraſſe greift;
zur Riſa, lächelnd) Nun? du haſt mirs verſpro,
chen!

Riſa hob mit Mühe den ſchweren Küraß auf,
und wollt ihn ihrem Albert anſchnallen; Valeska,
die mit ihrem Max in gleicher Beſchäftigung war,
wollte eben nach dem zweiten Stücke greifen, und
es

es ihm in den Rücken anpassen; da bemerkte sie traurig, daß es ihr Risa weggenommen, und behauptete schlechterdings, daß sie noch eins haben müsse. „Nein, nein! wir wollen unsern Feinden nur die Gesichter zukehren," sagte Max lächelnd; „und wer ihnen den Rücken zuwendet, ist dieser Schutzwehr schon nicht mehr werth!" —

Es war ein trauriges Schauspiel! — Diese zwei vortreflichen Geschöpfe, die die süßeste Ruhe der Erde verdienten, in einer so tragischen Beschäftigung um ihre jungen Helden, und auf der Gasse Trompetenklang und Braußen und Wiehern der Rosse; — selbst der eisenharte Burer stand dabei wie betäubt, und wußte nicht, ob er weinen oder lachen sollte. So geschäftig aber auch die Weiber waren, die Herzen ihrer Helden wenigstens in Sicherheit zu bringen, so wollte sichs doch hie und da nicht schicken, und Burer, der ihnen lange lächelnd zugesehn hatte, mußte doch am Ende noch helfen. Albert hatte nun auch seinen Kampagnesäbel umgeschnallt, und stellte seinen ordinären Degen in das Gehäus einer Singuhr. „Hier sollst du bleiben! sagte er; denn wenn meine Risa dieses Uhrwerk aufzieht, so denkt sie doch an mich." — „Es geht einen Monath! sagte Risa lächelnd, und öfter werd' ich also wohl nicht an dich denken." — Albert lächelte; Max und Burer standen zum Abschiede bereit; aber Albert hatte noch keine Lust zum Scheiden, und wollte den letzten Augenblick abwarten. „Den Pferden die Zügel auf die Hälse! rief Albert, bis der letzte Trompeter bläßt; ein Augenblick hier versäumt ist

der

der unersetzlichste Verlust!" — Burer empfahl sich, und gieng. Albert warf sich aufs Sopha neben seine Risa hin, und schloß sie fest und innig in seinen Arm. „So, lieber Mar! rief er, so wollen wir den letzten Augenblick dieser schönen Katastrophe unsers Lebens abwarten! — Zu sagen haben wir uns nichts mehr, als: Lebewohl!"

In einer stillen feierlichen Umarmung lagen diese zwei liebenden Paar, am Fenster lehnte Sophie, und je lichter der Morgen herauf stieg, je banger wurde es ihr ums Herz. Sie dachte sich jetzt, lebhafter als je, jene fürchterliche Nacht, in der sie das Schicksal von ihrem Hermann trennte, und der vor dem schönsten Morgenroth erbleichende Mond spiegelte sich in ihren Thränen. Ein Pferd trabte den hohen Steinweg herauf, und das Herz klopfte ihr schneller. „Aha!" rief Burer am Thorwege; und indem blies der Trompeter. „Lebe wohl, Risa!" — „Valeska, lebe wohl!" — riefen die Helden, und sprangen auf. Valeska lag betäubt und leichenblaß in den Armen ihres Mar; ihr Auge schien gebrochen, und ihre Zunge vermogte keinen Laut; aber „Ich sehe dich doch noch einmal! sagte Risa lächelnd." Albert stutzte. „Nun? — Ich muß doch wohl Abschied vom Könige nehmen, und vom Hektor, und von meinem Regiment? fuhr sie fort. Es ist schon alles bestellt! ich lasse meine Bricole satteln — (eine schöne flüchtige braune Stute, der Liebling unsrer Risa) und — an der Festung erwarte ich euch! — Aber freilich werde ich dir dort nur die Hand drücken können — (ihm mit der innig-

sten

ſten Zärtlichkeit um den Hals fallend) Albert! — ſo lebe wohl!" —

„Lebe wohl! Lebe wohl! Riſa — Sophie — Valeska — lebe wohl!" — riefen ſie durch einander, und jedes flog aus einem Arme in den andern. „Albert! — Max! — o, Max!" — Sie waren fort; warfen ſich auf die Pferde, und flogen den Steinweg hinunter.

Riſa ſprang fort, ſich umzukleiden, und befahl Sophien: um die Valeska Sorge zu tragen; denn dieſe ſchwankte wie träumend am Thorflügel, und kämpfte mit einer Ohnmacht.

Die letzten Schatten der Dämmerung verſchwanden, und prächtig ſtieg die Sonne, durch einige Roſenwölkchen, überm Eichenwald' auf; da ſah Arno ſeine Schaaren in der Ebene langſam und feierlich hinziehn, und ein gefühlvolles Lächeln überzog ſeine Stirne. Sie ſangen ihr Morgenlied. Arno nahm ſeinen Huth ab, und ſein eisgrauer Kopf, und ſein froher, ruhiger Blick zum Himmel, bei dieſer groſſen natürlichen Betſtunde gab eine mahleriſche Scene. „Wer iſt aber dort der flüchtige Reiter, der am Regiment Holm hinauf ſprengt? fragte er; ich glaube gar es iſt die Landgräfin!" —

Albert. Ja! — Sie will hier von ihrem Regimente und von Ihnen Abſchied nehmen.

Arno.

Arno. Das ist brav! — O, sieh! sieh — dort kommt sie gesprengt! — Ewig schade, daß sie kein Prinz ist! —

Und wenn alles sein Ernst war, so war es dieser Wunsch nicht! denn er hatte ja keine Prinzeßin.

Risa kam, mit dem heitersten Gesichte, grüßte freundlich den König und den Prinz, und die übrigen Helden seiner Begleitung, und bath um Erlaubniß, sie noch eine Strecke begleiten zu dürfen. Arno ließ sie nicht von der Hand, und schien recht aufrichtig vergnügt über ihre Gegenwart. „Du reitest ja wie ein Husar! Risa, sagte er lächelnd; ich dächte, du setztest dich vor dein Regiment, und machtest mit!" — „O, wenn nur der Arm das Herz nicht im Stiche ließ, sagte sie, so wollt' ich meine Holmer schon ins Feuer führen." —

Arno. Wie aber heraus? — Das beste Mädchenherz ist doch immer ein Mädchenherz! und indeß du dem Gefallenen die redlichste Thräne weintest, raffte der Feind die übrigen auch vollends hin.

Es wurde viel darüber gescherzt; und die alten Generale blieben steif und fest dabei: daß sie sie in die Mitte nehmen, und nicht wieder fortlassen wollten. Arno betrachtete sie mit sichtbarer Aufmerksamkeit, besonders wenn sie mit dem Albert sprach, und schien durchaus eine Veränderung an ihr entdecken zu wollen; aber umsonst! Alle beide waren so ruhig und unbefangen als ob ihre Herzen gar keinen Antheil an dieser Trennung nähmen; er konnte sichs nicht mit dem zusammen reimen, was man sich am Hofe von diesen Leuten noch immer einander ins

Ohr

Ohr sagte, und Albert ihm selbst einst deutlich gnug erklärt hatte, und schüttelte, voll Verwundrung, den Kopf.

Jetzt waren sie an einem Scheidewege, wo sich viele vom Könige trennen, und zu ihren Regimentern und fernerer Bestimmung abgehen mußten; auch Albert. Hier waren aller Augen auf sie gerichtet, als er den König fragte: ob er noch was zu befehlen habe? „Nichts! sagte der König, als einen Empfehl an dein Herz!" — Albert dankte lächelnd, umarmte den Hektor, und reichte verschiedenen, die noch beim Könige zurück blieben, die Hand; auch seiner Risa. Freilich war ihr sanfter Druck eine ganze Rede, die nur die Liebe versteht! Albert wendete seinen hochbäumenden Irrländer gelassen um, und Risa ritte wieder eben so ruhig und heiter an der Seite des Königs hin. Arno reichte ihr die Hand, und väterliche Zärtlichkeit schien aus seinem Blicke zu sprechen. Arno war ein harter Krieger; aber nur Staatsfistem und Eroberungssucht, diese zwei seiner herrschenden Leidenschaften hatten seine Gefühle verhärtet, und er wär gewiß, als Privatmann, der beste sanfteste Vater gewesen. Noch gab es Augenblicke, wo jene Leidenschaften nicht über diese sanften Bürgergefühle siegten; und ein solcher Augenblick war der jetzige. Er mogte tief fühlen: wie viel Kraft für eine Risa dazu gehöre, sich auf solch einem Wege, mit dieser Gelassenheit, von einem Alberte zu trennen, und es that ihm gewiß weh, der Störer ihres Glücks und ihrer Ruhe zu sein; da dieser Albert so brav für ihn in
die

die Schlacht zog, und diese Risa so ruhig ihm nach sah. „Ich habe dich nicht so gekannt, meine Tochter!" sagte er, mit einem sanften Vaterblick, und drückte ihr die Hand. O, wie gern hätte ihr das Vater= und Bürgerherz jetzt mehr, zu ihrer Ruhe für die Zukunft, gesagt! aber Staatsklugheit und Eroberungssucht empörten sich dagegen; und er lenkte schnell ein. Risa glaubte ihn noch nie so gesehn zu haben, und ihr ehrliches warmes Herz flog ihm entgegen. Er bedauerte es, daß er ihre Valeska nicht habe sehn können, deren Gegenwart ihm gewiß zu einer andern Zeit äusserst unangenehm gewesen sein würde, weil sie nicht in seine alten Plane paßte; sie mußte ihm versprechen, mit ihr in Nordia zu bleiben, und seinen einsamen Hof indeß für ihr eignes Haus anzusehn, — und was dergleichen Dinge mehr waren, um die er sie sonst wohl schwerlich würde gebethen haben; alles rheumatische Bewegungen seines guten Herzens, und die denkwürdigsten Rudera der Vaterliebe! Sie war ganz entzückt, versprach alles, mit der einzigen Einschränkung: daß sie dann und wann auf einige Tage den alten Casper besuchen werde; da sie doch noch vor einigen Minuten noch so fest beschlossen gehabt; das, ohne den Albert, ihr so fatale Nordia binnen einigen Tagen zu verlassen, — und was hätte sie jetzt nicht alles versprochen, da sie den Vater Arno, nicht den unersättlichen harten Eroberer, vor sich sah?

Sie waren jetzt auf einer kleinen Anhöhe, von der sie Nordia das letztemal sehn konnten; Arno sah sich um, und dieses schien der Risa die vortheilhafteste Minute zum Abschiede zu sein, um einen bleibenden Eindruck in seinem Herzen zurück zu lassen. Er umarmte sie gefühlvoll, nannte sie zu wiederholtenmalen seine gute Tochter, und er und jeder seiner alten Helden trennte sich von dieser Risa langsam und ungern; denn wer kein unmenschliches Herz hatte, mußte sie lieben. „O! mogte wohl jetzt mancher Held denken, dem es so warm ums Herz wurde, da sie, nach einem Händedruck, den Huth schwang, und ihren flüchtigen Unger umwendete; was muß Albert für ein Mann sein, daß er so gelassen scheiden konnte?" —

Sie trabte flüchtig um den Hügel hinum; Albert und Arno verschwanden ihr nach und nach aus den Augen, und wie von aller Welt verlassen, in einer einsamen Wüste, lag still und öde vor ihr das schöne Nordia da. Jetzt wollte sie die Standhaftigkeit verlassen, und bang und niedergeschlagen ihre Blicke auf den Sattelknopf herab sinken; aber ein einziger Blick auf das Bild ihres Albert, der so ganz Held und Liebe war, und die lebhafteste Gluth einer Heldin strahlte wieder aus ihrem Auge. „Vaterland! dachte sie, Vaterland! o, wer ein redliches Herz hat, theilt gern seinen Helden mit dir!" — Sie gab ihrem Unger die Sporen, und flog so rasch und heiter als wenn Kuß und Umarmung ihres Albert auf sie wartete, nach dem einsamen Nordia zurück.

Ihre

Ihre Valeska war noch nicht völlig hergestellt; denn die lebhafte Phantasie schreckte ihre Liebe mit den fürchterlichsten Bildern, und war allen vernünftigen Vorstellungen überlegen. Bald sah sie ihn, von wüthenden Feinden umringt, mit sinkender Kraft kämpfen, und rief ängstlich den Albert um Hülfe; bald sah sie bleich und blutend ihn seine Soldaten auf einer Fahne, die er dem Feinde genommen, aus dem Gefechte tragen, und ihre Thränen der Liebe flossen auf seine Wunden; bald sah sie ihn von den nachlässigen Feinden, unter andern Todten und noch röchelnden Halbtodten, auf dem Schlachtfelde schon einscharren, und schrie ängstlich: „er lebt noch! ihr Grausamen; er lebt noch!" — Die gute Sophie brauchte selbst Trost (denn sie wußte, daß ihr Hermann im gegenseitigen Heere Soldat war) und sollte die Valeska trösten? Wenn Hermann und Albert, oder Hermann und Max auf einander stießen, — Ihr schauderte, wenn sie daran dachte! — Max und Albert, beide glühend von Vaterland und Liebe, muthig und stolz in dem fürchterlichen Wonnegedanken: durch Siege für das Vaterland und den Eroberer Arno von ihm ihre Mädchen zu verdienen; und Hermann — Hermann — ach! vielleicht in Verzweiflung um seine Sophie den Tod suchend; — Arme Sophie! für wen sollteſt du zittern? und für wen nicht? — O, die gute Sophie mußte all' ihre Mädchenſtärke zusammen nehmen, um nicht auch unter diesen schrecklichen Phantasienspielen hinzusinken! —

Erst gegen Mittag verschwand die Furcht für ei=
nem hitzigen Fieber, das man bei der Valeska besorgt
hatte; Risa freute sich doppelt darüber, indem sie
nun auch des unangenehmen Aufruhrs überhoben
waren, den es würde gemacht haben, wenn sie hät=
ten müssen einen Hofmedikus rufen lassen, ließ sich
umkleiden, und fuhr noch nach Hofe, um den Prin=
zessinnen (Bruderstöchtern des Königs) und der
Herzogin von Isidore die Aufwartung zu machen,
die vielleicht alle denken mogten: sie liege jetzt, trost=
los um ihren Albert, in Verzweiflung. Zwar war
sie rasch und heiter gnug durch die Stadt herein ge=
sprengt; aber wer konnte ihnen wehren, auch dieses
für Verzweiflung anzusehn? Es war ihr im höch=
sten Grade fatal, auch auf der unbedeutendsten Sei=
te verkannt zu werden; und um destomehr eilte sie,
sie eines andern zu überzeugen. Ihre Valeska be=
durfte keiner Entschuldigung, indem sie dieselbe schon
gestern, aus Vorsorge, etwas unpäßlich hatte mel=
den lassen; und so fuhr sie ganz allein, im süssesten
Triumphe über sich selbst und der Höflinge wahr=
scheinliche Muthmaßungen, heiter wie dieser schöne
Maitag, durch die leeren Gassen des verwaisten Nor=
dia hin.

Es war richtig! Wie sie es vermuthet hatte.
Alles staunte sie an; denn eher hätte man sich des
Himmels Einfall vermuthet, als sie heute zu sehn,
und noch dazu so heiter; — o, das war ihnen doch
warlich ein unerklärbares Räthsel! — In dem Her=
zen manches guten Weibes und Mädchens, die das

Un=

Unglück gehabt hatten, an diesem Nordenschilde lie=
benswürdige Vorzüge zu finden, und als er den
Blick und Händedruck, der ihm dieses mit allem
Feuer der Liebe versichert, in seiner jetzigen Verfas=
sung, und nach seinem neuen Sisteme — (denn
einst war er wohl im Stande viel — o, viel Mäd=
chens und Weibern auf einmal, nur so zum Spaße,
Liebe zu versichern, und für keins sie zu fühlen)
nicht erwiedern konnte, nicht zur niedrigsten Rache
sich herabwürdigten, und mit seinem freundschaftli=
chen Händedrucke, der ihnen versicherte: daß er ihre
Herzen kenne und zu schätzen wisse, zufrieden wa=
ren; — in den Herzen manches solchen guten Mäd=
chen und Weibes schlief ein tiefer nagender Gram,
den die trübe Wolke zwischen den Augenbraunen
nicht läugnen konnte, seit dieser Albert nun sein
Tagewerk als Held angetreten; und sie — Risa,
die einzige Glückliche! die zum Beneiden glückliche
Risa, der man durch den elendesten Haß und die
niederträchtigste Verfolgung hätte das Glück seiner
Liebe aus den Augen stehlen mögen, — sie, die,
wie man wissen wollte, mehr an seine Umarmungen
gewöhnt sein mußte wie — ich an den Taback; und
sich also bei diesem Verluste wenigstens eben so un=
bändig, wo nicht noch unbändiger hätte anstellen,
und mit Händen und Füßen strampeln sollen, wie
ich, wenn mir diesen die Marktfrau vergessen hat —
o! sie war so leicht und lustig, als wenn sie (wie
unsereins alleweile — den 22. und 23. Au=
gust) den lieben Mond nieder, und die prächtige
Morgensonne herauf getanzt hätte, sprach so ruhig

J 3 und

und zufrieden vom Kriege, wie von einer Komedie, und erzählte mit der heitersten Mine: daß sie ihm selbst den Küraß umgeschnallt, und jenseits der Warte von ihm und vom Könige das letztemal Abschied genommen; — o! das war ein Weib ohne Gleichen! eine Ruhe, für die sie keinen Sinn hatten! oder sie hatte den höchsten Grad in der Verstellungs= kunst erreicht, und konnte selbst der Unmöglichkeit den Schein des Wirklichen geben. War ihre Liebe zu flüchtig? o, von ihrer Festigkeit hatte man ja das seltenste Beispiel! oder war überhaupt diese Lie= be bloß eine Grimasse gewesen, die sie der Welt nur so vorgemacht, um darunter irgend eine besondere Staats= maxime zu verbergen? oder ihr Auge dadurch von einem andern Objekte wegzuziehn, auf das sie Jagd machte? das wär ein Meisterstreich gewesen! — Oder wußte sie vielleicht gar aus irgend einem ge= heimen Archive der Herzen und Köpfe: daß Arno mit seinem Heere nimmermehr in Feindesland ein= brechen, sondern, als ein Genie der ersten Größe, nur so bloß einen Geniestreich, einen Spazierritt, zu seinem eignen Spaße, machen, und in einigen Tagen, ohne das Blut einer Ratte, vielweniger eines Feindes gesehn zu haben, zurückkommen, und die weinenden Weiber auslachen und sagen werde: „nein, dächte man denn, daß es möglich wär! ihr glaubtet es also wirklich?“ — Ich versichre ihnen, meine Leser! es gab Weiber, denen es leichter wur= de zuzugeben: daß die Sinne des Arno förmlich ban= kerot gemacht, und eine so totale Sonnenfinsterniß in seinem Verstande sei, daß er kein einziges „ob?“

oder

oder „warum?" mehr begreifen könne, als ihr Gefühl mit dem Betragen der Risa zu verständigen; denn ohne einen solchen Grund, über den man nun freilich, weil man ihn nicht gewiß wußte, auch nicht so ganz mit Zuverläſſigkeit urtheilen konnte, blieb ſie doch allen, auf Ehre! das unerklärbarſte Räthſel. Einen Grund mußte ſie haben; in ſoweit hatten ſie recht; aber nur mußte es nicht juſt einer von dieſer Art ſein. Ihr Grund lag in ihr ſelbſt! In den ſoliden Gefühlen, und feſten Begriffen von Dingen in der wirklichen Welt, überdie freilich ein guter Theil ihrer holdſeligen Schweſtern nur auf den täuſchenden Oberflächen hin zu ſchwindeln, und das Gute über dem Glänzenden zu vergeſſen pflegt. — Aber nehmen ſies doch ja nicht ungütig!

Ich kehre vom Hofe zurück; denn es war auch jetzt kein einziges heitres Geſicht dort. Aber wo muß ich mich hinwenden, um welche zu ſehn? — Hätten denn Albert und Riſa keine Feinde mehr? O, ja; genug! aber es vergieng ihnen das Lachen; denn erſtlich ſahn ſie jetzt den Albert auf dem ſicherſten Wege ſich mit unauflößlichen Banden an das Herz des Arno zu befeſtigen, und dann mußte ja zweitens auch die kleine Schadenfreude ſchweigen, denn Riſa war ja nicht, wie ſie es gehofft hatten, untröſtlich; und Alberts Herz deckte der Küraß. Wo ich nur hinſehe, da ſehe ich bleiche Gottesacker=

gesichter, und aus jedem Fenster stiert mich ein roth-
geweintes Aug' an; ich bleibe bei meiner Risa! denn
wenn ihr auch dann und wann das Herz im Sechs-
achtel=Takte zu klopfen anfängt, und ein Seufzer
den Vorschlag zu einem Lamentoso macht, o! so
läßt sie es doch mit ihrer Ruhe zu keinem förmli-
chen Bruche kommen, und hüpft in der nämlichen
Minute wieder über alle Fatalia dieser dummen Welt
hin, wie ein Reh über Schlangen und Eidechsen.

Es war so todt in Norbia, daß man seine eignen
Schritte wiederhallen hörte, wenn man durch die
weiland volkreichste Straße gieng, und jedes in seinem Haußse so von allen Freuden der schönen Gottes-
erde zurückgeschreckt, abgeschieden und einsam, wie
das einsame Käutzlein in der Wüsten, oder der phi-
losophische Kanker einst in der veteranischen Höle;
das gefiel unsrer Risa durchaus nicht! und ehe man
sichs versah, gab sie den Ton zur allgemeinen Freude wieder an. Konzert und Bälle wechselten in ihrem Garten oft nur mit den Tagen ab, und Norbias Jünglinge und Mädchen walzten jetzt in den weiten Sälen, die der Herzog von Niederheim zu Behält-
nissen für die Schriften der Weisen der grauen Vor-
zeit angelegt hatte; just auf dem Fleckchen, wo er
einst in seinem Großvaterstuhle die Kobala studirte,
und zur Edda Noten machte, stand jetzt der Bunsch-
tisch, und in der Kapelle, wo er seinen Morgense-
gen zu beten pflegte, wurde jetzt — wenn gleich
nicht lustig meine sieben, oder Scharwenzeln — gespielt.

„Es

„Es war mir so todt und traurig in deinem Nordia, schrieb einst Risa an den König; niemand wollte mehr Vertrauen auf den Himmel und auf seinen Arno haben, und der bleierne Schlaf war das einzige, worauf sich seine Mädchen und Jünglinge schon beim Erwachen wieder freuten! ich bin also so frei gewesen, und habe mich an deiner Stelle zur Schöpferin der Freude aufgeworfen.; hab' ichs so recht gemacht? Oh, der Gedanke war mir unauslöschlich; als obs Nordias Bürgern bangte, wenn ihr Arno mit seinen Helden dem Feind' entgegen geht; und wo nur noch ein Fünkchen Freude aufzublasen ist, da lasse ich nicht ab, bis es in helle Flammen aufschlägt." —

Arno war sehr vergnügt darüber, als er es las, und schenkte ihr ein prächtiges Silberservis. Er konnte leicht jetzt Silberservise verschenken; denn sein Heer gewann mit jedem Fortschritte beinah ein Fürstenthum.

Albert hatte recht als er behauptete: dieser rasche Feldzug werde eben so kurz sein. Es war ihnen völlig geglückt den Feind ganz zu überraschen; denn ob er sich gleich in der Stille rüstete, so hatte er doch mit Fleiß am wenigsten auf diese Grenzen ein Auge zu haben geschienen, um zu keinen voreiligen Vermuthungen Anlaß zu geben; auf einmal stand dieser Arno, über dessen Derangement er sich
schon

schon herzlich kitzelte, wenn er die feindlichen Fahnen so ganz unvermuthet vor den Thoren seines
Nordia werde wehen sehn, mit vier Heeren in seinem Lande. Bleiches Schrecken gieng vor ihnen
her, ohne Schwertschlag nahmen sie die festesten
Grenzstädte weg, und faßten ihn, eh' er es verhindern konnte, am Herzblatte seines Reichs. Hier
warf sich ihnen zwar der Feind mit aller Furie der
Verzweiflung entgegen, und Arnos Helden empfan-
den es jetzt, daß er pro aris et focis stritte; aber
zwei lebhafte blutige Schlachten, in deren einer es
beinah um die Ruhe der Risa wär geschehen gewesen, entschieden ganz zum Vortheile des Arno, und
ehe er in einer dritten, zu der man ihm schon die
Stirn both, alles aufs Spiel setzte, gieng er lieber
einen höchst unangenehmen drückenden Frieden ein,
den er unmöglich halten konnte.

Man bath den Arno von allen Seiten: seine Bedingungen nicht zu hoch zu spannen, und lieber einen billigern aber desto dauerhaftern Frieden zu machen; aber als Sieger, vor den Thoren der feindlichen Residenz, billigere Bedingungen einzugehn —
o, das schien dem alten Eroberer eine zu große
Thorheit, als daß er nicht darüber hätte lachen müssen! Er dachte freilich seinen Erbfeind, den er so
kleinmüthig unterm Fuß hatte, jetzt auf immer zu
entkräften, und sich und seinen Nachkommen mit ei-
nemmale für ihm Ruhe zu schaffen; aber er überdachte nicht, daß die zu sehr gedrückte Stahlfeder,
ehe sie springt, noch die letzte größte Kraft anwen-
det, um dem Drucke zu widerstehn, und sich wo
mög-

möglich noch Luft zu machen; welches er leicht aus seinem eignen Exempel hätte wissen können, da er selbst einst, erst als er auf dem Punkte stand ganz vernichtet zu werden, sich durch den letzten glücklichen Versuch, an dem die Verzweiflung den größten Antheil hatte, zu seiner jetzigen Größe empor schwang. Alle diese Betrachtungen, so viel Blut sie seinen Ländern hätten ersparen können, kamen ietzt gegen die Vortheile, die er in der Hand hatte, nicht auf, und die Staatsklugheit vermogte nichts über seine Eroberungssucht.

Ein schimpflicher Friede machte den alten Feind nun völlig unversöhnlich, und man sah es deutlich aus allen Umständen und besonders aus der Gleichgültigkeit, mit der er sich alle Bedingungen, über die selbst Arno staunte, gefallen ließ, daß es ihm bloß darum zu thun war Zeit zu gewinnen und Luft, um die alten und neuen Streiche des Arno mit mehr Nachdrucke wett zu machen.

Albert hatte nicht wenig, wo nicht zu diesen, wie Arno glaubte, sehr vortheilhaften Frieden selbst, doch wenigstens zu seiner Beschleunigung beigetragen; indem er noch vor der letzten Schlacht, da der Feind in einem von Natur und Kunst festen Lager gestanden, und es abwarten zu wollen geschienen, wie viel Arno Blut umsonst an diese Festungswerke zu wagen habe, mit einigen Divisionen leichter Reiterei, durch die unwegsamsten Gegenden, in einem forschirten Marsche seine ganze Stellung umgangen, und ihm im Rücken in einer einzigen Nacht fast alle seine Magazine zerstört, und das

durch

durch Mann und Pferden die Wahl gelaſſen: in ih＝
rem feſten Lager zu verhungern oder heraus zu rü＝
cken und zu ſchlagen. Dieſer erſte Streich machte
den rno ſchon auf dieſen angehenden Helden auf＝
merkſam, indem er nicht einen einzigen Mann dabei
verlohren, und doch ſo viel ausgerichtet; und als
er ihn, in der letzten Schlacht, mit ſeinem Regi＝
mente, mit ſo guter Diſpoſitio= und Tapferkeit den
Feind in die Flanke nehmen, und ihn ieden Vor＝
theil unerinnert ſogleich ſelbſt einſehn und benutzen
ſah, wie er es ſich kaum von einem ſeiner älteſten
Generale verſprechen können, umarmte er ihn auf
der Wahlſtadt, und ernennte ihn ſogleich zum Ge＝
neralleutnant.

In dieſer Schlacht, die juſt an einem regenvol＝
len Sonntage geliefert wurde, war es, als Albert,
wie wir eben gehört, dem Fußvolk in die Flanke
gieng, und es in der größten Unordnung zurück
warf, daß er ſich auch die rühmlichſte Satisfaction
an dem Oberſten nehmen konnte, der einſt über ſein
Regiment geſpöttelt. Ein Kavallerieregiment flog
zur Unterſtützung des flüchtigen Fußvolks herbei:
„Zum Ausruhn!" ſagte Albert, warf ſich ihm ent＝
gegen, und ſeine baumſtarken Holmer hieben es auch
ſo brav zuſammen, daß ſie nicht wußten wo ſie mit
den Gefangenen hin ſollten. Unter dieſen war auch
der Oberſte. „Aha! ſagte Albert lächelnd, als er
ihn erkannte, mein Herr! ſehn wir uns juſt in ſol＝
chem ſchönen Wetter und an einem Sonntage wie＝
der? ich bitte mir nun ihre Rezenſion über mein
Regiment aus!" — „Ich hab' es kennen gelernt!
ſag=

sagte er; die türkischen Spahis haben wir oft mit
blutigen Köpfen zurück geschickt, aber an euch haben wir unsre Meister gefunden!" — Er hatte aber
auch die Ehre es auch noch von einer andern Seite
kennen zu lernen. Er trug einige sehr schöne Ringe an den Fingern, und ein Paar prächtige goldne
Uhren in den Taschen: darüber wirds nun auch
hergehn! dachte er, und hatte sich dessen schon be-
geben: aber er betrog sich! Der Reiter der ihn gefangen nahm foderte ihm nichts ab als seinen Degen; und als es auch wirklich nach der Action dabei
blieb, und er, der Oberste, freiwillig ihm wenigstens seine Goldbörse geben wollte, schlug er es mit
brittischer Großmuth aus, und setzte hinzu: daß
ihnen am Gelde nichts, aber alles an der Ehre
liege.

Schade, jammerschade! — Was seh' ich? Was
hör' ich? — O, so manches schöne Weibchen in
Nordia, das sich den Kopf hatte wollen abreissen
als der traute Gemahl in die Schlacht gieng, sitzt
jetzt traurig in einer Ecke; denn sie liest den Brief
in dem er ihr, o! der unwissende Glückliche! mit
allem Feuer der Liebe schreibt: daß er nun bald in
ihren Arm zurück kehren werde. Das gute
Weibchen! Es war damals nur so ein Anfall von
bürgerlicher Treue gewesen; nach und nach hatte
sie sich getröstet, ihr Herz anders arrangirt, und
ihm einen gar scharmanten Jungen zum Liebhaber
angeschaft. Auf die stillen schauerlichen Winter-
abende hatte sie sich so sehr gefreut — O, Schade!
der Generalleutnant Nordenschild hatte die Friedens-
artis

artikel abzuhandeln, und der beschleunigte sie gewiß, aus seinen besondern Gründen, so daß es keine Winterquartire in Feindeslande, wie man gehofft hatte, gab. O, Jammerschade! — Manches
süße Mädchen, das ihrem Helden mit einem wahren Lottenblicke nachgesehn, und ohne ihn unmöglich leben zu können geglaubt hatte, zitterte jetzt für
das Leben ihres neuen Geliebten, wenn ihr wilder
Kriegsmann erfahren werde, daß er ihm, indeß er
dem Vaterlande Länder erobern helfen, ihr Herz
gestohlen, um deßwillen er sich allein so sehr über
den schnellen Frieden gefreut hatte. Risa bemerkte
staunend diese entgegengesetzte Wirkung, einer so
fröhlichen Nachricht unter den Weibern und Mädchen Nordias, und bedauerte die braven Helden.
Sie hatte die erste Nachricht davon, nebst viel ein-
geschlossenen Briefen erhalten, und dachte diesen
Damens eine ganz unverhoffte Freude, und sich
selbst damit einen schönen Abend zu machen. Sie
ließ nicht nur alle diejenigen für die sie Briefe hatte, sondern auch noch eine ganze Menge andre,
von denen sie wußte, daß ihre Männer und Geliebten mit zu Felde waren, zu einem Konzert einla-
den, und nach einem traurigen Adagio, wie es für
einsame Weiber und Mädchen paßte, trat sie,
mit den Briefen in der Hand, mitten in den
Saal, und sagte: „Glück auf, unsern Herzen:
Es ist Friede!" — Trompeten und Pauken
erschallten, wie sie es in der Stille bestellt, und
sie theilte in voller Freude ringsum ihre Briefe aus;
aber, o Himmel, was sah sie! — Sie hatte Thränen

nen der Freude zu sehn gehofft — O, der falschen Hoffnungen in der Liebe! Viel erblaßten; einige waren so derangirt, daß sie mit schüchternen Blicken, als ob es der neue Geliebte nicht sehn sollte, das Briefchen schnell in die Tasche steckten; die wenigsten rissen mit süßer Ungeduld die Siegel weg, fanden darinnen die Bestätigung von dem was ihnen Risa gesagt, und weinten ihre Freudenthränen darauf.

Risa war äußerst aufgebracht, bei der traurigen Bemerkung die sie iezt zu machen Gelegenheit hatte: „Schweigt!" sagte sie zu den schmetternden Trompeten, und — verschwand.

* * *

Unter solchen Umständen verlor sich also nun auf einmal die Freude worauf sich unsre Risa so viel zu gute gethan hatte, da sie sich für ihre mühsame Schöpferin angesehn; und es wurde mit jedem Tage, der die Zurückkunft der Garnison näher brachte, trauriger in Nordia; denn Risa gab, aus Verdruß über diese gemachten Entdeckungen, die ihr freilich, wenn sie den herrschenden Ton etwas genauer beobachtet, nichts neues hätten sein müssen, kein einziges Fest mehr, sondern überließ sich in der Stille mit ihrer Valeska den süßen Freuden der Hoffnung eines glücklichen Wiedersehens.

Sie wurden bald erfüllt, diese schönen Hoffnungen! Ehe noch der Herbst die Blätter abgestört hatte, wiederhallte schon Nordia vom
Jubel

Jubel der siegreichen Heere. Wie mancher, der redlich für das Vaterland geblutet, leider sein Hauß fand, läßt sich aus dem Vorhergehenden schließen, und es gab wirklich mehr öffentliche als Privatfreuden. Albert war zwar nicht unter den triumphirend Einziehenden, und Valeska mußte sich indeß allein über ihren Mar freuen, der als Oberster vom Regimente der Risa zurück kam; aber Risa war auch nicht traurig, denn sie wußte, daß er im ehrenvollen Geschäfte der neuen Grenzberichtigung zurückgeblieben war, und Arno versicherte ihr ja, da sie ihm auf dem nämlichen Platze, wo sie ihn im Frühjahre verlassen, wieder empfieng: daß er dem Albert ein halbes Fürstenthum, und das Vaterland einige tausend Menschen zu danken habe. Das war ihr gnug! und sie nahm an jeder Freude, auch ohne ihn, den lebhaftesten Antheil. Alle Feierlichkeiten wurden bis zu seiner Zurückkunft aufgeschoben; „denn, sagte Arno, ich würde jede Freude dieses Friedens nur halb genießen, wenn er keinen Antheil daran nehmen sollte, da er so viel Antheil am Frieden selbst hat. —

Er kam; aber nicht an dem Tage, da man ihn hoffte, weil er erfahren, daß man ihn unter verschiedenen Feierlichkeiten einholen wollen, die seine Bescheidenheit nicht verdient zu haben glaubte. Zwei Tagereisen oberhalb Nordia ließ er das Volk, was er noch zur Bedeckung bei sich hatte, unter dem Kommando des Hastenfest, und ritte, mit seinem Buxer allein, durch Umwege voraus. Er kam in der Abenddämmerung in aller Stille zum Thore herein,

ein, und ehe die Wachen einander: „Nordenschild?‟
zurufen, und es sich, durch die Gassen hin, bis an
den Hof verbreiten konnte, stand er selbst schon vor
dem Könige dort, und stattete ihm Rapport von
seinen Verrichtungen ab.

Arno war fast unwillig auf ihn, daß er seinen
Bürgern und Soldaten ihre Freude verderbt; aber
Albert sagte ihm offenherzig seine Ursachen, und
setzte noch offenherziger hinzu: daß er sich überhaupt
über diesen Frieden nicht aufrichtig freuen könne.
„Du träumst! sagte Arno lächelnd, der alte murrende
Feind ist fest genug gebunden!‟ —

Albert. O, fest genug! Aber warlich, Ar,
no, die Kette ist zu kurz, als daß er sie nicht näch,
stertage zersprengen müßte! — Seine Biegsamkeit —
sein beimtückisches Lächeln, das ich beim Friedens,
schluß am besten zu bemerken Gelegenheit hatte —
(sorgsam) unsere Schwerter werden nicht einrosten! —

Arno. Wirst du schon auch hipochondrisch,
wie der alte Casper?. Ich wollte dich schon heute
mit meinem Wein aufwecken! aber — (lächelnd) du
wirst müde sein.

Albert verstand Arnos Lächeln, und gieng —
aber nicht ins Bette. Wenn ichs auch meinen Le,
sern weismachen wollte, so würden sie mir es doch
nicht glauben, und ihn, auch ohne mich, in Risas
Armen aufsuchen.

Alles war in ihrem Palais schon seit einigen Ta,
gen beschäftiget, einen Triumphbogen, nach ihrer
eignen Idee zu verfertigen, durch den sie ihn bei sei,
ner Zurückkunft einführen wollte. Der ganze große

K   Saal

Saal war zu einem Tempel des Ruhms eingerichtet; hier ruhte der Kriegsgott mit Lorbeern und Rosen umkränzt, auf schimmernden Trophäen, dort flocht ein Mädchen eine Bürgerkrone, und ein andres streute Weihrauch in die Flammen auf dem Altare des Friedens, und an der großen Flügelthür war der Triumphbogen angebracht, über dem eine fliegende Fama schwebte. Jetzt hatten sie dieses alles, zur Probe nur, illuminirt, und standen in der äussersten Entfernung, dem Triumphbogen gegenüber, um zu sehn, wie er sich von weitem ausnehme. „Prächtig! rief Risa ganz entzückt; o, prächtig! — Und wenn ich nun morgen dort mit ihm hereintrete, und er mich darunter das erstemal wieder umarmen wird — O, Valeska! — Sophie! — was wird das für ein Augenblick sein!" — Ihr Herz klopfte mächtig, und nicht etwan um sich zu exerziren, wie sie es machen wollte, nein! das überließ sie der Natur, sondern aus überströmender Zärtlichkeit und theilnehmender Freude sanken die drei Mädchen einander in die Arme; Max stand hinter ihnen, und sah lächelnd dieser schönen Gruppe zu. Die große Flügelthür that sich auf — „Risa! Risa!" rief Max — sie blickten auf — Ach! — und Albert stand, wie er leibt' und lebte, ganz erstaunt, dort unterm Triumphbogen. — Er hatte sich durch diesen Saal schleichen wollen, um sie in ihrem Zimmer zu überraschen, und war es jetzt selbst, durch den glücklichsten Zufall. Alle flogen ihm entgegen, und die Risa schien der Augenblick zu dauern, den sie über den Saal hinzu fliegen hatte.

Lange

Lange nach Mitternacht erst trennten sich die Glücklichen, und Risa freute sich herzlich, als Albert beim Abschiede seinen Kampagnesäbel in das Gehäuße der uns schon bekannten Spieluhr stellte, und seinen ordinären Degen wieder heraus nahm; o, sie hatte ihn oft so sehnlich angesehn, und gedacht: wie es sein werde, wenn — —! Dieses süße „wenn" war jetzt da — sollte sie sich nicht für alle jene traurigen Augenblicke freuen? „Aber, freue dich nicht so sehr, Risa! sagte Albert, in tiefem Ernste; wer weiß, ob sie sich nicht einander bald wieder ablösen; — mir scheint es ganz so!" — „Soll ich mir um einer zukünftigen traurigen Stunde willen die gegenwärtige Freude versagen? sagte sie lächelnd, in seinen Armen; o, mein Albert! mit Freuden überlasse ich dich dann wieder dem Vaterlande, auf lange traurige Tage, für eine solche Stunde des Wiedersehens!" — „Arno hatte wohl recht! sagte Albert, sie mit Wonne betrachtend; als du beim Ausmarsche, von deinem Regimente zu uns herüber gesprengt kamst; — er sagte: es ist Schade, daß sie kein Prinz ist! — So wahr Gott lebt, es war nicht sein Ernst! und — (ihr froh um den Hals fallend) auch meiner ists nicht!" —

In Nordia gabs nun eine lange Reihe Festtage. So vielerlei Fehler auch Arnos Feinde ihm, bei seinen grossen Tugenden, anschuldigen wollten, ei-

nen Verschwender hatte ihn noch keiner genannt;
aber in diesen Tagen war es vielleicht für sein gan=
zes Leben. Tausenderlei Freuden schienen um den
Vorzug zu wetteifern, und jede Volksklasse genoß
sie; besonders aber die Soldaten. Im ganzen
Königreiche bekamen sie drei Monate doppelte Löh=
nung, und jeder Chef mußte sein Regiment, auf
des Königs Unkosten, noch drei Tage besonders
traktiren; man stelle sich vor, was das in Nordia
für Spektakel gab, wo so viel Regimenter lagen!
Es hätte leicht traurige Folgen haben können. Je=
der, der sich besonders hervorgethan, wurde noch
besonders beschenkt; auch Albert. Aber, ob gleich
diese Freuden den Arno viele Millionen kosteten, ob
gleich jeder Soldat und gute Bürger darinnen aus=
schweifte — Albert konnte nicht von ganzem Her=
zen Antheil daran nehmen! denn es schien ihm die=
se Feier für einen bloßen Waffenstillestand zu groß;
und für was anders wollte er diesen Frieden durch=
aus nicht ansehn. Jeder stolzirte mit seinen Or=
dens und andern königlichen Geschenken; Albert
nicht! denn er kannte nur ein einziges Geschenk
aus des Königs Hand, das er mit Stolz und Freu=
de empfangen konnte, und dieses — war noch nicht
sein. Jedermann trauerte, da diese Feierlichkeiten
vorüber waren; Albert freute sich. Denn im Rau=
sche leben zu müssen und selbst nüchtern zu sein,
ist wohl jedem, wie es ihm war, unerträglich.

Er war Arnos erklärter Günstling; aber diese
Gunst kam ihm theuer zu stehn! denn sie kostete
ihn manchen schönen Tag, den er ungleich glückli=
cher

cher hätte bei seiner Risa können zubringen. Je mehr seine Verdienste zu glänzen anfiengen, je mehr häuften sich seine Geschäfte; denn Prascha war schlau gnug, alles Gefährliche von sich weg und dem neuen Günstlinge zuzuwälzen; und so war er jetzt froh, wenn er die Freuden der Liebe nach Stunden zählen konnte, die er sonst nach süßen Wochen und Monaten berechnet hatte. Zwar fühlte er auch das innere Glück, das den guten Helden und Staatsmann belohnt, wenn er redlich handelt, und den Segen des Landes und die Dankbarkeit seines Monarchen erndtet; oft warf er sich, von diesem Glück berauscht, in den Arm seiner Risa, oder stand mit ihr, gleich geliebt und angebethet im ersten Zirkel des Hofs, und das Herz klopfte ihm mächtiger; aber diese Risa war noch nicht sein Eigenthum, und ohne diese war ihm aller Welt Glück das elendeste Nichts. Er fühlte, daß er die Seele des Hofs war, und alles nur durch ihn lebte, und jede Freude nur durch ihn genossen wurde; denn der zweite Abgott des Volks, Hektor, dem einmal das jetzige Nordia verhaßt war, hatte sich wieder in seine Hirsa vergraben, und überdachte die Plane seiner Zukunft; aber ein einziger Blick auf seine Risa riß ihn aus dem süßesten Taumel, wie aus der ganzen Welt heraus, und er sah ohne sie keine Freude. Arno war schlau gnug, es zu merken, und edel und gut gnug, ihn zu beklagen; oft sogar sah man es ihm an, wenn die gute Risa neben ihm saß, und ihm die harte Hand, der zum Eroberer jetzt der Degen zu schwer wurde, mit inniger Liebe drückte

drückte, und Albert, mit einer Wolke auf der Stirn, sich von ihnen kehrte, daß er im Begrif war, dem Vater den Eroberer aufzuopfern, sie ihm in den Arm zu schleudern, und zu sagen: hier ist Holm! — Aber Valeska hatte ja jetzt die Blattern — sie konnte häßlich werden, und Mar die Risa wählen; — es war doch immer also noch Hofnung, ob sie gleich, wenn auch alles dieses so kommen könne, noch immer um den ganzen Zähler in der Rechnung irrte. Feinde, klein und kriechend wie die Würmer, aber unsichtbar und gefährlich, wie die Pest, unterhielten noch immer in der Stille dergleichen Hofnungen in Arnos Herzen, weil ihnen ihre ganze Macht, ihr ganzer Einfluß, und ihr einziges Etwas darauf zu beruhen schien, welches sie sich doch wenigstens so lange noch als möglich fristen wollten, da sie einsahn, daß Albert sie ohnedem überwachsen, und Zeit gnug, vollends aus dem Dezembersonnenstrale verdrängen werde, der sie nur mühsam noch wärmte; was also dem Albert nur schmeicheln und seine Laune bei Gutem erhalten konnte, wurde sorgsam und mit jedem Tage sorgsamer hervorgesucht, aber mit seiner Liebe bliebs — beim Dulden.

Arno lernte doch endlich glauben, daß Albert und andre, die mit ihm ähnlich über diesen schnellen und für Nordia zu vortheilhaften Frieden dachten,

ten, recht haben könnten; denn jeder benachbarte Hof muckte, und drehte und wendete sich bei jedem Antrage so, daß man nicht wußte, was man sich von ihm über lang oder kurz zu versprechen haben werde. „Nordenschild! sagte er einst, als ihn Albert nach seinem hohen Befinden fragte, mit ruhigem Ernste; Nordenschild! ob meine Nachbarn und Feinde glauben, daß mit meinen Kräften auch mein Glück und die Furchtbarkeit meiner Heere sinken werde? Nordenschild! ich glaube, du hast recht: eure Degen werden nicht einrosten."— Albert lächelte. "Du besitzest die Gabe nichts zu wollen zu scheinen, und doch alles in Bewegung zu setzen; über die wichtigsten Gegenstände weg zu schweben, und doch genauer als der älteste Staatsmann, in jedem Blicke und in der unbedeutendsten Wendung das Wahre zu bemerken, und mitten unter Spiel und Scherz am tiefsten in die Herzen der Menschen zu sehn, fuhr Arno fort, und drückte ihm die Hand; — ich erwarte dich morgen in meinem Kabinett!"

Albert ließ noch an eben diesem Tage seinen Reisewagen in Ordnung bringen; denn er merkte schon was es werden sollte. Man fand ihn nun mehr beim Könige als bei seiner Risa, und ehe man sich's versah war er ganz verschwunden. Er schwermte den ganzen Winter über an nahen und fernen Höfen herum, hatte hier einen kleinen Handelstraktat und dort einen unbedeutenden Tausch mit einigen Aemtern; aber sein eigentliches Wollen blieb jedem ein Geheimniß. Umsonst legten einige Staatsmänner die

Finger an die Nasen, und sagten: „aha!"— Man machte, zum Blendwerke, Bewegungen mit Magazin und Geschütz, um zu bemerken ob er beobachte; nichts weniger! er sah nicht einmal hin, wo so was vorgieng, und schwamm in ununterbrochner Freude. Man schickte Weiber über ihn, weil man einem Albert an den Augen ansah, daß sie mehr über ihn vermogten als aller Glanz der Fürsten; aber die guten Weiberchen vergaßen immer in den wichtigsten Stunden ihren Auftrag am liebsten, und die meisten lagen in ihren eignen Netzen gefangen. Unwiderstehlich drang er in iedes Herz, und was er nicht durch seinen Scharfsinn von den Männern erfahren konnte, das erfuhr er ganz gewiß von den Weibern; denn wenn er hier am berauschtesten schien war er immer am nüchternsten. Jeder Blick war sein Sprachrohr, iedes Herz sein Tummelplatz, und jeder Verstand sein Sclave So schwermte er von Hofe zu Hofe; war allenthalben, so sehr ihn der Verstand fürchtete, Liebling der Herzen, und beschiffrirte auf Bällen und Maskeraden, und in den Armen der Weiber, unbemerkt alle Kabinetter aufs Haar, drang in die tiefsten Geheimnisse, durch ein einziges Lächeln, und eroberte Festungen an Teetischen und Toiletten. Jedes Weib zitterte für die Geheimnisse ihres Mannes, ehe dieser Albert ihr noch die Hand drückte; — schlang er seinen Arm um ihren Nacken, so klärte sich ihm die dunkelste Nacht auf, und beim ersten Kusse war schon ein Land verrathen. Jeder Mann zitterte für das Herz seines Weibes, sobald

dieser

dieser Albert auftrat, und vergab ihm doch in dem Augenblicke schon ihre gescheiterte Tugend; denn er konnte ihn unmöglich hassen. Die Herzen allein verlangte seine Staatsklugheit; aber ihre Tugend sicherte seine Risa. Schwören zwar will ich nicht drauf, daß er nicht vielleicht aus Staatsklugheit in gewissen Augenblicken über die Grenzen seiner Treue gestolpert, — aber er gieng doch mit dem ruhigsten Herzen von jedem Hofe, wo man ihm oft die glänzendsten Bedienungen angeboten hatte; denn an keinem gabs eine Risa. Man nannte ihn allgemein den deutschen Alcibiades; und in wie fern er diesen Namen verdiente, fühlte vielleicht ietzt schon mancher Mann an der Stirne, bald an seinen gescheiterten Planen, und einst im Felde; gleich unwiderstehlich, und unüberwindlich, hinter den Gardinen, im Kabinett', und an der Spitze seines Heers: — „Alcibiades!" —

Er kehrte nach Norbia zurück, und sein erstes Wort gegen den Arno war: Krieg! Er rechnete ihm die Sisteme jedes Hofs auf dem Nagel her; und da fand denn freilich Arno nicht viel tröstliches für sich und seiner Länder Ruhe darinnen. Ein einziger war nun noch übrig, dessen Interesse sich nicht mit dem Interesse des Arno durchkreuzte; diesen aber hatte man beleidigt, und es ließ sich ebenfalls eher von ihm fürchten als hoffen. Albert hatte mehr Vertrauen auf ihn als Arno; denn er wußte, daß das Edelmuth war was Arno für Stolz und Eigensinn hielt; und ehe er also noch im Arme seiner Risa

warm

warm geworden, und sein Herz sich für die traurigen Maskeraden entschädigt hatte, mußte sein Genie schon wieder an ein neues Stück Arbeit; denn Arno, so wenig er auch seine Feinde fürchtete, sah doch ein, daß er einen Rückenhalter, und, wenn es auch nur ein drohendes Phantom sein sollte, nöthig habe.

Albert gieng, überwand Schwierigkeiten, die wie Riesen ihm entgegen standen, und wie Abgründe sich zwischen Arno und Freundschaft aufthaten; ihn schreckte keine Riesengestalt, und kein Abgrund graußte ihn an; er überwand! — Und als man am sorgsamsten zweifelte, wand er die festeste Kette der Freundschaft um die Herzen dieser zwei stolzen Häuser. Risa sah sorgsam auf die glücklichen Fortschritte seines Geschäfts hin; denn man wollte sagen, daß er sie durch ein einziges aber durch ein großes edles Weiberherz mache. Für Schwachheit und Leidenschaft hatte ihr noch nie gebangt; aber Edelmuth und Größe konnten ihr gefährlich werden, und sie schrieb ihm einst sorgsam und traurig: „Albert! du vergißt doch über dem Vaterlande deine Risa nicht?— Er kam zurück, und hatte dem Vaterlande die festeste Stütze geschaft, aber auch seine Risa nicht vergessen.

Eine tiefe fürchterliche Stille herrschte jetzt an allen Höfen; alles schien aufmerksam auf die Stimme des ominösen Raben zu horchen, der von der Erle zur Linken einem furchtbaren Reiche den Untergang krächzte; nur in Nordia schien die Freude zu Hauße zu zu sein." Jedem der hin horchte gellte das Ohr vom Jubel seiner Helden, die, in Wonne berauscht, auf ihrem errungenen Ruhme zu schlummern, und den zu Grabe gehenden Arno mit arkadischen Schäferliedern hinsingen zu wollen schienen; aber in der einen Hand sprudelte der Becher, und die andre lag am Schwert; in dem einen Arme lag das Mädchen, und der andre griff schon nach den Mähnen des Gauls. Ihre Blicke schwelgten in Wohlleben; aber die Herzen klopften: Krieg! — Ihre Gesänge scherzten von Lieb und Wein; aber ihr leises Flüstern hieß: „zu Roße!" — denn wer wußte bei Sonnenuntergange, was Arno beim Aufgange thun werde? —

Dritter Abschnitt.

There the Devil got loose.

Der letzte Feldzug, so kurz er war, hatte den Arno ganz mürbe gemacht, und wiederholte Zufälle von Schlagflüssen rüttelten unsanft an seinem Stundenglase; das that ihm herzlich weh! Es war nicht Furcht für dem Tode; nein! — O, so ein alter Bekannter war ihm jede Stunde willkommen! aber unter solchen Umständen. — Er ließ seinen Hektor aus Hirsa kommen, und unterhielt sich lange mit ihm allein. Hektor lehnt' an seinem Bett' und hörte ruhig seine sorgsamen Erinnerungen an; aber als er ausgeredet hatte, legte er ihm seine Pläne vor. Arno staunte, und sah ihn an. „Hab' ich Mücken in Hirsa gefangen?" fragte lächelnd Hektor; „Ich habe dir nichts mehr zu sagen, rief Arno, und sank ruhig auf sein Kissen zurück.

Die Pläne seiner verbündeten Feinde waren reif, und nun sollt' es ernstlich über den Greis Arno und den Knaben Hektor hergehn. Ehe noch die Märzsonne den letzten Schnee von den Saaten leckte, standen vier furchtbare Mächte gegen ihn an den Grenzen, und drohten das ganze schöne Bärenau

zu

zu verschlingen. Eben erschallte der Hof und ganz Nordia von fröhlichen Festen; denn ihr Arno verließ heute seit einigen Wochen das erstemal sein Bette; — Fröhlich taumelten Helden, alt und jung, mit den schäumenden Bechern umher, und ihr Arno mitten unter ihnen, als diese tröstliche Nachricht von drei Orten her zugleich eintraf. Ein junger Offizier von der Garnison einer Grenzfestung, war der erste; man sah deutlich auf seinem zerstörten Gesichte den Innhalt des Briefs seines Kommendanten, und der König hätte sich die Mühe des Lesens ersparen können. „Krieg!" rief Arno, mit jugendlichem Feuer auf seinem Gesichte — „Krieg!" riefen jauchzend seine Helden ihm nach, und die Becher klangen in ihren Händen: „es leb' unser Arno!" — Weiber und Mädchen erblaßten, und viele sanken in Ohnmacht; aber Risa lehnte lächelnd am Stuhle des Königs. „Ich dank' euch!" sagte Arno, und stand auf; — (zu dem Offizier) Geht, und sagt eurem Kommendanten, was ihr gesehn und gehört habt! oder wenn ihr euch für dem Heimwege fürchtet, so könnt ihr morgen in Begleitung gehn. (zu seinen Helden) Kommt!" — Alles, was nicht zu diesem „kommt!" gehörte, strömte nach Hause; die zärtlichen Nervensisteme litten die fürchterlichsten Erschütterungen, und Jauchzen und Wehklagen erschallt' in einem gräßlichen Gemische durch die Gassen Nordias hin. Aber Arno saß ruhig unter seinen Helden, und theilte die Rollen aus; Albert erhielt eine der wichtigsten. Hektor drückte ihm brüderlich die Hand, und sagte: „Glück auf!

auf!" — "Glück auf, Kamraden! riefen alle, und drückten einander die starken Hände; laßt uns unserm Arno zeigen, daß er ruhig sterben kann!" — Albert eilte zu seiner Risa; denn er mußte noch den nämlichen Tag zu seiner Brigade aufbrechen, wozu er sich noch vom Könige das Regiment Holm ausgebeten hatte. Risa hatte ihm schon seinen Kampagnesäbel auf den Tisch gelegt, und empfieng ihn mit der größten Ruhe. Auch Waleska war ungleich gesetzter als einst; denn ihr Max war ja wiedergekommen; aber desto untröstlicher war jetzt ihre Sophie. Sie wußte seit einigen Tagen ganz gewiß, daß ihr Hermann unter dem Heere stand, dem Albert jetzt entgegen rückte, und — durfte es niemand sagen; denn Arno lebte ja noch. "Auf, Max! rief Albert, indem auch dieser herein stürzte; dein Wunsch ist erfüllt; (er hatte gewünscht: immer mit dem Albert zu Felde zu sein; und sein Regiment gehörte doch nicht zu seiner Brigade) du wirst gleich Order erhalten, mich morgen in der Walramer Heide zu erwarten! — (heiter, in Risas Armen) O, Risa! wenn mich deine Holmer sitzen lassen!" Er hatte seine Jäger, Stutz und Buschmann, die er sich schon im letzten Feldzuge, wegen ihrer Bravour und Treue, zu königlichen reitenden Feldjägern verpflichten lassen, schon an die fernsten Regimenter vorausgeschickt, und den Stirl beordert: ihm, nebst den übrigen Packknechten, morgen mit dem Prinze zu folgen; also Burer allein, der in seinem vier und siebenzigsten Jahre noch nicht zu Hause bleiben wollte, kam mit dem

dem wilden Irrländer und seiner pohlnischen Klatsche. So schnell hatte Risa doch nicht geglaubt, daß es fortgehn würde, und es wollt' ihr doch ein Thränchen ins Auge kommen, als ihr jetzt Burer, mit seinem affroßen Lächeln, die Schlüssel zu Alberts Zimmern wieder übergab, und ihr seine Braunen (er meinte den Postzug) auf die Seele band; aber — „Ein Augenblick früher oder später, o Risa! sagte Albert, und schloß sie in seinen Arm; ich bin stolz auf diese Thränen, aber auch stolz, daß unser alter Arno mir das Glück seiner Länder anvertraut! — Ich will alles thun, was menschliche Kräfte vermögen, fuhr er nach einer langen Umarmung fort; Liebe soll meinen Arm stählen, die süsseste Zukunft soll in Gefahren meinen Geist erheben, wie die Hoffnung einer Krone — König Arno, für dich! (zieht lächelnd den Säbel — siehe ihn auf dem Titelkupfer) und Risa soll mein Feldgeschrei sein! — Aber — (mit Feuer und Würde, aber doch ruhig lächelnd, mit der linken Hand seiner Risa die Hand drückend, und mit der rechten seinen Säbel schüttelnd) wenn ich diesen wieder einstecke, König Arno! wenn ich geblutet habe für dich und deine Länder, und unter Siegsgeschrei diesen wieder einstecke — So wahr Gott lebt! (den Säbel in die Scheide werfend) dann muß diese Risa mein sein!" — Er küßte sie noch einmal, warf den Huth auf den Kopf, und ehe sie noch aus dem bittersüßen Taumel erwachte, war er schon mit seinem Burer auf und davon.

Es graußte sie noch eine fürchterliche Kluft zwischen dem „jetzt" und „dann" an; denn dieser

Feld=

Feldzug war angenscheinlich ungleich gefährlicher als
der erste. Gefährlicher an und für sich selbst; aber
besonders auch gefährlicher für ihren Albert, der gewiß jetzt alles wagte, da der König ihm mit so viel
Vertrauen ein besondres Corps untergeben hatte,
und auf seiner Klugheit und Tapferkeit das Schicksal
einer seiner schönsten Provinzen beruhte. Gefährlicher; weil er auf diesem besondern Posten, sich auch
eine besondre Belohnung zu verdienen hoffte, mit
diesem Blick' in die Zukunft gewiß keine gegenwärtige Gefahr sah, und vielleicht in dem Augenblicke
noch wo Glück und Liebe für ihn entschied, ach! —
im letzten Siege vielleicht, dieses schöne Leben ver-
blutete, das ihn, auf der ruhmvollsten Heldenbahn,
so nah zum erwünschten Ziele geführt hatte. — Sie
war lange schon auf diese Stunde vorbereitet gewesen; denn man hatte sie ja schon lange voraus sehn
können; aber mit dieser Furchtbarkeit hatte sie nicht
geglaubt, daß sie begleitet sein werde. Sie durch-
wachte mit ihren Freundinnen eine schreckenvolle
Nacht; und als am Morgen der brave Mar Abschied
nahm, war sie weicher noch als ihre Valeska.

Furchtbar, wie eine Gewitterwolke, brauste das
Heer zu den Thoren hinaus; in jedem Auge funkelte
Verderben, und in jedem Busen schien blutige Rache
zu kochen. Einst waren sie ausgezogen, um nur so
wie zum Spaße dem Feinde einen Besuch in seinen
vier Pfählen zu machen, ihm den Kitzel zu vertreiben, und auf die Finger zu klopfen; und sie zogen

so

so leicht und lustig ons als wenns zum Maiblere
gieng; aber jetzt zogen sie aus für ihre Väter und
Brüder und Weiber und Kinder zu fechten — das
sah man ihnen an! — Arno, so schwach er war,
hatte sich hinter die Festung hinaus fahren lassen,
und sah sie vor sich vorbei marschiren. Er sprach
ihnen nicht etwan Muth zu, denn damit glaubte er
ihren eignen Stolz zu beleidigen; aber wenn er
mit der zitternden Hand seinen Huth abnahm, und
die Soldaten seinen eisgrauen Kopf erblickten, so
lief ihnen ein wilder Schauder über die Haut, und
und das war mehr als alles was jemals einen Krie=
ger mit dem lebhaftesten Feuer unter den Feind hez=
zen konnte: „Lebe wohl, Arno!" lief das dumpfe
Gemurmel durch die Glieder hin; „als Sieger sehn
wir uns wieder, oder nie!" — Lebe wohl! der letzte
Mann kommt zurück, und stirbt mit dir! — Er
mußte sich wegwenden; den es stieg ihm eine
Thräne ins Auge. Dort zogen sie hin, die schönen
Regimenter! an deren Spitze er so manche Schlacht
gewonnen, und so manches Land erobert hatte! die
schönen Regimenter; an deren Spitze er sich gefreut
hatte König in Bärenau zu sein! — und wie viel
kamen vielleicht zurück? — Auf seinen Arm gestützt
sah er ihnen ernst und traurig nach, so lange er
konnte, und erinnerte sich an die glückliche Zeit sei=
ner Jugend: wie oft er hier mit ihnen fröhlich aus=
gezogen, und noch fröhlicher als glücklicher Sieger
zurückgekehrt. Endlich, als sie nun über die Anhöhen
hinüber wären, ließ er umwenden, und fuhr lang=
sam und traurig durch sein trauriges Norbla nach

L

sei=

seinem einsamen Hause zurück. Risa leistete ihm treulich Gesellschaft in seinen einsamen Stunden, und vertrieb ihm oft den Unmuth des Alters, und die Sorgen um seine bedrängten Provinzen, durch ihre fröhliche Laune, die nach und nach in ihre gute Seele wiederkehrte. Waleska gewann ihn so lieb, daß sie ganze Nächte durch, nicht von seinem Bette kam, und mit der kindlichsten Sorgfalt und Zärtlichkeit ihn wartete, wenn ihm seine Schwächen anwandelten. Er war oft tief gerührt von der Liebe dieser zwei guten Schwestern, und hätte sie beide so gern noch vor seinem Ende glücklich gesehn; aber der Weg zu ihrem Glücke durchkreuzte sich nur just am gefährlichsten Orte, und ein tiefer Seufzer endete meistentheils die Gespräche darüber. Hätte der Himmel so viel Schwierigkeiten gefunden, die Waffen der Helden des Arno zu begünstigen, wie er die Liebe dieser guten Mädchen; ich glaube warlich die Feinde wären vor sein Bette gekommen, und hätten ihm Krone und Szepter, und die Schlüssel zu seinen Geldkastens abgefordert! — Aber jener war ungleich billiger.

―――――――――

Die erste Nachricht aus dem Felde kam vom Albert. Er hatte schon zweimal geschlagen, und gesiegt, und war jetzt auf dem Wege durch die dritte Schlacht sich den Weg zu der Festung zu bahnen, durch deren Eroberung er dem Hektor und Thurneisen auf der andern Seite Luft machen sollte. „Max hat mir die erste Standarte gebracht! schrieb er;

er; das Regiment Thumsen allein zwölf Kanonen erobert, auſſer den übrigen, und mit Gefangenen weiß ich nicht wohin. — Arno! es ficht ſich mit Luſt an der Spitze deiner Völker; denn du haſt ſie alles gelehrt, nur nicht weichen! und wenn ſie jeden Schritt mit Blut erkaufen müſſen, ſo gehn ſie ruhig und geſetzt, als wenn es der einzige Weg wär, den ſie gehn könnten. ꝛc." — Auch Hektor hatte ſchon geſchlagen, und einen wichtigen Platz weggenommen, und drang unwiderſtehlich in die feindlichen Lande vor. Wildenfels und Thurneiſſen, die unter den Waffen grau geworden waren, und in Arnos Schule gelernt hatten unüberwindlich zu ſein, erſtaunten über die Jünglinge, mit welcher Vorſicht und Feſtigkeit ſie ihre erſten Heldenbahnen verfolgten, und ſchrieben ihrem Könige: „Du kannſt uns nun in Ruhe ſterben laſſen! ſonſt verdunkeln noch am Rande des Grabes dieſe Jünglinge den Ruhm deiner Greiſe. Sie ſind ſchon jetzt was wir in langen blutigen Erfahrungen werden mußten." — Man ſah ganz in ihnen das Bild, das uns Horaz vom jungen Druſus macht. Lib. IV. od. IV. Albert, der junge Adler, den

— juventas et patrius vigor
Nido laborum produlit inſcium,
Vernique, jam nimbis remotis,
Inſolitos docuere niſus
Venti paventem: mox in ovilia
Demiſit hoſtem vividus impetus:
Nunc in reluctantes dracones
Egit amor dapis atque pugnae.

und Hektor der junge Löwe, den
— laetis caprea pascuis
Intenta, fulvae matris ab ubere
Iam lacte depulsum —
Dente novo peritura, vidit; —

Meine schönen Leserinnen werden mirs vergeben, daß ich die unüberſetzbar ſchönen Ausdrücke meines Horaz ſelbſt hergeſetzt habe; wollen ſie aber auch den ohngefähren Sinn wiſſen, — hier iſt er:

„Wie der junge Adler, der, vom väterlichen Muthe kaum aus dem Neſte getrieben, unbekannt mit den Gefahren, am erſten ſchönen Frühlingstage, ſeine erſte Kraft an den Lämmern in den friedlichen Schafhorden verſucht hat, ſich auch ſchon, aus Begierde nach Fraß und Kampf, an die gefährlichen Schlangen wagt“ —

„Und, wie der junge Löwe, den ſeine gelbe Mutter kaum zu ſäugen aufgehört hat, mit dem neuen Zahne ſchon das auf grüner Weide ſpringende Böckchen erwürgt.“ —

Unaufhaltſam, und mit unerſchütterlichem Muthe giengen ſie ihren Weg, nach den Planen, die ihnen Arno und ihr eignes Genie vorzeichnete; mit den Schwierigkeiten und Gefahren ſtieg ihr Muth, und was nicht weichen wollte mußte bluten. Aber der Feind glich einer Hydra mit immer wieder wachſenden Köpfen; wenn heute Tauſende fielen, ſo ſtanden morgen ihnen Zehntauſende wieder entgegen,
und

und die Quellen seiner Macht schienen unerschöpflich; aber Albert, mit dem sein Heer, auch schon aus bloßer Liebe für ihn, durch die Hölle gegangen wär, trieb ein neues Heer das wüthend, um die Schmach seiner aufs Haupt geschlagenen Brüder zu rächen, mit Sengen und Brennen über die Grenzen herein gefallen war, und ihm in den Rücken zu fallen, und sein muthiges Häuflein mit seiner Menge zu ersticken gedachte, Schlag auf Schlag, wie eine Heerde Schaafe, vor sich her, fütterte mit ihren schönen Magazinen seine abgetriebenen Pferde wieder aus, und eroberte, ihnen im Angesichte, die wichtigste Grenzfestung. Jetzt dachte er den Streich auszuführen, den er dem Feinde schon auf dem ersten Marsche zugedacht hatte. Er ließ die Hälfte seines Heers, unter einem, wie er glaubte, klugen und treuen Generale, auf der Grenze gegen lauter geschlagene Völker stehn, und gieng mit der andern Hälfte, in forschirten Märschen, geradeswegs auf die Residenz los. Alles zitterte dort, und was fliehn konnte floh; denn jene Gegenden waren beinah völlig von Völkern entblößt, weil man eine solche Verwegenheit unmöglich vermuthen können, und man kannte schon den Albert, daß er jeden gefaßten Vorsatz ausführe, es koste was es wolle. Er sah schon die Thürme der Residenz, — das Herz klopfte ihm hoch, und er hätte gewiß diesen kühnen Streich, der schon jetzt unter allen feindlichen Heeren die glücklichste Diversion machte, weil alle stutzten, und ihre Gegner Luft bekamen, glücklich ausgeführt; aber — freilich war die Kabale neidisch auf das schnelle Wachsthum seines Ruhms, und mußte ihn wenigstens an solch einer Krone verhindern! — Ein leichtes Corps hatte sich an der Grenze durchgeschlichen, und gieng, eben so kühn wie er, auf Nordia los. Sandwüst, den er auf der Grenze zurückgelassen, hätte ihm allein widerstehen können; aber er war zu langsam und bedächtig — warscheinlich um dem Albert seine schönen Plane zu vereiteln — und machte Bewegungen, so wunderklug und weitaussehend, daß das schöne Nordia gewiß ein Raub der Flammen dieses zusammengerafften Gesindels gewesen wär, ehe er zu seiner Rettung herbei gekommen. Albert schickte ihm die strengsten Befehle: mit aller Möglichkeit zu eilen! aber er eilte nicht. Albert knirschte, und schickte an den Hektor und Wildenfels; aber diese waren beide jetzt so im Gedränge, daß sie sich selbst kaum helfen konnten. Er schäumte vor Wuth, und brach mit vier Kavallerieregimentern vom schönsten Ziele auf. Nordia wiederhallte von Wehklagen; bleicher Schreck überzog die Gesichter, und alles schrie: ,,rette, rette! Vater Arno; rette!" denn seit Normanns Zeiten hatte man keinen Feind vor Nordias Mauern gesehen. ,,Wo ist mein Hektor? rief der wankende Greis Arno; wo mein Albert? — Alles todt? denn sonst verließt ihr euren Arno und sein Nordia nicht!" — Er zog selbst mit seinen Invaliden und dem Ueberreste der Garden hinaus in die Schanzen, und wollte eher sein Leben lassen, als sein schönes Nordia von diesem Raubgesindel verwüstet sehn, und Risa lag untröstlich im Arm ihrer Sophie — Valeska

leska schrie laut; denn schon bezeichneten brennende Dörfer die Ankunft des Feindes, und seine Vorposten erschienen schon auf den Anhöhen. Albert und Max und Hektor und Wüstenfels und Thurneisen — alles mußte todt sein! denn sonst würde doch einer herbei eilen, ihren Arno zu retten, und sein Nordia? — Auf einmal kam es wie eine Wetterwolke gebraußt; ein fürchterliches Geschrei erhob sich unter den Feinden — die Vorposten flohn von den Anhöhen, oder stürzten zusammengehauen über einander hin, und ein Trompeter erschien am äußersten Schlage, mit einem Zettel, auf dem mit Bleistifte geschrieben stand: „Sei ruhig, Arno! dein Nordenschild ist da!" — „Nordenschild! Nordenschild!" erscholl es durch alle Gassen, und die Jünglinge jauchzten, und probirten die Kraft ihrer Arme, ob sie bald unter ihm dienen könnten, und die Greise zogen ihre Mützen ab und beteten. Hoch walten die Busen der Mädchen; am höchsten der Busen der Risa. Stolz und Freude flammte aus ihrem Auge, und sie hätte mit diesem Blicke durch alle Gassen voll jauchzender Bürger hinlaufen, und rufen mögen: „Er ist mein!" — Einst, als vom süssen Seufzer „Albert!" die Schlafzimmer deiner Mädchen und Weiber erschallten, o Nordia! da dieser Albert erst von Greiffenhorst ankam; damals hättest du wohl nicht gedacht, daß du einst seinen Namen eben so stolz und fröhlich wie den gefürchteten Namen „Casper!" ausrufen würdest? „Albert! Albert!" schallte es der Risa noch aus allen Thüren und Fenstern entgegen, als sie, auf ihrer schönen

Bricole, hinaus in die Schanzen zum Arno sprengte; sie fühlte sich eben so glücklich, als wenn er in ihrem Arme läg, und eine wollüstige Thräne stieg ihr ins Auge! — "Dacht' ichs doch„ sagte Arno lächelnd, als sie vom Gaule sprang, und ihm um den Hals fiel, "daß sie uns nicht im Stiche lassen, würden! —„

Risa. (feurig) Und es war also wirklich Albert?

Arno. (giebt ihr den Zettel) Hier! — (Risa las mit sichtbarer Wonne, küßte den Zettel, und steckte ihn in ihren Busen) — Dort; sieh nur! — dort Saus herüber gebraußt, wie eine blitzende Gewitterwolke; — ich war nicht schnell genug mit meinem Sehrohre, sonst hätte ich ihn gewiß selbst bemerken können! denn ich sah ganz genau, wie die Vorposten flohn oder stürzten.

Risa. (in süßen Entzücken) Arno! vor ihm? — flohn oder stürzten?

Arno. (jugendlich heiter) Flohn, oder stürzten! — O, da gabs kein Drittes.

Risa. (dem Arno die Hand vertraulich auf die Achsel legend) Ob er nicht herein kommt?

Arno. (sie gefühlvoll ansehend) Schwerlich, meine Tochter! er weiß es selbst, wie theuer die Festtage sind, wenn man solch Gesindel vor sich hat; denn das sengt und brennt und raubt in einem Tage, wenn man ihm Ruhe läßt, mehr weg als unser eins in achten ehrlich erobern kann.

Risa

Risa kehrte fröhlich mit dem Arno zurück; und dieser fürchterliche Tag wurde noch in rauschender Freude beschlossen.

Am dritten Tage drauf wurde Sandwüst arretirt hereingebracht, und Albert schrieb unter andern dem Arno folgendes: " Ich hatte schon die Pistole gezogen, um diesen getreuen Sandwüst, den du mir einst selbst so sehr lobtest, vom Pferde zu schießen; aber — seine Schande war mir zu groß für einen Pistolenschuß. Hier ist er! strafe ihn selbst, wie du glaubst, daß ers verdient hat. Arno, so wahr Gott lebt! dieser Bube allein ist schuld, daß jezt nicht deine Fahnen auf Helwingens Mauern wehn. — (Arno staunte) — Ich stand schon vor seinen Thoren, als ich hörte, daß ein Räuberhaufen nach Nordia vordringe; Sandwüst, den ich auf der Grenze zurückgelassen hatte, sollte sich ihm entgegen werfen — o, ich hätte ihm gern das Glück gegönnt, deines Nordia Retter zu seyn! aber der Schurke konnte dieses Glück nicht fühlen! — Er gönnte mir Helwingen nicht; und — zögerte. Wildenfels und Hektor sind zu weit entfernt und selbst mitten in den Feinden; — ich bath — ich drohte — Sandwüst war unbeweglich! — Arno, und ich mußte selbst aufbrechen! Aufbrechen unter den schönsten Hofnungen! denn der Weg nach Helwingen steht mir freilich noch jeden Tag offen; aber meinen Arno — wolle Gott nicht, daß ichs noch einmal nöthig habe, ihn aus den Feinden herauszuhauen, die einst vor dem Wiehern seines Pferdes flohn! Jene schönen Hof-

nungen sind nun vor der Hand, durch die Schur=
kerei eines Buben dahin; denn mein Fußvolk kann
sich unmöglich halten, und ich will nur hoffen,
daß es einen glücklichen Rückzug macht; ich gehe
also nur vorwärts um das Land wieder zu reini=
gen; und mir durch die Eroberung von Dünamis
und Imwegen, den Rücken noch mehr zu decken;
dann wollen wir sehen, obs besser geht.„ —

Arno war ganz Freude über diesen Brief, aus
dem das gute Herz und der Heldengeist seines Al=
bert hervorleuchtete; aber auch ganz Grimm über
den Sandwüst, — denn o Himmel! was wär
das für eine Diversion gewesen, wenn jetzt Albert
Arnos Fahnen auf Helwingens Mauern gepflanzt
hätte! und — Arno! wie würde es einst in der
Geschichte so prächtig geklungen haben: **Arnos
Fahnen wehten von den Mauern Helwin=
gens!**„ — Nun wars ganz vorbei damit! denn
da der Feind sah, daß es noch einen in Arnos
Heere gab, der Muth und Klugheit genug hatte,
solche Streiche auszuführen, wie vormals er selbst
so hätte er wohl ein ganzer Narr seyn müssen,
wenn er solche gefährliche Wege nicht besser ver=
rennen wollen. Die fürchterlichste Strafe schwebte
über dem Scheitel des Sandwüst; denn überdies
war er auch Ursache an den schröcklichen Zerstörun=
gen, die der Feind, wenigstens einige Tage länger,
in diesen Gegenden angerichtet; aber — er hatte
große Freunde! — Freunde, die sich in der Stille
kitzelten, daß dieser Streich nicht gelungen, der
den Albert so wichtig gemacht hätte, und mit Ver=

gnügen

gnügen ihre Landhäußerchen wieder aufbauten, die bei der Gelegenheit, durch die gute Vorforge des Sandwüſt, ruinirt worden; und — er wanderte nur auf die Festung.

Alberts Reiter schrieben an ihre Weiber und Mädgen: ſie wären von Helwingen nach Nordia Kurier geritten; und dieſer Marſch ſah auch wirklich einem Kurirritte ſehr ähnlich; denn es waren netto fünf und ſechzig Meilen, und die hatte er mit ihnen in drei Tagen und vier Nächten gemacht. Er kam am Anbruche des vierten Tages aus den Wäldern hervor, und ſah die ſchöne Gegend in Flammen, und hörte das Gewimmer der armen Landleute von fern; da blutete ihm das Herz; "Keinen Pardon, den Mordbrennern!„ rief er, und ſprengte mit Tigergrimm unter ſie. Sie waren eben im Zuge nach Nordia; die meiſten beſoffen und taumelnd; o, Himmel! wie würde es dem armen beinahe völlig unbefeſtigten Nordia gegangen ſeyn! Der nüchterne Theil widerſtand hartnäckig; aber es hälf nichts! die Reiter hieben alles nieder, was nicht ſchneller fliehen konnte, als ſie nachſetzten; und die Beſoffenen, die nach dem gegenſeitigen Walde zu taumelten, fielen dem Sandwüſt in die Hände, der nun endlich auch ſachte herbei kam, da er hörte, was vorgieng. Auch er ließ alles niederhauen, und dachte wunder, was für Heldenthaten er gethan, daß er beſoffene Flüchtlinge geſchlagen; aber Albert fuhr ihm ſchon auf den Hals, als ſie den Tag drauf zuſammen ſtieſſen, und hatte wirklich ſchon die Hand an der Piſtole,

stole, um ihn, wie ers beim Abzuge von Helwingen geschworen, vom Pferde zu schießen. Alle hohe und niedre Officiers, die unter ihm zurückgeblieben waren, waren äußerst erbittert auf ihn, indem sie fürchten einst beim Arno mit dafür leiden zu müssen, kamen sämmtlich und drangen in den Albert: daß er sogleich Kriegsrecht halten, und ihm die Kugel durch den Kopf schießen lassen solle; aber es wäre ja sein erstes Bluturtheil gewesen, das er unterschrieben hätte! — Bei kaltem Blute, als er die Hand von der Pistole zurückgezogen hatte, dachte er daran, daß er Weib und Kinder hatte; und er wenigstens mogte ihnen den Mann und Vater nicht nehmen, ein so heimtückischer Schurke er auch war. Er ließ ihm also blos den Degen abnehmen, und schickte ihn dem Arno. Zwar ist er eben so gut als todt, dachte er; denn Arno wird mehr noch über das entrüstet seyn, was er dir vereitelt hat, und ihn — wenigstens viertheilen lassen; aber bist du es doch nicht, der sein Urtheil spricht!„ — Wie sehr er sich betrog, haben wir schon gehört, und ehe man sichs versah, war er sogar wieder auf freiem Fuß; und errichtete an den nördlichen Gränzen des Reichs ein Freikorps.

Albert ruhete nicht eher bis er diesen Räuberhaufen völlig aufgerieben oder wenigstens so zerstreut hatte, daß nicht das geringste mehr von ihm zu befürchten war, und sobald dieses geschehen, und

die

die Regimenter, die er sich zur Verstärkung ausgebeten hatte, zu ihm gestoßen waren, ließ er ein Beobachtungskorps unter seinem Freunde dem Generalmajor Oswin, auf den Anhöhen, und zog hinab in die Ebne vor die Grenzfestung Imwegen. Er hatte einige leichte Wunden bekommen, die, weil er sie nicht achtete, leicht desto gefährlicher hätten werden können; auch hatten die bisherigen ununterbrochnen Märsche, durch faulige Sümpfe und brennende Sandgegenden, verschiedene fatale Zufälle in seinem sonst so festen Körper hervorgebracht, und ein schleichendes Fieber schien nur auf eine Gelegenheit zu lauern, um in Gesellschaft desto nachdrücklicher hervorzubrechen: aber dieses alles hinderte den Flug seines Heldengeistes eben so wenig als es den Fortgang seines sich vorgesetzten Planes hindern durfte, so sehr ihn auch seine Freunde, und selbst die gemeinen Soldaten, baten: sich wenigstens zu schonen. Er war bei allen Belagerungsarbeiten gegenwärtig, und ertrug alle Beschwerlichkeiten und Gefahren eines solchen Unternehmens, so gut wie der gemeine Soldat, mit der unermüdbarsten Geduld und mit immer gleichem Muthe. Er war nicht einmal zu bewegen, sein Quartier in einem Dorfe unter ordentlichem Dach und Fache zu nehmen, sondern schlief noch immer mit seinen Soldaten unterm Zelt, oder wohl gar, auf seinem Mantel, an der bloßen Erde, wenn er glaubte, daß hie oder da seine Gegenwart nöthig sey, ob gleich bereits die Nächte sehr kühle zu werden anfiengen, und wendete zur Entschuldigung vor:

daß

daß die Dörfer zu weit entfernt wären. Die traurige Leere dieser so schönen Pläne war ein trauriges Denkmal an die Verzweiflung, mit der einst Arno und Caspar hier ein Paar entscheidende Schlachten gefochten. Einzelne kleine Strohhüttchen, die aus den Ruinen der verwüsteten Dörfer aufgebaut waren, und jetzt bloß den Landleuten in der Erndte und beim Grasmähen zum Auffenthalte dienten, standen zerstreut umher, und waren auch schon meistentheils ruinirt; ordentliche Dörfer aber fiengen sich erst zwei Stunden weit, am Fuße der Berge wieder an. Albert hatte nur seine Freude: wie güttlich sich seine armen Pferdchen, die bisher so scharf fortgemußt hatten, hier in dem schönen Spätgrase thaten, und wie sich seine Reiter und Grenadiers in den reifen Garten= und Feldfrüchten mästeten, und kümmerte sich viel um seine alten Wunden und um das heimtückische Fieber, das ihm in den Gliedern herum schlich; aber, er sollte ruhen müssen! um seine Maschine nicht ganz zu zerstören; und dazu wurde beim nächsten Ausfalle Rath. Es war eine prächtige Mondnacht, die ihm, so wenig er auch Siegwart war, im Arme seiner Risa sehr willkommen gewesen sein würde; jetzt aber, als Belagerer, konnte er sich gar nichts daraus machen, und der liebe Mond hätte ihm den größten Gefallen erzeigen können, wenn er jetzt einmal ganz zu Hause geblieben wär, odere, wenn es denn ja geluckt, und die kuriose Welt begafft sein müssen, sein holdes An-

gesicht

gesicht wenigstens in eine Wolke, oder in einen Modehuth a la Boiepferdchen, oder a l͟a Backnest, oder a la Eselskopf, oder wie die verüchten Dinger sonst heissen, die uns so manches schönen Mädgengesicht verbergen, eingehüllt hätte; denn die Kanonen der Belagerten inkommodirten seine Arbeitslente in den Laufgräben gar infam. Ueberdies hatte sich ein Haufen Wagehälse, unter Begünstigung des Schattens, den die eine Pastei warf, herausgeschlichen, und machte so ein gewaltiges Feuer, daß man dachte der jüngste Tag käm. Albert bewillkommte sie zwar sehr solid, und man wollte sagen, daß man ungleich weniger wieder zum Thore hinein als heraus gezählt, und auch diesen sollen meistentheils die Nasen geblutet und die Köpfe gebrummt haben; aber es hätte doch beinahe aus diesem Spaße gar ein trauriger Ernst geworden seyn können. Der linke Arm wurde dem Albert so schwer, und er mußte ihn endlich gar auf den Sattelknopf sinken lassen. Er hatte wohl im Gedränge, wo er wie ein gemeiner Soldat gefochten, so was wie einen Schlag auf die Achsel gefühlt, und es war ihm so kurios warm im Rücken hinuntergelaufen; aber er hatte es nicht geachtet. Er saß noch lange zu Pferde, und besorgte sein Kommando völlig; als aber alles wieder ruhig und in Ordnung war, und er absteigen wollte, fiel er bleich und kraftlos seinen Jägern in die Arme. Man erschrak und zog ihn aus; — er schwamm in Blute und eine Musketenkugel stack ihm in der Achsel. Es wurde gleich Anstalt gemacht, ihn auf das nächste

ansah; "Gott! wo bin ich? — was ist mit mir
vorgegangen? — wo sind meine Adjutanten? —
(hitzig) Himmel und Hölle! ich bin doch nicht gefangen?„ — Amalie bat ihn: nur ruhig zu seyn,
und versicherte ihn: daß er auf vaterländischem
Grund und Boden, und von nichts gefangen sey,
als von seiner Schwachheit. "Erzähle mir alles,
Amalie!„ fuhr er fort, "ich bitte dich, erzähle mir
geschwind alles! ehe jemand kommt; daß mich die
Soldaten nicht auslachen; denn, bei Gott! ich
weiß nichts, als — daß ich den Ausfall abschlug
und dann vor meinem Gezelt hielte,„ — Amalie
machte ihm alles begreiflich, so gut sie es selbst aus
Burers Erzählungen in der Angst begriffen hatte;
indem trat der Wundarzt, und sein lieber Adjutant
der Major Drako herein, weil sie ihn sprechen hören, und er wurde ganz beruhigt; denn Drako versicherte ihm: daß der Oberste Steinacker sogleich
das Kommando übernommen, und alles bei der
Belagerung seinen Fortgang, nach seinen Anord-
nungen, habe; und der Arzt: daß er hoffe seine
Wunde solle nicht gefährlich und er bald wieder
hergestellt seyn, wenn er sich nur, um der Medi-
cin zu Hülfe zu kommen, für allen heftigen Ge-
müthsbewegungen hüten, und sich geduldig ihm
ganz überlassen werde. Er versprach es, und war
sehr froh, es versprechen zu können, indem er die
Klugheit und Ehrlichkeit des alten Steinacker kannte; nur behielt er sich vor von allem Nachricht zu
wissen, und über wichtige Dinge selbst zu dispo-
niren: denn, setzte er hinzu, ich trage ja, wenn
an

ich an eurer Spitze stehe, mein Leben mit jedem Augenblicke dem Tode fürs Vaterland entgegen; sollte mich jetzt, in diesem sichern Hause, die bloße Furcht für einer Möglichkeit abhalten, meine Pflicht zu erfüllen? — Man sah also täglich sein Bette von seinen Adjutanten umringt, und ihn — aber mit der größten Ruhe, die Rapports anhören, und Befehle diktiren; aber wenn sie weg waren, mußte die vortreffliche Amalie, mit der edelsten Ueberwindung ihrer selbst, in der glücklichsten Laune, seine Gefühle so künstlich zu leiten, daß er in der sanftesten Ruhe von Dingen sprach, die ihn sonst äußerst angegriffen haben würden. Er hatte gewußt, daß sie in diesen Gegenden auf der Grenze wohne, aber — Gott vergebs ihm! mit keinem Athemzuge, diesen ganzen Feldzug über, in dem er doch immer hier herum geschwermt, daran gedacht. Es war ihm selbst unbegreiflich, wie er es so ganz vergessen können. Auch sie hatte natürlicherweise gewußt, daß er in dieser Gegend kommandire; denn der Name Nordenschild war den hiesigen Einwohnern noch so geläufig von Alters her, daß sie ihn aus jedem Munde hörte. Sie hatte oft für ihn gezittert, wenn er hart unter den Feinden gewesen, oder, aus Sorge für die Ruhe der Risa, mit der großmüthigsten Ueberwindung, alle Anstalten getroffen, wo möglich für ihm verborgen zu bleiben; im Fall er also auch an sie gedacht und nach ihr hätte fragen lassen; so würde er ganz im Vertrauen gehört haben: eine Tante von der eigentlichen Besitzerin dieses Gutes halte sich, aus gewissen geheimen Ursachen, unter ihrem Namen hier auf, die sich von wenig Menschen sehen lasse; sie selbst aber habe, um diesen Unruhen des Kriegs auszuweichen, eine Reise nach Italien gemacht. Aber: ihn nur zu sehen, hatte sie doch immer gewünscht, und in dieser Absicht schon manche gefährliche Verkleidung gewagt; aber umsonst! Ihr Wunsch — ach! der billigste, den ein unglückliches liebevolles Herz, wie das Herz Amaliens, haben konnte, sollte unverhoft erfüllt werden; aber wie? — o Gott! wie sah sie ihn wieder? — Ihr Herz blutete; und nun war alle männliche Ueberwindung, mit der sie noch gestern ihrem einzigen süßen Wunsche nachgegangen, dahin; alles verschwand, was jeden Gedanken an mehr als "sehen„ schüchtern zurückgeschreckt hatte; denn er benahm ihr ja selbst ihre Sorgsamkeit wegen der Risa, und versicherte ihr: daß, sobald er nur schreiben könne, er es ihr selbst schreiben werde, daß, und wie wohl er sich bei ihr befinde; und sie dann von ihrer eignen Hand lesen solle: wie sehr sie damit zufrieden sey. Sie kam beinahe Tag und Nacht nicht von seinem Bette, besorgte alle seine Bedürfnisse mit eignen Händen, und er mußte sie am Ende dringend und ernstlich bitten, und im Schäcker von seinen Adjutanten in Verhaft nehmen und in ihr Schlafzimmer einschließen lassen, wenn er sie nicht, vom vielen Wachen entkräftet, auch wollte krank werden lassen.

Die

Die Husaren des Oswin fiengen bei einer Streiferei auf den Anhöhen einen Menschen, so dürre wie sein Pferd, das heißt: so dürre, wie ein Windhund; hielten ihn für einen Spion, und wollten ihn schon, ohne weitere Komplimente, weil kein Henker aus seiner Sprache klug werden konnte, mit einem Packriemen an eine Weide knüpfen. Er ließ sich mit der größten Kaltblütigkeit alles gefallen, nur provocirte er sehr dringend darauf: daß ihr Brigadier seine Halbstiefeln haben müsse. Sie dachten denn doch wohl, daß es mit dem Hängen ein bisgen zu voreilig verfahren seyn mögte, führten ihn zum Oswin, und dieser ließ ihn hinunter zum Albert escortiren. Er fluchte unaufhörlich auf die langsamen deutschen Pferde, und schien sehr wichtige Geschäfte zu haben. "Is it you? the Lord Brigadéer, of the Nord - Schild?„ — rief er, mit einem schlauen Fuchsgesichte, da die bärtigen Ordonanzreiter ihn an Alberts Bette brachten: "It is I!„ sagte Albert lächelnd, "what's your mind here?„ — "Anon!„ sagte der Windhind, warf Hut und Peitsche weg, ergriff ein Messer auf dem Tische, setzte sich an die Erde, und schnitte die Sohle von seinem linken Halbstiefel; alle lachten, und glaubten er sey nicht gescheut; aber indem brachte er ein zusammengelegtes Leder unter der Sohle hervor, wickelte daraus einen Brief, und schleuderte ihn den Albert, mit einem fröhlichen "look there!„ aufs Bette hin. Albert erkannte sogleich Hand und Siegel seiner Risa, riß freudig das Siegel auf, und las — daß ihm das Entzücken aus den Augen flammte.

"Flit!„

"Flit!„ sagt er — (denn so hieß dieser Windhund, der ein englischer Wettrenner war) "Flit! — (ihm die Hand reichend) dein Brod wächst auf meinen Gütern, auch wenn ich Todt bin! — (sanft zu Amalien) Amalie! gieb ihm zu essen und zu trinken, so gut du es hast; und dann — (lächelnd, du kommst doch gleich zurück?„ — "God save you; goot man!„ sagte Flit, treuherzig ihm die Hand drückend, und gieng mit Amalien und den Reitern ab. Amalie kam in wenig Augenblicken zurück, und freuete sich innig mit ihm über den Brief von seiner Risa; denn er war ganz Zärtlichkeit, und voll Hoffnung der glücklichsten Zukunft. "Arno ist ganz Vater!„ schrieb sie; laß auch den Feind noch so viel Unkraut unter unser Glück säen, — die Liebe wird siegen! — Ich bin nicht ungedulbig über deine Abwesenheit; denn ich weiß es, und bin stolz darauf, was du jetzt dem Vaterlande bist; aber ohne mehr Nachricht von dir als ich in den Zeitungen lese, und aus deinen Berichten an den Hof höre, konnt' ich unmöglich länger bleiben, und hatte schon lange vergebens auf eine besondere Post für uns gedacht, als dieser englische Wettrenner hier ankam. Er hat sein ganzes Vermögen, bis auf zwei Coursers (Renupferde) in einer Wette verloren, war mit diesen auf gut Glück in die Welt hinein geritten, weil er zu einem High-Way-Man (eine Art reitender Räuber in England, die die großen Reisenden auf den Landstraßen anfallen und ihnen das Geld abfordern, jedoch selten jemanden an Leib und Leben was zu Leide thun, wenn sie nicht in Gefahr gerathen, gefangen zu werden; denn dann wissen
sie,

fie, daß der Strang unvermeidlich ist, und wagen
das äußerste) wozu sich in seiner Lage selbst ein jun=
ger Lord ohne Bedenken entschloffen haben würde,
noch immer zu groß gedacht, und machte Kü=ste.
Da fiel mir ein: ob mit diesem nicht was zu machen
wär? Ich wurde mit ihm einig; er hat sich, auf
meine Kosten, noch ein halb Dutzend Race-Hor-
fes aus seinem Vaterlande verschrieben, und mir
versprochen: dich jedesmal aufzusuchen — nach sei=
nem Ausdrucke — so weit die Sonne läuft. —
Und wenn du mir nur jedesmal deinen Namen
auf einen Kieselstein oder auf ein Weidenblatt
schreibst, so bin ich schon zufrieden; und wenn du
Zeit hast und hinzusetzen kannst: ich liebe dich! —
Albert! o, das ist alles mögliche, wofür ich mit
Freuden hundert solche Windhunde fütterte, denn
jezt lange Briefe von dir zu erwarten, wär eine
Thorheit, die du doch wohl deiner Risa nicht zu=
trauest. Und wenn auch das alles nicht ist, und
Flit dich nur sieht, und mir sagen kann: wo? und
wie er dich getroffen? — auch damit ist indeß,
bis auf beffere Zeiten für unsere Liebe, deine Risa
zufrieden.„ — "Dein Flit trift mich. — bei Ama=
lien!„ antwortete Albert, "das gute Weib sieht,
daß ich es dir schreibe, und ist um deine Ruhe
besorgt, ich nicht! — Ich bitte dich: beruhige sie.
Risa! du bist ihr warlich jezt viel schuldig! denn
sie wartet und pflegt mich, wie ihren Bruder.
Du wirst dich wundern, daß ich mich warten und
pflegen lasse? denn vermuthlich dachtest du dir mich
an der Spitze meines Heers; — oder, daß du den

M 4   Flit

Flit schon gefragt: wie er mich getroffen hat? — Ich bin verwundet! Aber besorge nichts, ich denke bald wieder zu Pferde zu sitzen, und den Feinden fühlen zu lassen, daß ich ausgeruht habe. Mar ist wohl; er füttert sich jetzt in Ruhe mit seinen Pferden aus, und macht vielleicht Verse für Langeweile; aber meine armen, armen Grenadiers! — Doch, sie sollen auch dafür herrliche Winterquartiere haben, in — Imwegen. Du wirst es wahrscheinlich, indem ich dir dieses schreibe, aus den Rapports hören, daß ich davor liege; sobald ich wieder aufsitzen kann, muß es mein seyn. Denn so lange die Feinde dieses Nest noch hier mir auf der Nase haben, kann aus meinen Unternehmungen wenigstens nichts vollkommenes werden; und was vollkommenes muß ich liefern, um — Dich zu verdienen!„ — Er erzählte ihr nun alles: wie, und wo er verwundet worden, und wie er Amalien, die so sorgsam, um ihretwillen, ihren Aufenthalt für ihm zu verbergen gesucht, gefunden; schrieb ihr seine wahre Gedanken über das jetzige Betragen des Arno, und ließ sie einen Blik in seine geheimsten Plane thun, worüber sie erschrak, und sich doch herzlich freute. Es betraf ihre Landgrafschaft. — In jedem Worte flammte sein Geist, und jeder Gedanke war Liebe. „Flit eilt,„ schloß er endlich, "ich glaube er fürchtet mehr deine Gunst zu verlieren als noch eine Wette." So lebe denn wohl! — Er verspricht mir: bald wieder zu kommen, und ich werde sehnlich auf ihn hoffen; aber — ob ich gleich in Amaliens Hause schreibe —

so

so will ich doch nicht wünschen, daß ich je wieder Zeit haben möge, aus dem Felde dir einen so langen Brief zu schreiben. , —

Flit flog wie ein Zephir auf und davon, auch schwatzten ihm auf diesem Wege keine Husaren was vom Hängen vor; aber er blieb der Risa doch zu lange über die versprochene Zeit außen, und ihre arme Bricole wurde oft warm geritten — ihm entgegen. Endlich, als sie so, unverwandt nach der Gegend, wo er herkommen mußte, hinblickend, auf der Anhöhe dort hielt, entdekte sie ganz in der Ferne einen Punkt, und schloß aus seinem schnellen Wachsthume, daß er es seyn müsse — Siehe da: er wars! und sie flog ihm so schnell entgegen, als wenn sie mit ihm eine Wette hätte. "Du bist lange geblieben!„ rief sie ihm zu, — "God damn me!„ sagte er mit einem Gesichte, wie die Ehrlichkeit selbst, indem er seinen dürren Braunen anhielt, und schlug auf seinen Bauch, "'s Ragout muß hier noch warm seyn, das ich bei ihm gegessen, und sein Champagner noch moussiren!„ —

Risa. (lächelnd, indem er den Brief hervor sucht) So? hat er Champagner? —

Flit. Sure! it is good Being there; but — (zeigt an die Kehle) dévilifh Hang-Mans all around him! —

Risa. (welche merkt, für was man in angesehn) Das wird nun wegfallen, da man dich kennt; aber wie stehts sonst? was macht er?

Flit. (mit der größten Gelassenheit, indem er ihr den Brief giebt) Hi is wounded!" —

"Gott!" rief sie erschrocken, und riß den Brief auf; "verwundet?" — aber je mehr sie las je ruhiger wurde sie, und kehrte endlich ganz zufrieden und heiter mit ihrem Flit nach Norbia zurück.

Albert erholte sich nicht so schnell als er es gehoft hatte, und Flit, der bald auch für Amalien die zärtlichsten und beruhigendsten Briefe von der Risa brachte, fand ihn noch einigemal im Bette, und bekam keine freundlichen Gesichter, wenn er zurück kam. Das schleichende Fieber hatte seine Kräfte völlig erschöpft, und nur seine feste Natur erhielt in ihm den Grund zu neuem Aufleben.

Indeß rückte der Feind mit einem furchtbaren Heere zum Entsatz der belagerten Festung an, und schien eher alles wagen als sie verlieren zu wollen. Er mußte schlagen! und wenn diese Schlacht verloren gieng, so war alles Blut vergebens geflossen, das dieser ganze Feldzug gekostet; das war ihm ein nagender Wurm am Herzen! List mußte diesmal das beste thun; denn die ausgesuchteste Tapferkeit wär von der ungeheuern Menge erstickt worden, und — er konnte nicht dabei sein! — Es war ein trauriger Anblick als den Tag vor der Schlacht seine Generals um sein Bette herum standen, und er ihnen, nach seinem ausgedachten Plane, die intrikaten Rollen austheilte. Sie baten ihn alle: sich einige Stunden tiefer ins Land bringen zu lassen;

indem

indem man doch nicht wisse. — "Nein! rief er, wenn ihr das Vaterland, und euren König, und mich liebt, so kann ich hier eben so ruhig sein als jenseits zwei Meeren; und ich glaube, ich würde euch beleidigen wenn ich daran zweifelte." — Sie drückten ihm die Hand, und giengen. Und als am folgenden Morgen die fürchterliche Kanonade losgieng, und auch zugleich die Nachricht einlief: daß sie aus der Festung auf zwei Seiten einen verzweifelten Ausfall thäten, und Amalie zitternd und todtenbleich und mit fliegenden Haaren gesprungen kam, und ihm um den Hals fiel, als wenn sie bei ihm allein Zuflucht suche, da die Welt um sie her untergehen zu müssen schien; o, wie war ihm da so schauerlich und doch so wohl ums Herz! — Aber Max stand vor der Festung wie eine Mauer, ob er gleich, beinah durch den ersten Schuß, verwundet war, hielt die erste, größte Furie der Herausdringenden mit der festesten Entschlossenheit aus, und warf sie dann mit solchem Nachdrucke zurück, daß ihnen die Lust zu einer neuen Probe völlig vorgieng. Auch brachte Stutz die gute Nachricht: daß der Feind, durch ihre Bewegungen nach den Anhöhen auf dem linken Flügel, glücklich sich habe in das zerschnittene Terrain herein locken lassen, wo er seine Reiterei wenig brauchen, und sich überhaupt nicht mit Vortheil ausbreiten konnte, und Steinacker glücklich mit ihrer Reiterei durch die Sümpfe gesetzt sei, und eben dem feindlichen Fußvolk in den Rücken einbreche. Seine Blicke fiengen an sich aufzuheitern, und Amalie — bemerkte, daß sie — kein

Hals-

Halstuch umhabe; welches sie diesen ganzen Morgen in der Angst nicht bemerkt hatte. Sie wendete sich nach dem Fenster, und wollte gehn und eins umthun; da kam Buschmann über den Hof gesprengt, schwenkte den Huth, und schrie: Viktoria! Viktoria! da vergaß sie es wieder für Freuden, und Albert wär beinah im blanken Hemde für Freuden aus dem Bette gesprungen. Es war Sieg! ein dreimal so starker Feind war durch List und Tapferkeit so geschlagen, daß er sich wenigstens in diesem Feldzuge nicht wieder erhohlen zu können schien, und man konnte mit Recht sagen: daß Alberts Geist diese Schlacht gewonnen habe; denn wenn er auch nicht in Person dabei sein konnte, so waren doch seine Plane dazu so meisterhaft und verführerisch ausgesonnen gewesen, daß ein Eugen sein Gegner hätte sein müssen, wenn er sich mit Mühe herauswickeln wollen. Die Seinigen hatten das Verdienst der guten Ausführung. Aber die meisten Offiziers waren verwundet — seinen braven ehrlichen Oswin, mit dem er noch so manchen Streich auszuführen gedacht hatte, sah er gar nicht wieder! unterm letzten Angriffe mit den sämtlichen Grenadieren, der dem Feinde den Rest gegeben, hatte ihn eine Kartetschenkugel vom Pferde gerissen; — und wenn jetzt der Feind noch einen Angriff hätte wagen können, jetzt wären Alberts Hoffnungen wahrscheinlich alle dahin gewesen. Die Soldaten hatten unsagliche Beute gemacht, und jubelten nun wieder, (viele mit verbundenen Köpfen, und lahmen Knochen) und scharwenzelten, daß es eine Lust war; denn die
konn-

konntens jetzt am besten abwarten, und das war so
ganz ihre Sache: heute schlagen, und morgen jubeln!
heute jubeln und morgen schlagen! — Denn Albert
dauerten die vor der Festung zurückgebliebenen, daß
sie bei ihren nicht leichtern Arbeiten so traurig diesem
großen Jubel zusehn mußten; er ließ einige Tausend
aus seiner eignen Kasse unter sie austheilen, daß
sie nur indeß ein Gläschen mehr machen konnten,
und ihnen sagen: in Immwegen läg herrlicher alter
Wein in den Klöstern, und die Kornjuden hätten
herrliche Dukaten; sobald er gesund wär sollten sie
anzapfen! — „Das helfe der liebe Gott!" riefen
alle, „daß er bald gesund wird; denn unsre Kehlen
sind alle verdorrt, seit die Birnen und Aepfel alle
sind; und für das Aufgeld gebe er ihm heute einen
guten Abend!" —

Den guten Abend hatte er richtig; denn Flit
brachte ihm einen Brief von seiner Risa; und der
andere Wunsch schien eben so von Herzen gegangen
zu sein, und eben so gut zu fruchten; denn es bes-
serte sich von Tage zu Tage mit ihm, und Flit hatte
das letztemal seine Audienz am Bette gehabt. Imwegen trotzte noch immer auf seinen guten Vorrath
und Vertheidigungsstand, ob gleich Alberts Fahr-
mäuse schon nah an der Konterskarpe krabbelten,
und tröstete sich immer noch auf einen Entsatz. Albert hatte in der letzten Schlacht so viel grobes Geschütz erbeutet, daß er den Zug, der schon für ihn
auf dem Wege war, nach Nordia zurück gehn ließ,
und

und nur einige Mörser davon behielt. Alles war ruhig um ihn her; und er also desto eher zu bereden: nicht zu früh zu Pferde zu steigen und sich lieber noch zu schonen, ob er gleich zur Noth hätte wieder auf seinem Posten sein können; denn es war ja ohnedem für diesen Feldzug nichts mehr zu thun, als sich ein gutes Nest zu den Winterquartieren zu machen. Er fieng an wieder aufzublühn, und machte zuweilen in den Mittagsstunden einen Spazierritt. Am ersten Oktober besah er die Belagerung das erstemal wieder; alles jauchzte ihm entgegen; und da er alles für sich, zum Ruhme des alten braven Steinacker, der an Oswins Stelle Generalmajor der Infanterie worden war, im besten Zustande fand, gab er Befehl: den Ort zu bombardiren. Die Belagerten feierten auch nicht, und thaten seinen Gegenwerken viel Schaden; aber in der Nacht vom fünften zum sechsten sprang eine Miene so glücklich, daß ein Pulvermagazin mit ihr in die Luft flog, und eine ziemliche Bresche legte; — „Nun will ich sehn,“ sagte er am folgenden Morgen lächelnd zu Amalien, „ob ich diesen Winter bei dir bleibe, oder fort muß!“ — Amalie zitterte für ihn und seine Risa, denn sie sah ihn einer fürchterlichen Arbeit entgegen gehn, und er küßte die freundschaftlichste Thräne von ihrem schönen Auge. Er forderte die Festung noch einmal auf; als aber der alte sonst sehr brave Kommendant, der geschworen hatte: sich eher die Kugel vor den Kopf zu schießen, als sich und Imwegen an diesen Knaben zu übergeben, jeden Accord hartnäckig ausschlug, ließ er sogleich

die

die Batterien und Kessel vollends verfertigen, und begrüßte sie mit einer Salve aus hundert Kanonen und vier und sechzig Mörsern, welches ein fürchterliches Gekrach in den Bergen hin, und nicht geringeres Schrecken in der Stadt verursachte. „Das ist der Knabe Nordenschild!" ließ er dem Kommendanten sagen, und noch einmal Accord anbieten; denn er hätte so gern die Schöne Stadt geschont. Aber er erhielt keine Antwort als durch ein eben so lebhaftes Feuer. Das fürchterliche Bombardement dauerte also drei Tage und drei Nächte fort, daß die ganze Gegend umher zittert' und bebte; denn es schien nicht anders, als wenn er die ganze Welt in Grund und Boden schießen wollte. Die arme Stadt stand an vier Orten im Brande; wer löschen wollte den zerrissen die Bomben, und wer sich verkriechen wollte, der mußte verbrennen, oder wurde von den Ruinen verschüttet. Am vierten Tage wagte er endlich den Hauptsturm mit seinen braven Grenadiren — „Mir nach" rief er! und stand mitten im Feuer der Verzweifelnden, mit der Fahne seines Regiments; „es lebe unser Arno:" — „Es lebe unser Arno!" rief ihm alles nach; es war kein Widerstand und keine Verzweiflung mächtiger als ihr Muth. und sie erstiegen, von ihrem lieben Albert angeführt, unaufhaltsam eine Schanze nach der andern, und drangen endlich durch die Bresche glücklich in die Stadt. Sie war leider beinah völlig ein Steinhaufen, und der Todten mehr als der Lebendigen! Albert schauderte, da er zurück blickte, und sah, durch welche Gefahr-

ten

ren er herein gedrungen. Der hartnäckige General, der sich, an der Spitze von einigen hundert Wagehälsen, noch innerhalb den Mauern bis auf den letzten Mann wehren, und sein Leben wenigstens so theuer als möglich verkaufen zu wollen schien, mußte sich endlich nebst seiner ganzen Garnison gefangen geben, und er hätte wirklich Wort gehalten, und sich eine Kugel durch den Kopf geschossen, wenn ihm nicht einer von Alberts Grenadiren das Pistol aus der Hand geschlagen hätte. Albert ließ ihn seinen Spott nicht entgelten, wie er es befürchten mogte, sondern behandelte ihn so gut und edel in seiner Gefangenschaft, nachdem er ihn bei ihrer ersten Zusammenkunft, ohne Schonung seines Alters und hohen Ranges, hart verwiesen: daß allein seine Kaprise Schuld am Ruin dieser schönen Stadt sei, daß er endlich seinen Stolz und Starrkopf überwand, und sie die besten Freunde wurden. Es that ihm herzlich weh, daß er die ohnedem schon genug geplagte Stadt nun noch obendrein von seinen wilden Soldaten mußte plündern sehn; aber, was halfs! er hatte es ihnen einmal auf den Fall des Sturms versprochen, weil er nicht geglaubt, daß es der Kommendant dazu werde kommen lassen, und jeder hatte sich ja schon lange, bei den mühsamsten und gefährlichsten Arbeiten, darauf gefreut, und mancher in dieser Freude sein Leben verloren. Er wendete mitleidig sein Angesicht weg, und am andern Morgen ritte er durch die noch immer brennende wimmernde Stadt, und rief: "Kameraden, es ist genug! — und sie ließen ab. Er blieb nicht lange
hier;

hier; sobald er die Todten hatte begraben und das Feuer löschen laſſen, und ſeine leichten Wunden nur etwas verharrſcht waren, übergab er ſie dem alten Steinacker, mit dem Befehle: die Werke wieder auszubeſſern, und ſo viel als möglich Häuſer für die armen Leute, wegen des herannahenden Winters, wieder aufbauen zu laſſen, und gieng dem General Ullrich auf den Leib, der das geſchlagene Heer zu einem zu ſpäten Entſatze ſammelte. Doch Ullrich hielt nicht Stand, da ſein Endzweck verloren war, ſondern zog ſich tiefer ins Land, und ſchien zu denken: aufs Frühjahr ſehn wir uns wieder! — Der Winter brach mit Gewalt an, und Albert hielt es nicht für rathſam ihn weiter zu verfolgen, begnügte ſich an den ſchönen Magazinen, die er ihm hie und da weggenommen, und bezog, um die Mitte des Novembers, in den Gegenden von Immwegen, ruhig ſeine Winterquartire.

———————————————

„Willſt du denn uns in Nordia gar nicht beſuchen?" ſchrieb Arno; denn die meiſten Generale waren dort, und ſelbſt Hektor. Aber es wollte lange nicht angehn, indem ihn das ſtreifende Geſindel, das auf dieſer Grenze nicht auszurotten war, unaufhörlich beunruhigte; doch endlich — nicht um als Sieger durch Nordias Gaſſen einher zu ſtolziren, wie vielleicht mancher andre, der ungleich weniger als er gethan hatte — ſondern ſeinem Herzen eine Fete zu geben; endlich — Es war der Riſa nicht ganz wohl, und ſie ſaß einſam mit ihrer So-

N phie

phie hinter dem Ofen; Valeska war am Hofe, der jetzt alle Tage vom Jubel der Helden erschallte, — da trat Albert herein. O, Gott! was war das für eine Stunde? — Ganz unbemerkt hatte er sich, in einen Mantel gehüllt, mit seinem Buschmann zu Fuß zum Thore herein geschlichen, und eben so unbemerkt schlich er sich auch, wie die Bescheidenheit selbst, als ihn seine Lippen von Risas Küssen schmerzten, und sein Busenstreif von ihren Freudenthränen naß war, an den Hof. Alles war dort in vollem Rausche; da trat er mit seiner breiten Narbe auf der Stirn, die er auf dem Walle von Immwegen empfing, als er zuerst Arnos Fahne aufsteckte, ganz ruhig herein, und es war eine große Stille. Nicht als ob man ihn für einen Geist gehalten und sich gefürchtet hätte; nein! Aber es fühlte sich mancher, der noch in dem Augenblicke so sehr stolzirt hatte, jetzt schrecklich verdunkelt; denn er allein hatte Nordia gerettet, an die Thore der feindlichen Residenz angeklopft, und ihn in seinen eignen Mauern zittern gemacht. Hektor war der erste der ihm entgegen flog, und mit einer Bruderumarmung bewillkommte. „Wo ist Sandwüst?" fragte er mit Ernst und Nachdruck den König, als dieser ihn mit den größten Lobeserhebungen überhäufte. Arno fühlte diesen bittern Vorwurf, und kehrte sich betroffen von ihm.

Er wohnte nur einigen Berathschlagungen über den künftigen Feldzug bei, beurlaubte sich dann, umarmte seine Risa und seinen Hektor, und schlich sich eben so unbemerkt, wie er gekommen, wieder

zum

zum Thore hinaus; denn er trauete dem Feinde nicht, der seine größte Macht gegen ihn zu wenden schien, weil er von ihm das meiste zu befürchten zu haben glaubte. Er machte seine Regimenter, an Mannschaft und Pferden, so schnell, als möglich wieder vollzählich, verschanzte sein Imwegen noch mehr, und brachte dann seine übrigen Stunden in den freundschaftlichen Armen der guten Amalie zu.

Es war recht gut, daß er nicht bei Spiel und Freudenfesten nebst andern die beste Zeit verträumt hatte; denn der Feind machte bald Bewegungen, und er mußte frühzeitig ins Feld rücken. Aus den vielen Transporten von schwerem Geschütz, die seine Spions bemerkt hatten, schloß er: daß es auf Imwegen losgehn solle, dessen Verlust freilich den Feind unendlich schmerzen mußte; aber Albert wußte ihn durch verdeckte Märsche und gezeigte Absichten auf die Residenz, so zu fatigiren und irre zu machen, daß er nicht nur Imwegen ganz aus den Augen ließ, sondern auch, ehe er sich's versah, auf einem Flecke war wo ihn Albert hatte hin haben wollen, um mit wenig Verlust viel über ihn zu gewinnen. Ellrich, der der Anführer war, erstaunte, da er sich so betrogen sah, verfluchte seine Leichtgläubigkeit, und dachte sich noch durch einen forcirten Marsch aus der Affaire zu ziehn, aber Albert war ihm, nach seiner Art, unvermuthet über dem Halse, zwang ihn, da seine Leute am ermüdetsten waren, zu Schlagen, und — er verlohr Schlacht und Leben.

Jetzt hatt' er wieder ein Lüstchen auf Helwingen, und gieng geradewegs dem eisgrauen Uso zu Leibe, der mit einem Beobachtungskorps in jenen Gegenden stand, und die flüchtigen Völker des geschlagen Ellrichs sammelte. Zwar war ihm der alte Fuchs Uso ganz gewachsen, und vereitelte ihm manchen Versuch: in jenen Gegenden festen Fuß zu fassen, mit ziemlichen Verlust; denn Uso war, warlich! einer der größten Generale seiner Zeit; aber Albert würde sich wahrscheinlich dennoch um alle seine Feinheiten eben so fein hinum gewunden, ihm einen Rang abgelaufen, und einen Streich ausgeführt haben der seine Zeitgenossen und die Nachwelt in Erstaunen setzen müssen. Alle Anstalten dazu waren meisterhaft ausgesonnen, und Flit ritte sich beinah das Leder vom Loche; denn er spielte gar eine wichtige Rolle dabei. Hoch klopfte schon dem Albert das Herz für Freude; denn Nordia war jetzt sicher, und für den alten Uso bereits auch gesorgt; aber — o, verdammte! und immer und ewig verdammte Kabale! — So läßt du dir denn nicht an so manchen niederträchtigen Staatsstreiche begnügen, sondern hemmst auch die größten Helden auf ihren glänzendsten Laufbahnen? —

Albert hatte schon in den Winterquartiren einigemal Briefe aus Helwingen erhalten; und von wem? — von der schönen Gräfin Therese! die jetzt dort in großem Ansehen stand. Er hatte darüber gelacht, weil sie nichts als Schwindeleien von ihren Empfindungen bei seiner Annäherung, und kahle gekünstelte Entschuldigungen über das Mißverständniß enthielten, daß die letzte Zeit unter ihnen in Nordia geherrscht; und niemals ein Geheimniß daraus gemacht. Es

kam

kam ihm schon damals zwar kurios vor, daß es niemanden, dem ers sagte, was neues war, und mancher sogar Abschriften von diesen Briefen gesehen haben wollte, noch ehe er sie selbst konnte erhalten haben; und daß sie nicht aus seiner Verwahrung gekommen waren, das wußte er ganz gewiß; aber er hatte mehr zu denken, und schlug es sich, als was unbedeutendes, aus dem Sinne. Vor einigen Wochen hatte er wieder, ob er gleich nie geantwortet, einen erhalten, und zwar von ungleich intrikatern Inhalte, „Es ist traurig, drückte sie sich unter andern darinnen aus, daß die Sterblichen zur Erfüllung ihrer Wünsche meistentheils die gerade entgegengesetzten Wege einschlagen! — Ihr süßester Wunsch, zum Beispiele, ist (ich weiß es, und weiß daß sie darum die Welt durchrennten) ist — die Landgräfin Risa; und um diesen erfüllt zu sehn wenden sie sich an den Hof in Nordia. Just an den Hof von dem sie sie nie erhalten werden. O! Nordenschild! sie sind ja so klug; sehn sie denn nicht mit einem einzigen Blicke, über ihren ruhmvollen Degen hinweg, ins Kabinet? Nein! sonst müßten sie das Lieblingssistem sehn nach dem Holm durchaus wieder mit Bärenau vereinigt werden soll. Albert, sie dauern mich! und haben mich oft schon herzlich gedauert, als ich noch in Nordia war. Ich mußte der Deckmantel zu ihren Verfolgungen sein! ich litt' unaussprechlich, duldete es, und — gieng. Albert! noch nie kam dieses über meine Lippen; denn wer beleidigt gern Große? doch da nichts ihre Augen über diesen Punkt öffnen zu kön-

ten schien, durfte mein Herz nicht länger schweigen; denn — ach! es war eine Zeit, wo dieses un-
glückliche Herz mehr für den großen Nordenschild
schlug als Freundschaft, und die arme Therese kühn
gnug war von ihm mehr zu wünschen und zu hoffen; — Dem Himmel sei Dank! es ist von jener
blutenden Wunde geheilt; und es schmerzt nur noch
darinnen die sanfte Wunde der Freundschaft: daß
der Freund, denn man so gerne belohnt säh, gerade diesem Lohne zuwider arbeitet. — Albert! sie
wagen ihr Leben für das Interesse eines Landes,
indem sie nichts sein werden als höchstens der glän-
zendste Sklav eines Monarchen; sie bluten für die
Habsucht des Arno, der sie nie — nie — mit dem
Lohne belohnen wird, den sie, unter allen Beloh-
nungen der Erde, wünschen, und — verdienen;
Albert! — und ihr Heldenschwerdt entkräftet just
die Hand von der sie ihn erhalten können. — Ich
darf nichts mehr sagen; und schon dieses ist gefährlich genug. Ueberlegen sie sich's! Ueberlegen sie sich
die Verbindungen in denen Holm steht, und wer
die meiste Gewalt hat mit Recht darüber zu dispo-
niren. Ich verstehe es nicht; aber überlegen sie
sichs! und wenn sie finden daß Therese Recht haben
könne, so bestimmen sie den Ort wo sie einen Mann
sprechen wollen, der ihnen mehr sagen wird." —
Albert sah auf den ersten Blick, daß es Kabale war;
aber daß diese Kabale auf zwei Seiten recht war,
erfuhr er erst in der Folge. Entweder; oder! Entweder Albert mußte auf den Arno stutzig werden,
oder Arno auf ihn! für das letzte war durch die geheime

heime Publikazion dieser Briefe gesorgt, da man nicht voraussehn konnte, daß Albert so ehrlich sein und sie selbst publiziren werde. Komme es also wie es wolle, so verlohr allemal der Feind wenigstens einen gefährlichen Gegner, wenn es ihm auch nicht glücken sollte einen wichtigen Helden zu gewinnen.

Albert hielt auf seiner Seite die Kabale aus, machte wenigstens aus dem Inhalte dieses Briefs kein Geheimniß, wenn er ihn gleich, um der einen Stelle willen, nicht von Wort zu Wort lesen ließ, und schrieb auf den Rand seine Antwort, die er auch wirklich an seine feine Korrespondentin abgehn ließ; sie lautete, auf gut lakonisch, folgendermaßen: „Mein Kopf und Arm steht nur dem Vaterlande zu Dienst; und um mein Herz — hat sich niemand zu kümmern.

Albert."

Aber Arno ließ sich betrügen. Albert fand, als alles zur Ausführung seines großen Planes eingerichtet war, einen offenen Brief vor seinem Zelte, den gewiß einer von seinen Leuten, der den Auftrag hatte: seinem Chef just die größten Plane zu vereiteln, und ihn nicht zu groß werden zu lassen, gestohlen, und absichtlich hier verlohren haben mußte; denn Steinacker, an den er war, hatte das Podagra, und war in acht Tagen nicht aus dem Bette gekommen. Er erkannte die Hand des Königs, stutzte, schlug ihn auf, und las. Er las, und eine fürchterliche Gluth überzog sein Gesicht:

„Da

Da man eine gefährliche Korrespondenz zwischen eurem General Nordenschild und dem feindlichen Hofe entdeckt hat, und doch nicht weiß, wie er gesinnt seyn könnte; so erhaltet ihr hiermit auf jeden Fall die geheime Order: ihm, bei der geringsten zweifelhaften Bewegung die er mit dem Heere macht, den Degen abzufordern, und das Kommando zu übernehmen.

Arno.„

Das war just so gut für das Vaterland und den König, als wenn jetzt unserm Albert eine Kugel durch den Kopf gefahren wär. Er war für beide so gut wie todt; denn seine Ehre war beleidigt, — und Ehre und Leben war hier eins. Er brauchte nur einen Augenblick, so lang wie der letzte Schlag des getroffenen Herzens, oder das letzte Zittern der verletzten Gehirnfibern, um sich zu entschließen; aber der war auch eben so fürchterlich, wie jener, indem sich die Seele vom Leibe trennt; denn Albert schied von seinem Vaterlande. "O, meine schönen Pläne!„ rief er knirschend, und Vaterland und Durst nach Ruhme lagen in Konvulsionen; aber noch ein Blick auf den Brief — und es war darum geschehen. Er kehrte in sein Zelt zurück, befahl seinem Sekretär: die Feldkanzlei zuzuschließen und ihm zu folgen. Er gieng gradewegs zum alten Steinacker, der sich eben das erstemal wieder zu Pferde setzen, und einen Spazierritt versuchen wollte. "Steinacker!„ sagte er, und zeigte ihm den Brief; "ist dieser Brief wirklich vom Arno?„ — Steinacker erschrack. "O,
ver-

verflucht!„ rief er, eine verfluchte Kanaille hat mir ihn geſtohlen!„

Albert. (kalt) Dem ſey wie ihm ſey; iſt er vom Arno?

Steinacker. Ja! das kann ich nicht läugnen; aber, Albert, Albert! du hätteſt ohne Schurkerei nimmermehr was davon erfahren, — Albert! — es iſt ein alter Mann.

Albert. (legt ihm ſeinen Degen auf den Tiſch, und den Schlüſſel zur Kanzlei) Hier iſt mein Degen und das Kommando! — Mein Sekretär hier wird dir die Kriegskaſſe, und alles, übergeben; ich ſtehe für die Richtigkeit.

Steinacker. O, Gott! — Gott! — dacht ichs doch! — (ſeine Hand freundſchaftlich ſchüttelnd) Albert! — Ich alter Mann — Arno, — das Vaterland! —

Albert. (ihm gefühlvoll um den Hals fallend) Ich habe kein Vaterland mehr! — Lebe wohl! —

Er ſprang fort, und ließ den guten Steinacker in der furchtbarſten Unruhe. Im Zelte warf er ſeine Uniform ab, zog ſeine Civilkleider an, in denen er zuweilen auszureiten pflegte, ſchnallte ſeinen Hirſchfänger um, und befahl ſeinen Jägern: auch ihre ordinären Kleider anzuziehen, die andern einzupacken und zu ſatteln. Indeß geſattelt wurde, ſchrieb er folgendes an den König:

"Mein König!„

"Ich verlaſſe das mir anvertraute Korps auf dem Wege zur ſchönſten Eroberung; denn meine Ehre iſt gekränkt. Durch einen unglücklichen Zufall finde

finde ich eben die Order, die Sie dem General Steinacker wegen mir ertheilt haben, und sehe daraus, daß Sie mich für einen Schurken halten. Hab' ich das mit meinem Blute verdient? — Es könnte dem ehrlichen Steinacker irgend eine meiner Bewegungen mit dem Korps verdächtig vorkommen, indem meistentheils niemand weiß was ich thun will, — er könnte seine Schuldigkeit thun — und dann wäre ich öffentlich beschimpft! Diesem auszuweichen übergebe ich ihm also lieber freiwillig meinen Degen und Kommando, und — gehe. Nicht etwan, um nun gegen Sie zu fechten; nein! auf meine Ehre, nein! — aber auch Ihnen kann ich nicht mehr dienen, da Sie mir zutrauen, daß ich an Ihnen und an meinem Vaterlande zum Schurken werden könne. Daß ich keinen Theil an den läppischen Briefen haben konnte, dächte ich, wäre Beweiß genug gewesen, daß ich sie selbst nicht geheim hielt; ob Sie sie gleich nicht durch mich, sondern wahrscheinlich durch jene getreuen Leute zu Gesicht bekommen haben, auf deren guten Rath und Fürsprache der Schurke Sandwüst wieder angestellt ist. Doch — was vertheidige ich mich! Ich war ja schon verdammt, ehe man mich hörte.

Nordenschild.„

Er übergab diesen Brief seinem Drako, zur Bestellung, übergab ihm sein Gezelt und übriges schweres Gepäck zur einstweiligen Verwahrung, bis er ihm einen Ort bestimmen werde, wo er es hinschikken solle, schwang sich auf seinen Irrländer, und sprengte mit seinen Leuten davon.

Es ist über alle Beschreibung, was diese Nachricht für allgemeines Schrecken und Erstaunen verursachte! — Wie erschrack das Korps, als es hieß: Albert, unser Albert ist fort! Wie erschrack Arno, da es ihm Steinacker in der größten Verlegenheit meldete, und ihm seinen Brief und Degen überschickte! — Wie erschrack unsere Risa, da sie es hörte! und wie staunte die ganze Welt! — — Risa wurde zuerst beruhiget. Er schrieb ihr die ganzen Umstände, und schickte ihr einen Brief mit, den er eben vom Hektor auf diese Nachricht erhalten, indem dieser schrieb: "Ich bedaure nur das Vaterland; denn ich fühle, was es, jetzt besonders, an Dir verliert; aber ich kann Deinen Schritt nicht mißbilligen. Du warst unter Deiner Würde behandelt. Divertire Dich indeß in * * * recht wohl; und habe nur Geduld. Arno mag machen, was er will; — ich bleibe Dein

Hektor.„

Aber was Caspar dem Könige antwortete, da er es ihm mit Ausdrücken voll Unruhe schrieb, und ihn bath: alles bei ihm anzuwenden, daß er das Kommando wieder übernehme, klang nicht so tröstlich: "Nein!„ schrieb er unter andern, "ich verliehre kein Wort gegen ihn darüber; denn er hat just so gehandelt, wie ich und jeder rechtschaffene Soldat, der seine Würde fühlt, an seiner Stelle, würde gehandelt haben. Aber wer Dir den klugen
Rath

Rath zu dieser saubern Order gegeben hat, der verdient gehangen zu werden.

Caspar.„

Arno war untröstlich! Er wollte es durchaus nicht bekannt werden lassen, um sich nicht allgemein zu blamiren und verhaßt zu machen; aber so was ließ sich nicht verbergen! und gehängt — wurde doch niemand.

Das größte Derangement gab es indeß beim Kops. Denn sobald Uso nur erfuhr, daß Albert weg sey, den er immer für seinen furchtbarsten Gegner angesehn hatte, rückte er mit aller Macht an. Steinacker that alles, was nur ein guter und braver General thun kann; aber es war nicht anders als ob jeder Arm erschlafft, aller Muth erloschen, und gar kein Leben mehr in den Soldaten wäre; und die braven Bärenauer, die einst keine Furcht gekannt hatten, und mit festen unaufhaltsamen Schritten, über alle Schwierigkeiten und Gefahren hin, nur vorwärts gegangen waren, flohn jetzt wie die feigsten Memmen. Albert stand nicht mehr an ihrer Spitze; war nicht mehr allenthalben, wo Gefahr war! — Ihn liebten sie so brüderlich; denn er war mit ihnen wie Brüder, und kein Soldat durfte Noth leiden, keiner dursten! — Er hatte Geld; so lange er hatte, hatten auch seine Soldaten; und daß seine Kasse unerschöpflich war — läßt sich denken. Auf ihn hatten sie Vertrauen; denn alles glückte, wo er anführte. Durch ihn allein hielten sie sich für unüberwindlich; und der

Feind

Feind zitterte schon für seinem Namen, und verlohr allen Muth: denn er wußte, daß er gegen ihn nicht siegen konnte. Jezt war von diesem allen das Gegentheil: der Feind hatte Muth; und sie keinen. Am Hofe gab man dem ehrlichen Steinacker die Schuld, für dem es das größte Unglück gewesen war einem solchen Manne, wie Albert, im Kommando zu folgen; denn es hatte seinen alten verdienten Ruhm beinah völlig verdunkelt. Man schickte einen andern General; aber der war vollends, als eine Kreatur der Feinde des Albert, ein wahrer Miethling; suchte sich nur zu bereichern, und zwackte uoch überdies den Soldaten ab, was ihnen gehörte; und es gieng alles noch unglücklicher. Der Feind drang mit unwiderstehlicher Macht vor, und alles gieng wieder verlohren, bis auf Imwegen, indem sich noch der herrliche Fust (ein riesenmäßiger junger Mann, den Albert ungern dort gelassen, weil er ihn gern an seiner Seite hatte; aber er war damals tödtlich verwundet, und noch jezt nicht völlig hergestellt) noch mit unerschütterlichem Muthe hielt, und der Feind drang schon nach dem Herzen von Bärenau. Thurneisen war in zwei fürchterlichen Schlachten unglücklich gewesen, und der Feind wüthete dort ungestraft in einer der schönsten Provinz. Wüstenfels hatte unter seinem schönsten Siege, der den Feind, gegen den er kommandirte, ganz mürbe gemacht, den Heldentodt gefunden, und sein Heer lag in einer elenden Unthätigkeit dem feindlichen gegenüber, und schien blos abwarten zu wollen, ob es sich wieder erhohle.

Hektor

Hektor allein focht noch mit einem über die Hälfte geschmolzenen Häuflein unüberwunden an den nördlichen Grenzen, und schien allein seine Flügel über das zitternde Vaterland und die gescheuchten Tauben auszubreiten, wie ein Adler; aber er focht mit sinkender Kraft! denn seine Feinde wuchsen täglich, und die Seinigen schmolzen immer mehr und mehr.

Arno schlug die Hände über dem grauen Kopfe zusammen; denn jezt — wenn Hektor vollends geschlagen wurde — stand der Feind auf dem Punkte sein altes Projekt mit ihm auszuführen. Nordia zitterte; und die geschlagenen Heere schrien: "Albert!„ —

Aber Albert befand sich herrlich — im Bade, zu Lusi. Der Fürst dieses Landes hatte sich durch Klugheit mit einem kleinen aber furchtbaren Heere, just so wichtig unter seinen Nachbarn gemacht, daß er weder Feind noch Freund seyn konnte, und doch jedes sich scheute ihn zu beleidigen; denn sein kleines Heer gab gewiß dem auf dessen Seite er sich warf, ein mächtiges Uebergewicht. Dieses Land also lebte, beinah mitten unter den kriegführenden Mächten, im süßen Frieden. Zwar standen seine Helden bereit, und im süßesten Rausche der glücklichsten Ruhe schien jede Hand schon am Schwerte zu liegen; aber aus obiger Ursache schien jedes sich zu scheuen, dieser Grenze zu nah zu kommen, und ihre Trompeters bliesen — bei Bällen und Freudenfesten. Lusi war das wahre deutsche Kapua.

Das

Das Mißvergnügen mancher unglücklichen Ehe wurde glücklich hier ausgeglichen, mancher Feuerblick abgekühlt, und manches stürmische Mädgenherz lernte hier sanfter klopfen. Mancher Mann entschädigte sich hier für die kalten Nächte im Arme seines Weibes; mancher Jüngling versuchte seine erste Kraft hier, und kehrte, nach einem Monate Vergötterung, als Greis zurück. Denn es hatte, nächst der wohlthätigen Kraft seiner Wasser, die jeden der ungesund ankam dem Lande gesund zurück lieferten, noch die entgegengesetzte Wirkung: daß es die meisten von denen die gesund und fröhlich ankamen, krank und traurig zurück lieferte, daß sie künftiges Jahr in der wahren Absicht hier ankommen mußten. Amalie war auch hier; aber weder krank noch um das Mißvergnügen ihrer unglücklichen Ehe glücklich hier auszugleichen; denn das war schon ausgeglichen; aber Albert hatte sie, bei dem Anfange dieses Feldzugs, gebeten: ihre Güter dort um Imwegen zu verlassen, indem er, da seine Absichten, tiefer in das Herz des feindlichen Landes einzudringen, schon gefaßt waren, sie schwerlich wenigstens für den streifenden Partheien werde schützen können. Es war also natürlich, daß Albert seinen Weg hierher nahm, auch wenn es nicht das schöne ruhige Lusi gewesen wär; da er ihn nun einmal jezt nicht zu seiner Risa nehmen konnte. Man las in jedem öffentlichen Blatte von dem Nordenschild; denn jede große Unternehmung bezeichnete sein Name. Jedem Helden stieg die Gluth ins Gesicht, und jeder staunte, bewunderte dieses Schrecken der Feinde, wünschte

te dem alten Arno Glück zu solch einem Helden, und liebte ihn. Wer ihn nicht kannte, wünschte ihn zu sehn; und wer ihn kannte, war immer mit einem weiten Zirkel von Männern und Weibern umgeben, denen er von ihm erzählen mußte; denn auch den Weibern klopfte das Herz. Amalie hatte Neid, aber auch doppelte Liebe, weil sie sich konnte seine Freundin nennen, und war Stolz auf beides. Einst, als man im großen Salon, mit dem größten Enthusiasmus von seiner letzten Unternehmung gegen die feindliche Residenz sprach, und ein englischer Lord schon die Hand zu einer Wette um tausend Pfund ausgestreckt hatte: daß er sie wegnehmen werde;— da trat er herein. Das Aufsehn ist unbeschreiblich, das diese Erscheinung verursachte! Der ersten Eroberer einer flog eben mit der ersten Schönheit im glücklichsten Zirkel durch den Saal hin, und las in ihrem wilden Feuerblicke das Signal zur süßesten Stunde; jetzt ließ er, wie betäubt die Hand von ihrer Achsel herab sinken, und das feurige Mädgen kehrte sich kalt von ihm. Amalie flog, unbesorgt um die Gedanken der Welt, ihrem Albert entgegen, und fiel ihm um den Hals; aber die Zahl derer die die Nasen rümpften war ungleich geringer als derer die sie beneideten; ob er gleich — keine Uniform trug. Ein seltnes Beispiel! — aber ein beruhigender Beweiß für uns Civilisten: daß, mit dem Verluste der Uniform, denn doch noch nicht alle Hofnung verlohren ist! — Die Helden drückten ihm die Hände mit flammenden Blicken, und unter den Busentüchern der Mädgen und Weiber der wars als ob alles lebte. Welches Erstaunen! welche Fragen! — "Ich bin nicht krank, sagt er; aber auch Arno geht mich nichts mehr an! Ich habe also seinen Degen weggeworfen, und will hier mit euch fröhlich seyn!„ — Es gab wenige, die es glauben wollten. Die meisten dachten, es stecke darunter eine Staatsmaxime, deren Aufklärung jeder am nächsten zu seyn glaubte. Doch das eine bewieß er sogleich, denn er war von diesem Augenblicke an der rascheste Tänzer, und der unbefangenste sorgloseste Liebling der Damen; und das andre klärte sich in kurzem von selbst auf, indem man mit dem größten Erstaunen nun von nichts als Flucht und Niederlagen der einst so kühnen furchtbaren Bärenauer hörte, woran er allein nicht den geringsten Antheil zu nehmen schien. Er floh nichts so sehr als eine Gruppe Männer, in der vom Kriege gesprochen wurde, und mit einem Blatte Zeitungen konnte man ihn aus der fröhlichsten Gesellschaft jagen; denn er wollte nun einmal nichts wissen, weil er weder darüber trauern noch sich freuen konnte. Den Weibern war dieses sehr angenehm; denn verscheucht aus jedem Kreise der Männer, wo jetzt, der Lage der Sachen nach, nichts herrschender seyn konnte, als Gespräche von den traurigen Umständen des Arno, kam er zu ihnen, und suchte sich in der rauschendsten Freude gefühllos zu schwermen; er dachte sich Schlachten, und sprach vom Glück der Liebe; machte schon Plane zu dem was geschehn sollte, wenn Arno die Augen zuthat, und erzählte den Weibern einen Roman, oder von

O den

den neuen Moden an den verschiedenen Höfen, die er gesehn, und verbarg die glühende Röthe seines Gesichts, für den bedeutenden Blicken der Männer, unter dem nächsten besten Busentuche. "Du bist ein Bärenauer, schienen diese Blicke zu sagen, und verstopft dein Ohr für den Seufzern deines Vaterlandes, im rauschenden Schwarme der Freude? schwelgst in Wollust, indeß deine Brüder bluten?„ — Aber die Geschichte wurde bald bekannt, die ihn von der Spitze des siegreichsten Heers getrieben; es gab hier wenig Schwachköpfe, die bei dem, was sie von ihm gesehn und gehört hatten, ihm eine Untreue zutrauen konnten; die meisten sahn darinnen die Kabale, beklagten das Vaterland, vergaben ihm, und zürnten über den Arno. Er überzeugte sie noch mehr von seiner Redlichkeit, indem er jedes Anerbieten des feindlichen Hofes, die ihm hier öffentlich gemacht wurden, und die glänzendsten Bedingungen, wie sie kaum einem regierenden Fürsten gemacht werden konnten, in seine Dienste zu treten, standhaft und mit edler Verachtung ausschlug, und sagte: "was kann mein armes Vaterland dafür, daß mich sein König beleidigte? — Ich werde die Wunden nicht vergessen, die ihr jetzt meinen Brüdern schlagt; denn eure Kabale schlägt sie ihnen, nicht eure Tapferkeit, und wenn Arno todt ist — dann sprechen wir uns!„ So machte er sich immer größer in jedem Männerauge; denn diese sahn nun ein, daß diese rauschende Freude nur eine Betäubung seiner Gefühle war; aber die Weiber glaubten immer noch, es sey sein Ernst,

und

und schwammen in Entzücken. "Wir fliehn wie die Kanaillen!„ schrieb Max "und meine Valeska hätte wohl recht, als sie mir einen Küraß in den Rücken schnallen wollte. Meinen Holmern ekelt für dem Säbel, den sie sonst, hinter dir her, so fröhlich schwangen; denn sie sehn deine Anstalten und fühlen deinen Geist nicht mehr. Alles seufzt,, Albert! "und ich selbst werde bald meinen Degen einstecken, und bei dir seyn; denn wenn es so fort geht, so muß endlich die Welt uns anspucken.„ — Albert zerriß mit blutenden Herzen den Brief, und warf die zusammengerollten Stückchen schäkernd nach dem Busen eines Mädchen. „O, rief das gute Mädchen, wer weiß, welche verzweifelnde Schöne darinnen nach Ihnen seufzte, Grausamer! und sie zerreissen ihn?„ — "Ja wohl verzweifelnd! sagte Albert lächelnd, und dachte knirschend: mein armes Vaterland!„ — Das Mädgen rollte das eine Stückchen auf, das sich erst beim Auskleiden fand, ach! und da waren just die Worte darinnen: "und bin bei dir!„ — Hofnung und Ruhe war nun dahin! denn welches Mädgen hätte sich nicht geschmeichelt an ihm eine Eroberung zu machen, oder schon gemacht zu haben? Alles war nun verlohren! und es verbreitete sich bald unter den zitternden Schönen ein Gerede: daß bald ein Mädgen den schönen Nordenschild hier aufsuchen werde. Niemand lachte darüber als Albert selbst; denn er merkte woher dieses Gerede kam; aber man sieht, wies geht! es kann doch wohl seine Richtigkeit haben.

O 2 Die

Die ganze Gegend erschallte von ihm; aber freilich anders, als einst die Gegenden und die Palläste des zitternden Helwingen. Damals hieß er der furchtbare Narbenschild, dem man die letzte Kraft entgegen werfen mußte, um nicht erobert zu werden; jetzt hieß er der Liebe, süße, schöne Nordenschild, von dem sich jedes Weib und jedes Mädgen mit Vergnügen, — erobern ließ. O! solch einen Mann hatte man doch warlich, noch nicht in Lust gesehn! und Mädgen und Weiber strömten von allen Orten und Enden herbei, um an ihm ihr Heil zu versuchen. Er schien vom ersten Blick erobert zu seyn, und wars noch vom letzten nicht; und die Sisteme der weiblichen Eitelkeit und Liebe geriethen, nicht in geringe Verwirrung. Indeß befand er sich wohl dabei, spielte seine Rolle so prächtig im glänzenden Lust, wie vormals an der Spitze seiner muthigen Bärenauer, und studirte das große Studium — Weiberherzen. Der Ton, den er angab, mußte der allgemein herrschende seyn, wenn man gefallen wollte; sein Geschmack war der allgemeine; wie er sich trug, trug sich jeder. Rauschende Freude war rings um ihn her, und ohne ihn alles todt; denn er schien die Seele.

Mit Schaudern hörte man auch in Nordia diesen Ruf von ihm; er schien den Untergang seines Vaterlandes in bacchenalischen Festen zu feiern, und wer seine Ursachen nicht genau kannte, schrie ihn für den ersten Wollüstling seiner Zeit aus. Aber Risa war ruhig. Arno wußte nichts mehr, um ihn

ihn aus diesem rauschenden Schlafe für sich und das arme gedrängte Vaterland zu wecken. Die wehmüthigsten Briefe, die er ihm mit zitternder Hand geschrieben, Hektors Briefe, worauf er viel Vertrauen gesetzt, die erledigte Grafschaft des letzten verstorbenen Niederheim, die er ihm anboth — alles war fruchtlos gewesen; und doch drangen die Feinde von allen Seiten weiter vor, und alles seufzte: "Vater Arno, gieb uns unsern Albert wieder!„ — Er wollte selbst hinaus, sich an die Spizze der Muthlosen stellen, und siegen oder sterben; denn kein zusammengeraffter Haufe lüderlich Gesindel, sondern zwei auserlesene Heere, durch Siege muthig gemacht, giengen jezt mit festen Schritten jauchzend über die Grenzen, und was war natürlicher, als daß sie in Nordia den Markgraf Arno besuchen wollten? Uso freute sich schon: nun doch noch als Sieger dessen zu sterben, der allein ihn, ihn den Ueberwinder des Solimann, hatte fliehen gelehrt; und alles floh heulend aus Nordia, was fliehen konnte. Risa selbst dachte, wie billig, auf ihre Sicherheit, und wollte nach ihrem friedlichen Holm zurückkehren. "Auch du willst mich verlassen?„ sagte Arno mit zitterndem Haupte, da sie es ihm sagte, "willst mich nicht wenigstens sterben, wenn auch nicht mehr siegen sehen? und mir die Augen zudrücken? O, meine Tochter!„ — Risa weinte laut. "Und — wenn du nun noch bestimmt wärest, mich, den grauen Arno, von der Schande der Nachwelt, und mein armes Bärenau vom Joche dieser Fremdlinge zu reiretten?„ fuhr er in tiefer Wehmuth fort, und blickte sie sorgsam an; "o Risa! du freuest dich doch nicht auf meinen Tod, um dann erst glücklich zu seyn?„ — "Nein„ rief Risa gefaßt, "Arno, nein! und wenn allein auf deinem Tode mein Glück beruhen sollte — so wahr Gott lebt, ich mögte es nie seyn!„ —

Arno. (seine Hand auf ihre Achsel legend) Und wie viel Gewalt trautest du dir wohl über den Albert zu? Wenn du nun sagtest: Arno ist ein alter Mann; einst zitterte die Welt vor seiner Hand, die er dir jetzt sterbend — sterbend als Mensch und als Held und als König entgegen streckt, und dich um Vergebung bittet. — Er wird seinen Ruhm nicht überleben; sich, wenn du ihn nicht hörst, an die Spitze seiner letzten Flüchtlinge stellen, und in Bärenaus erster Schande sterben! — Aber — (nach einer Pause, unter der man ihn in sichtbarem Kampfe sieht) wenn du ihn hörst — wenn du seinem Heere, dem Vaterlande, und ihm wieder das bist, was du ihm einst warest — Albert! der Preiß des Siegers ist — aus des Königs Hand und aus der Hand eines Vaters — Risa!

Risa. (reicht ihm die Hand) Gieb mir seinen Degen!

Arno. (freudig) Also du glaubst? — Glaubst nicht, daß er denkt: Arno ist achtzig? du willst es abwarten?.

Risa. (wie zuvor) Gieb mir seinen Degen! — Albert ist edel! — und wenn er das nicht wäre, so könnte ich ihn verachten. — Laß die neuen Re=
gimen=

gimenter in die Wiburger Heide vorrücken, und dort die Flüchtigen dazu stoßen; ich gehe noch heute von hier ab, und in fünf Tagen steht er an ihrer Spitze. —

Welche Freude glich wohl der Freude des Arno, da Risa dieses mit so viel Zuverläßigkeit sprach? denn jezt sah er sich wieder, — wie durch eine glückliche Zauberei, auf einmal im blendendsten Schimmer des Glücks, indem dieser gute Engel seinem muthlosen Soldaten ihren Heldengeist Albert wiedergeben wollte. "Geh, meine Tochter!„ rief er, zitternd für Freude; "geh! — konnte ich dir keine Krone geben, so nimm wenigstens den Erhalter meines Ruhms — den Retter des Vaterlandes! — Es ist schon als säh ich ihn in dieser Würde zurückkehren — (entzückt) Heil mir, und meinem armen Bärenau! — und Gottes Seegen über euch!„ —

Risa verließ noch in den nächsten zwei Stunden die zitternde Residenz, und flog, mit einem einzigen Bedienten und ihrem Flit, der die Wege im Lande so gut studirt hatte, wie die Weinhäuser in Nordia, hart an den feindlichen Vorposten vorbei, nach Lusi zu.

Ein schöner junger Mensch in einem simpeln grauen Ueberrocke, setzte sich am zweiten Abende darauf, dort, im nächsten Nebenzimmer am Salon, an einem Spieltisch, und ließ sich Karte geben. Das Gesicht war zu auffallend schön, als daß nicht auch der eifrigste Spieler hätte müssen aufblicken, und einem Juwelirer, der ihm gegenüber stand, fiel besonders ein Ring auf, der ihm gar nicht mit dem Ueberrocke zu quadriren schien, und er sah bald den Ring, bald das Gesicht, und bald den Ueberrock an. "Ob Sie wohl den Werth dieses Ringes kennen? Junger Herr!„ fragte endlich der Juwelirer lächelnd; — "Nicht ganz!„ sagte Risa — (denn wer zweifelt, daß eben sie der schöne blonde Junge war?) können Sie ihn beurtheilen?„

Juwelirer. O, ja! — und kenne nur noch einen, auf deutschen Grund und Boden, der diesem gleich kommen kann; (ihn noch genauer betrachtend) O, warlich! die nehmlichen Steine, die nehmliche Fassung und Arbeit, wie den Grafen seiner!

Risa. Wer ist denn dieser Graf?

Juwelirer. (zeigt in den Saal hinein) Der dort im lichtblauseidenen Frack mit Silber gestickt, der mit der schwarzen Dame tanzt, (es war Amalie) der Graf von Nordenschild.

Risa. So? — das ist doch wohl der, der in Bärenauischen Diensten war?

Juwelirer. Richtig! und macht sich jetzt einen Spaß daraus, unsern Damens hier unruhige Nächte zu machen. Alle sind in ihn verliebt, und er scheints in jede zu seyn; aber man siehts ihm recht gut an, daß es sein Ernst nicht ist.

Ein Offizier. (ohne von seinem Spiele weg zu sehn) Es wäre ihm auch zu verdenken! denn —

Ein anderer. Ob wohl die Landgräfin noch in Nordia ist?

Der Offizier. Ich glaube wohl! — es müßte denn sein — weil es nun jetzt so mit ihm steht —

Der andre. Sie soll sehr schön seyn. —

Risa fuhr jetzt schnell mit der Hand vor das Gesicht, und hätte um aller Welt Wunder willen nicht aufgeblickt. —

Der Offizier. (in Extase von seiner Karte in Höhe blickend) Straf mich Gott! —

Der Juwelirer. (immer noch in der Betrachtung des Ringes vertieft) Wenn der Tanz aus ist, so muß ich ihn her rufen; es giebt gewiß einen Spaß! oder —

Risa. Das haben sie nicht nöthig! — Wenn sie sonst ihm oder sich einen Spaß damit zu machen gedenken — (sie zieht den Ring ab, und giebt ihm ihn) Hier! —

Juwelirer. O, sie sind allzugütig, mein Herr! Ich mögte michs nicht unterstehen, sie darum zu bitten. Ist er vielleicht zu verkaufen? —

Risa. (lächelnd) Je nun, wenn er Lust bezeugen sollte — so ließ sich darüber sprechen.

Der Offizier. Er hat einen mit dem Portrait des alten Thessalo, — vielleicht ist er darauf noch Revange schuldig.

Juwelirer. (den Ring betrachtend) Er scheint wirklich für eine Frauenzimmerhand gemacht zu seyn,

Risa.

Rifa. Sonst hätt' er mir auch nicht gepaßt.

Juwelirer. Auf jeden Fall erhalten sie ihn ohne Schaden zurück; und wenn sie sollten handeln wollen, so stehe ich ihnen für ihre Artigkeit, mit der aufrichtigsten Taxe zu Dienste.

Rifa. Ohne Umstände.

Der Tanz war indem zu Ende, und der Juwelirer sprang mit dem Ringe in den Salon hinaus. Rifa stand auch auf, und schien ihm nachgehn zu wollen; aber sie verlohr sich nach und nach unter die Menge, und — war weg, als Albert und Amalie, ganz außer sich, gesprungen kamen, und den jungen Menschen sehn wollten, dem dieser Ring, den sie mehr als zu gut kannten, angehören sollte. Sie war weg! in keinem Zimmer nicht und im Salon nicht mehr zu treffen. Allenthalben hatte man in dem Augenblicke noch den schönen blonden Jungen gesehn, und jedermann war von ihm bezaubert; aber wo? — wo? — der Juwelirer, der immer auch mit hinterher lief, konnte nicht begreifen: wie Albert so hitzig (nach seinen Gedanken) auf den Handel seyn, und das Frauenzimmer, Amalie, die ihn (gleichfalls nach seinen Gedanken) ohne Zweifel erhalten solle, mit so viel Ungeduld ihm nachlaufen könne; blieb aber doch endlich, als sie beide zu einer Thier hinaus sprangen, wo man ihn, den jungen Menschen, wollte hinaus, nach den Linden zu, gehen gesehen haben, an der Thiere stehn, und dachte: der Teufel wird doch das Mutversöhnchen nicht plagen, daß es sogleich, ohne dich wieder aufzusuchen und zu fragen,

gen, um ein Lumpengeld zuhandelt? — denn aus dieser einzigen ehrlichen Sorge war er so wie närrisch mit in allen Zimmern nach ihm umher gelaufen.

Amalie konnte dem Albert nicht folgen, und stand und schöpfte frischen Athem, indeß er die Linden hinunter sprang; da kriegte sie der nemliche schöne Junge geradeweges beim Kopfe, und herzte sie so ab, daß sie sich nicht einmal aufs Schreien besinnen konnte. "Guten Abend, Amalie!„ sagte er endlich, als er sich satt geherzt hatte, — "Risa!„ wollte sie schreien, und Albert hätte gewiß den Schrei hören müssen, denn es wäre ein Schrei aus Herzensgrunde gewesen, und nicht blos so nur ein Quiks, wie die Mädchen thun, wenn sie spröde seyn, und über einen Kuß erschrecken wollen; aber ein neuer Strom von Küssen schwemmte das "s„ und das "a„ weg, und es blieb beim "Ri„ welches jeder, der es allenfalls hörte, für so einen Quiks halten konnte. "Ich heise Graf Espera! sagte Risa schnell und leise; — nicht wahr dort flog Albert hinunter?„ — "Ja!„ sagte Amalie, ganz betäubt, und ehe sie mehr sagen konnte, war der schöne Sohn des alten furchtbaren Espera schon auf und davon.

Albert kam um eine Linde gesprungen, und wollte nach der zweiten Allee zu; da schlug ihn was von hinten auf die Achsel. Er sah sich um, und — es war der schöne Junge. "Sie sind — sehr unbesorgt wollte er sagen, oder vielleicht gar — ein Spitzbube; denn anders konnte dieser Ring, wenn es es nicht zwei ganz ununterscheidbare Dinge in der Welt gab, unmöglich aus den Händen seiner Risa gekommen seyn; — aber: "Ach!„ schrie er; denn der schöne blonde Junge streckte ihm den Arm entgegen, und — war Risa selbst. Sie hatte sich auf dem Wege vorgenommen wunder wie lange ihn, auf was für Art es nur geschehen könne, zu verirren, und sich deßwegen in diese ihm völlig unbekannte, ihre Figur ganz verbergende Kleidung geworfen; hier, bei diesem schwachen Schimmer der einzelnen Lampen, eingerichtet für die lustwandelnden Liebenden, hätte sie die beste Gelegenheit dazu gehabt; aber dieser Vorsatz war bei dem Feuerblicke, mit dem er sich jetzt nach ihr umwendete, völlig dahin, und — sie fiel ihm um den Hals. Er taumelte für Freude. Was sie wollen könne, fiel ihm jetzt nicht ein; nur daß sie da war empfand er, und die Welt schien sich mit ihm umzudrehen. "Albert, das Vaterland ruft!„ rief das heldenmüthige Mädchen, eher noch als er aufgewacht aus dem Taumel der Liebe. "Vaterland?„ rief er, auffahrend aus ihrem Arme; "mag es mir erst (an sein Herz schlagend) diese Wunde heilen!„ — "Eine einzige Angloise muß ich mit der Amalie tanzen„ sagte Risa, "dann mehr davon!„ — Sie giengen und fanden Amalien noch auf dem nemlichen Flecke, wo sie Risa verlassen, in einer süßen Betäubung, handelten noch einiges über den Namen ab, weil sie, diesem nach, aus Amaliens Familie war, und kehrten dann, Arm in Arm, äußerst vergnügt in den Salon zurück. Albert stellte den jungen Espera den

Da=

Damens vor, unter denen einige doch leichtgläubig genug waren, ihn für eine neue Eroberung anzusehen, die meisten aber ihn für das Mädgen hielten, dessen Ankunft sie schon lange befürchtet hatten. Der ehrliche Juwelirer erkundigte sich sehr sorgsam nach dem Ringe, schüttelte den Kopf, als er ihn wirklich an Amaliens Finger erblickte, und dachte: der ist gewiß übers Ohr gehauen! — Espera bat die Gesellschaft wegen seiner Reisekleider höflich um Vergebung, und tanzte mit Amalien eine Angloise vor; aber Ermüdung von der Reise, und die Beschwerlichkeit des Anzugs entschuldigten ihn heute, damit abzubrechen, und sie fuhren nach Hause. Man könnte ein ganzes Buch von dem Gerede schreiben, das diese Erscheinung verursachte! Manchem Mädchem that es in der Seele weh, daß es den süßen Gedanken aufgeben sollte: daß dieser schöne blonde Junge kein junger Espera seyn sollte, an dem sie ganz gewiß, selbst mit Aufopferung des schönen Nordenschild, eine Eroberung zu machen gedacht, und doch gab es, wenn mans recht überlegte, der Augenschein. Der dicke Busenstrief bedeckte gewiß den schönsten Busen, und sollte das Auge nur irre machen, und im steifen Stiefel stack ein gar zu niedlicher Fuß; — der Officier, der am Spieltische die Frage nach der Schönheit der Landgräfin mit einem so nervösen Fluche beantwortet hatte, schlug sich jetzt vor die Stirn, und schwur eben so kraftvoll: daß sie es selbst sey! — und dergleichen mehr. Aber so vollkommen man sich auch heute noch und morgen von der Wahrheit überzeugte, so war man

doch

doch), wie wir sehen werden, artig genug seine Ge=
danken bei sich zu behalten, und ihr Inkognito
nicht zu stören. Wir machen dem weiblichen Ge=
schlecht in Lust gar höflich darüber unser Kompli=
ment, wünschen den unruhigen Mädgens eine gute
Nacht, und folgen unsern drei lieben Leutchen nach
Hause.

───────────────────────────

Wir finden unsern Albert und seine Risa mit
verschlungenen Armen auf dem Sopha der Amalie,
die indeß beschäftigt ist ein Zimmer für ihren lieben
Gast in Ordnung bringen und ein Bett' aufschla=
gen zu lassen. "Arnos Seufzer und die Thrä=
nen des Vaterlandes! — Albert! und du greifst
nicht nach deinem Degen? — Die zitternde Hel=
denhand eines sterbenden Königs bittet dich um
Vergebung! — Er überlebt seinen Ruhm nicht,
stellt sich an die Spitze seiner letzten Flüchtlinge,
zu sterben in Verzweiflung; — ich bin der Preiß! —
Albert! und du blickst immer noch starr und kalt
an den Boden hin?„ — so schloß Risa mit männ=
lichem Feuer ihren Auftrag, und Albert blickte noch
nicht auf nach seinem Degen, der vor ihnen auf
dem Tische lag. "Das ist der feinste Streich„
sagte er vor sich hin lächelnd, "den uns unsre
Feinde spielen, v Risa! daß sie just dich schicken;
denn sie wollten mich wohl aufhalten auf meinem
Wege zum Ruhme und zu der Wichtigkeit, in der
ich dann hätte fodern können, was ich bisher um=
sonst bath, aber abbringen wollten sie mich nicht
ganz

ganz vom sichersten Wege zum Tode; Risa! siehst du das nicht? — Und sie wählten just dich, um mich wieder auf ihn hin zu führen, (sie sanft anblickend) und — du ließt dich wählen?, —

Risa. (betroffen) Ich hätte zu Hause bleiben sollen! aber — (männlich gefaßt) Albert! — das Vaterland! —

Albert. Erweckt mich mit allen seinen Thränen nicht wieder! — Und, o Risa! glaubst du denn alles, was Arno sagt?

Risa. (sanft und mit Gefühl) O, du hättest ihn sehen sollen! Der zitternde von allen Seiten bedrängte Greis —

Albert. (sie unterbrechend) Verspricht jetzt mehr als der triumphirende König hält! — Und gesetzt er sollte es halten wollen, hast du berechnet wie viel, unter der Arbeit das Verschlimmerte wieder gut zu machen, noch Kugeln vor diesem Herzen vorbei sausen, und Säbelhiebe vor diesem Kopfe vorbei pfeifen müssen? ehe mir Arno mit einem mürrischen Blicke vielleicht am Abende das giebt, was ich am Morgen drauf vom Hektor in einer friedlichen Umarmung erhalten kann?

Risa. (auf seine Achsel gestützt) Aber indeß verblutet das arme Vaterland! —

Albert. Und wenn ich nun verblute? Risa! wie dann? —

Risa. (ihm um den Hals fallend) So werde ich durch mein ganzes Leben dich, als die glücklichste Wittwe, beweinen, und stolz zum Vaterlande sagen: ich gab dir ihn wieder! —

"In der Wiburger Heide also?„ sagte Albert, und stand auf — Er nahm seinen Degen vom Tische, gieng an die Thür, und rief nach seinem Burer. Indeß kam Amalie. Sie erschrak, als sie ihn, mit ganz verändertem, kaltem, ernstvollen Gesicht, den Degen in der Hand, an der Thür stehn, und ihre Risa, noch in einer süßen Betäubung, den Kopf in die gestützte Hand geworfen, auf dem Sopha sitzen sah. "Ja, siehst du! sagte Albert lächelnd, ich bin wieder Rekrut. Aber laßt es ums Himmels willen nicht laut werden, daß das — (auf seine Risa zeigend) ein Bärenauer Werber ist! — Du hast gehört, was für ein scharfer Befehl noch gestern hier deswegen publicirt wurde.„ — Das gute Weib, Amalie, gieng mit einem trüben sorgsamen Blicke vorüber, und Burer erschien. Die frische Gluth überläuft im Sturmwinde nicht so schnell ein dürres Strohdach, wie das Gesicht dieses eisenfesten Soldaten, als er Alberts Degen erblickte.„ "Was? — was? — was die Schwerenoth! schrie er, und rückte, in einer Fechterstellung, sich die Mütze aus den Augen; also: fort?„ — "Die Pferde sind doch alle gesund? fragte Albert, in dem er ihm den Degen gab, und sonst alles in Ordnung?„ —

Burer. Gott sey Dank! alles gesund. An uns hats nie gefehlt. Und — wie früh?

Albert. (nach einigem Nachdenken) Ja, so seys! Buschmann reitet, sobald der Mond aufgeht, voraus, nach Ellernau (dort stand, bei einem guten Freunde, das schwere Gepäck) und läßt aufpacken;

Stirr

Etiri und Etutz gehen mit den übrigen Pferden, mit anbrechendem Tage, nach; die Koffers bleiben hiers, und wir — ich will erst noch Mittags im Salon essen; um zwei Uhr hältst du mit den Pferden am Ende der großen Allee, so sind wir Abends doch auch in Ellenau.

Burer. (entzückt) Nun Gott Lob und Dank! Ich bin meiner Seele bald in dem Neste da für Langerweile verfault. Und Flit? —

Albert. Der geht dich nichts an! — Ich werde ihn selbst, sobald ich nach Hause komme, ins Lager abfertigen. Aber, alles geht in der Stille! das merkt euch. —

Burer gieng, oder sprang vielmehr, in voller Freude die Treppe hinunter, und Albert warf sich noch einen Augenblick, zwischen die sorgsam einander ansehenden Weiber, aufs Sopha. Sie theilten sich schwesterlich in Kuß und Umarmung, wie in sein Herz, voll Freundschaft und Liebe. "Keine Ruhe mehr! rief endlich Albert, und sprang auf; in der Wiburger Heide seufzt, in der letzten Hoffnung, das Vaterland!„ — Amalie weinte. "Weine nicht, Amalie! sagte er sanft, und küßte ihr eine redliche Thräne vom Auge; das äußerste, was du verlieren kannst, ist der redlichste Freund; aber Risa — ist Witwe!„ — Er drückte sie beide noch einmal warm und innig an sein Herz, und sprang dann fort.

Lange saßen noch, Arm in Arm, die guten Weiber, sahen einander an, fielen einander um den Hals, und keins wagte das andere zu trösten; indeß er zu Hauſe den Flit mit Befehlen ins Lager abfertigte: wenn, und wie das Heer in Schlacht: ordnung geſtellt ſeyn, und ihn erwarten ſolle; und ſpät erſt wiegte ſie die ſchönſte Sommernacht in uns ruhige Träume.

———

Mit Vergnügen hörte Albert am Morgen: daß ſeine Riſa beſchloſſen einige Wochen in Amaliens Geſellſchaft hier zu bleiben, im Fall man ſo galant ſein und ſie nicht erkennen, und etwan durch das ekle Zerimoniel vertreiben werde. Sie giengen ver: gnügt an den Brunnen ſpazieren, nahmen in Ge: ſellſchaft das Frühſtück, und der ſchöne blonde Eſ: pera ſpielte ſeine Rolle ſo vortrefflich, daß Mann und Weib ein Vergnügen darinnen fand in ihm die Landgräfin zu verkennen. Aber alles ſtaunte, den Albert in ſeiner völligen Uniform zu ſehn. Es gab zu verſchiedenen Muthmaßungen unter den Männern Anlaß, und bei den Weibern wars hier der kurioſe Fall, daß ſie der Anblick des Albert in Uniform — nicht noch entzückter — nein! ſondern trauriger machte. Doch, er war ja noch immer ſo ganz unbefangen und heiter wie bisher, diſponirte ſogar den Mittag über Tiſche ſo ſchön ein Feſtin auf den künftigen Tag, wie er vielleicht in ſeinen Gedanken ſchon eine Schlacht diſponirte; da vergaß man die Sorgen um ihn, und jeder Blick hellte ſich auf. Amalie allein war noch traurig, und Eſpera ſah ſorgſam nach der Uhr. "Gönnſt du mir meine Riſa nicht?,, ſagte er heimlich zu ſeiner traurenden

Freun:

Freundin, und ihr Händedruck schwur ihm, zitternd für sein Leben, das aufrichtigste "Ja!„ — Da schlugs zwei Uhr. Amalie fuhr zusammen — Espera schnaubte sich, um seine Bläſſe zu verbergen, und Albert rückte seinen Stuhl zurück, und stand auf. "Ich muß mich empfehlen, meine Damens und Herren! sagte er lächelnd; das Vaterland ruft!„ — Alles sprang erstaunt auf; und indem wurde Burer mit den Pferden, am Ende der Alee, sichtbar. "Es bleibt dabei, fuhr er fort, indem er sich nach Burern umgesehen, sie sind sammtlich auf morgen, zu meinem Abschiedsschmauße, meine Gäste; wiewohl ich nicht dabei seyn, sondern, indeß sie meine Gesundheit trinken, auf dem Schlachtfelde eintreffen werde! — (lächelnd) Mein Freundsgen Espera wird meine Stelle vertreten, und Gräfin Amalie die gute Wirthin machen. — Ich danke ihnen für ihre Freundschaft und Liebe, die ſie mich hier finden ließen, und — wünsche wohl zu leben! — Uebers Jahr, so der Himmel will, sehen wir uns glücklicher wieder!„ — Der Umarmungen war kein Ende, und in manchem holden Aeuglein stand ein liebes Thränchen. Mit Mühe wand er ſich los. Amalie wollte ihn nicht eher als am Pferde verlaſſen, und Espera begleitete ihn eine Strecke. "Glück auf!„, rief alles, als er ſich auf seinen Irrländer schwenkte; Glück auf! nun werden wir die Zeitungen wieder mit Freuden lesen.„ — Er schwenkte den Huth, und flog mit seinem Espera davon. Espera kam bald zurück, und das so ruhig und heiter, daß die Weiber von neuem an seinem Geschlechte zu

P. 2   zwei-

zweifeln anfiengen; denn einem Mädgen konnten sie doch, unter diesen Umständen, unmöglich diese Ruhe zutrauen. Espera machte zuerst Anstalt zum Tanze, strahlte mit seinem schönen blauen Auge jedem neue Freude in die Brust, und setzte sich überhaupt bald völlig an die Stelle des Albert. Der folgende Tag zeichnete sich aus, an Pracht und Freude. "Laßt ihn eine halbe Tonne Goldes kosten! sagte Risa zum bedenklichen Speisewirth, als er ihr die große Anzahl Personen herrechnete; laßt ihn eine ganze kosten, — er soll fürstlich seyn!„ — Und er war es. An die Armen hatte niemand gedacht, deren sich eine große Menge, theils auf Kosten des gütigen Landesherrn, und theils mit Aufopferung ihres letzten Grundstückchens, hier aufhielten, um die größte Glückseligkeit der Erde, Gesundheit, zu erlangen; niemand hatte daran gedacht als unsere Risa. Nach der Tafel, als die Großen, mit dem lezten Glase Capwein in der Hand, auftaumelten, und die schweren Zungen kaum noch: es lebe unser Held auf dem Schlachtfelde! stammeln konnten, invitirte sie die Gesellschaft zu einem Spaziergange. Sie gieng mit Amalien voraus, und alles strömte ihnen nach. In der letzten Allee wimmelte es von Menschen; denn dort speißten jene, so prächtig als sie gespeißt hatten. Alles jauchzte; wenige hatten noch den schönen Espera gesehen, den man ihnen jetzt zeigte, als den der sie traktiren ließ, und die Messer entsanken den Händen, und die Gläser stockten auf halbem Wege zum Munde. Wie staunte Risas Begleitung! denn viele hatten für
die

diese Größe gar keinen Sinn, und der englische Lord schwur hoch und theuer: daß er sich jezt in seinem Vaterlande sehe. Wer noch nicht völlig geglaubt hatte, daß dieser Espera die Landgräfin Risa sey, der mußte sich jetzt ganz überzeugen; denn ihre Liebe zum Wohlthun war eben so bekannt, als ihre Schönheit. "Laßt's euch schmecken, ihr guten Leutchen! sagte sie freundlich, und wer tanzen kann, der tanzt dann unter jener Linde; es soll an nichts fehlen!„ — Sie wollten ihr danken; aber — "ich bins nicht, der euch traktirt, sagte sie; nur besorgt hab' ichs– Euer Wirth ist gestern von hier abgereist, und geht vielleicht jetzt schon in die Schlacht: — ihr sollt für ihn beten!„ — Sie mußte sich wegwenden, um eine gefühlvolle Thräne zu verbergen; denn manches faltete schon die Hände. "Du lieber Gott! rief ein Greis, mit einem Blicke zum Himmel! ach, gewiß der schöne Herr Graf, der dort unten wohnte; ich sah ihn reiten! — Ach! ja, beten, Kinder! beten — das wollen wir; es war gar ein so lieber Mann!„ — "Daß ihr morgen auch was habt! sagte der Lord, und warf ihm eine Hand voll Guineen in den Huth — theile aus, Alter!„ — Risa winkte lächelnd Amalien, und sie warf die schon bestimmte Rolle Dukaten auch dazu. Die Hand sank dem Greise; denn die meisten von der Gesellschaft folgten diesem Beispiele fröhlich. Die größten Spieler und Wollüstlinge waren die freigebigsten, nur harte Priester und geizige Kaufleute schlichen sich heimlich vorüber. Mancher dieser Armen konnte, da er gesund nach Hause kam, auch sein verſetztes Grundſtückchen einlöſen; und dieſer Tag war in ſeiner Familie, noch nach langen Jahren ein Feſt. Aber den Wohlthätern ſchmeckte nun erſt die Freude. Luſt ſchien untergehn zu ſollen; und der letzte Seufzer jedes Mädgen und Weibes, als ſie zu Bette gieng, und der letzte gebrochene Laut jeder ſtammelnden Zunge, war: "Es lebe unſer Held auf dem Schlachtfelde!„ —

Wir wollen ſehen, was er macht. Die ſämmtlichen Ordonanzofficire von allen Regimentern, und ſeine vormaligen Adjutanten, kamen ihm über eine Stunde weit entgegen, und vor der Fronte des Heers empfing ihn die ganze Generalität. Noch nie iſt wohl ein Mann mit ſo viel Uebereinſtimmung der Geſinnungen, als würdig über ein ſolches Heer zu gebieten, anerkannt worden, als Albert! aber man hatte ja leider die traurigen Folgen von ſeiner Abweſenheit geſehen, und jeder wünſchte nun nur Gelegenheit zu zeigen, daß es an ihm nicht gelegen. O! und welch ein wildes Jubelgeſchrei, als er vollends heran geſprengt kam. Hoch blinkten die Säbel über den Köpfen der Reiter, und fürchterlich klirten die Gewehre des Fußvolks, die langen Reihen hinunter, und alles rief: "Albert! unſer Albert!„ — Er fühlte mit inniger Freude den Geiſt der bei ſeiner Ankunft wieder in ſie fuhr, und wünſchte, daß nur gleich der Feind da ſeyn mögte, um ihn ſogleich zu benutzen. Er ritte vergnügt an der Fronte hinunter, und,

und gab vielen die Hand, und grüßte alle freundlich; aber den einzigen Vorwurf, er mogte nun ihnen oder ihren Anführern gelten, als er jetzt daran dachte, wo er sie verlassen hatte, und wieder fand, konnte er doch nicht lassen: "So weit seid ihr doch also glücklich zurück gekommen?„ — sagte er bitter lächelnd, in der Mitte der Front; alles schwieg, und sah zur Erde; denn alles fühlte den Vorwurf. Einem alten Grenadiere stieg die Gluth ins Gesicht: "aber wir gehn mit dir auch wieder vorwärts!„ sagte er, und biß sich für Grimm in die Lippe. "Wie weit?„ fragte Albert. "Biß nach Helwingen!„ rief er; und: "biß nach Helwingen! — nach Helwingen! schallte es durch alle Glieder hin; "auf Helwingens Mauern ruhen wir aus!„ — "Helf' es Gott!„ sagte Albert, und ritte weiter. Als er an sein Regiment kam, wagte es keiner ihn anzusehen. "Köpfe rechts!„ rief er; in jedem Auge flammte Grimm und Schaam, und in vielen standen Thränen. Er zog seinen Huth, und ritte schweigend vorüber. Am Regimente seiner Risa hielt er lange; manches Herz mogte grimmig an die Linke Seite des Küraffes anklopfen, als er sie so bedenklich ansah. "Und auch ihr seyd geflohn?„ sagte er — (dem Max die Hand schüttelnd) "ich will dich zu einem Regimente Rekruten setzen!„ — Das biß! und die Bärte zogen sich bis an die Ohren. "Nur vor der ersten Schlacht nicht!„ murmelten einige knirschend; er zuckte die Achsel, und ritte vorüber. Auf einer kleinen Anhöhe versammelte er die Generals und

Obersten, und theilte ihnen seine Plane mit. Inzwegen war das erste, das entsetzt werden mußte; gegenüber aber stand Uso — der mußte nothwendig erst geschlagen werden. Das waren zwei harte Nüsse! — Nach Alberts Disposition schien er keins von beiden im Sinne zu haben; er brach auf — Uso wurde durch seine Märsche konfus, und eh' er sichs versah, war er ihm auf dem Nacken. "Das ist der Nordenschild!„ rief Uso, da mit Sonnenaufgang alle Anhöhen vor ihm wie mit schwarzen Wolken überzogen waren, und im Rükken schon die Kanonen brachten. "Das ist Nordenschild!„ rief er, als sie mit festem Schritt anrückten und ihm zu fragen schienen: ob er fliehn wolle oder sterben? Er verboth es sehr streng seine Gedanken unter dem Heere kund werden zu lassen, denn er fühlte die Wichtigkeit des bloßen Namens; aber sie fühlten es bald selbst an der Ruhe, mit der der Feind anrückte, fühlten es am gesetzten Feuer, und an den Säbelhieben; und aller Muth war dahin.

In Luft, wo man jetzt begieriger auf die Zeitungen war, als jemals, erfuhr man bald allerhand Neues. "Am 17. dieses„ hieß es, "rückte Nordenschild gegen den Uso vor, griff ihn unvermuthet, mit Ueberwindung aller Hindernisse, von zwei Seiten zugleich an, und — schlug ihn, nach einem zwölfstündigen Gefechte, völlig in die Flucht.„ ꝛc. Man staunte; denn Uso war seit langen Zeiten nicht geschlagen worden — man sah einander an — wendete das Blatt um; und, siehe da!

da! — "den 19. überfiel er von der ganz entgegengesetzten Seite die Belagerer vor Imwegen, schlug sie glücklich ab, und erbeutete das sämmtliche Belagerungsgeschütz, nebst einem großen Theile des Lagers, welches der Feind auf der Flucht selbst angesteckt hatte.„ — und so ferner. Risa vergaß oft beinah ihr Inkognito für Freude; denn, wenn nun so alles um sie her ihn bewundert'. und liebte, da wäre sie so gern aufgesprungen, und hätte gerufen: das ist mein Albert! — Unaufhaltsam gieng er nun auch dem Adelson entgegen, der, mit einem eben so starken Heere, schon noch tiefer ins Herz von Bärenau gedrungen war; er gieng, und schlug! denn es war nicht anders, als ob Schrecken in seinem Namen vor ihm her gieng, und ein einziger Blick von ihm seinem ganzen Heere unüberwindlichen Heldengeist einflößte. Sein Regiment hatte ihn völlig ausgesöhnt! Er hätte jeden Grenadier umarmen mögen! so brav hatte es in diesen zwei harten Schlachten gefochten; und wo Risa Kürassier jetzt anfiel, da mußten die Feinde fühlen, wie tief es sie geschmerzt, daß ihnen Albert ihre Flucht vorgeworfen. Hätte ich nicht die Geschichte vor mir, ich glaube ich würde mich selbst schwerlich vom so auffallenden Einflusse eines einzigen Mannes auf ein ganzes Heer überzeugen können. Ein andrer hätte vielleicht, mit eben dem Muth und Klugheit das nehmliche unternehmen können, wie man die Beispiele leider in seiner Abwesenheit erlebt hatte — kurz, es gieng nicht! Aber sobald er an der Spitze stand, so war keine Schwierigkeit

unüber-

unüberwindlich), und es gieng alles. Der Eindruck, den sein Name machte, wurde bald noch auffallender; denn sobald der eine alliirte Hof, dessen Heer der alte Wildenfels in seinem Tobte noch so mürbe gemacht, erfuhr, daß Albert wieder an der Spitze stehe, gab er alle neuen Hofnungen auf, suchte einen Separatfrieden, erhielt ihn, und gieng nach Hause. Nun sollten die sechs und zwanzigtausend Mann, die gegen ihn gestanden hatten, halb zum Hektor und Turneisen, die immer noch in Gefahr waren, ganz aufgerieben zu werden, und halb zum Albert stoßen, und er freute sich schon, mit diesen ausgeruheten Völkern, denen er seinen Fust entgegen schickte, nachdem er beinah schon Bärenau völlig wieder gereinigt, etwas ganz entscheidendes unternehmen zu können. Aber Uso hatte sich, schneller als man glauben sollte, daß es in menschlichen Kräften stehe, wieder erholt, ein ganz frisches Heer an sich gezogen, das allein noch einmal so stark war als Alberts leider auch geschmolzenes und abgemattetes Häuflein, und kam ihm jezt mit zwei furchtbaren Heeren entgegen. Das eine stellte sich gerade zwischen ihn und den Fust, um die Vereinigung mit ihm zu verhindern, und mit dem andern gieng Uso selbst geradewegs auf Nordia los. Albert durfte seine Stellung nicht ändern, so sehr er wünschte, sich auf der andern Seite Luft zu machen, und den Fust an sich zu ziehen, denn sonst stand dem Uso ganz Bärenau offen, und das nahe Nordia war sein erster Raub; — ihm, ohne den Fust eine Schlacht zu liefern? —

gieng

gieng diese verlohren, so war alles verlohren! —
und doch war es das Einzige, was er thun konnte
und thun mußte, wenn er nicht Nordia vor seinen
Augen in den Händen der Feinde sehen wollte.
Alles zitterte für ihn! zitterte für seinen bisher errungenen Ruhm — für Nordia — und für sein
Leben; denn daß er jetzt keine Gefahr scheuen, und
das Aeusserste wagen werde, ließ sich voraus sehen.
Arno war im Begriff mit seinen besten Schätzen
das zitternde Nordia zu verlassen, und tiefer ins
Land zu flüchten, indem es vor menschlichen Augen
unmöglich schien, daß sich Albert aus diesem Labyrinthe werde herauswickeln, vielweniger der Gewalt widerstehn, und Nordia schützen können; Albert allein war ruhig! denn es gab ja keinen Ausweg, der ihn in der Wahl hätte zweifelhaft machen können. Er ließ seine Leute so viel als möglich ausruhen, nahm eine Stellung, aus der er
sich mit der möglichsten Geschwindigkeit nach allen
Seiten formiren konnte, und erwartete den Angrif,
da er selbst diesmal nicht mit Vortheil angreifen
konnte; denn seine Plane waren gemacht: siegen
oder sterben! — Noch niemals hatte man ihn so
vergnügt gesehen, als jetzt, in dieser Lage, die jeden andern in Verzweiflung würde gestürzt haben.
In seinem Zelte war jetzt alle Tage Fest, und
seine Soldaten mußten kochen und braten, als wenn
kein Feind weder zu hören noch zu sehen wäre. Er
ritte und gieng alle Tage unter ihnen herum, er-
mahnte sie: sichs wohl schmecken zu lassen, und
wo was fehlte, ließ er sogleich anschaffen; "denn
nach

nach der Schlacht haben wir vielleicht weniger Zeit dazu!„ sagte er; "und vielleicht auch mancher weniger Apetit!„ sagten sie lachend; und alles erwartete den Uso mit Ungeduld. — Uso schien es zu merken, daß er die letzte größte Kraft der zusammengedrückten Stahlfelder abzuhalten haben werde, und gieng in aller seiner Ueberlegenheit doch mit der größten Vorsicht zu Werke. Lange suchte er ihn durch verschiedene Bewegungen und andere gezeigte Absichten, zu einer andern Stellung zu verführen, durch tägliche Scharmützel in zu schwächen, und seine wahren Absichten zu verbergen; aber Albert hielt alle diese Feinheiten in wahrer Heldenruhe aus, und Uso mußte sich endlich entschliessen, so schwer und ungern er dran zu gehen schien, ihm in offenem Felde die Stirne zu zeigen.

Man urtheile, was für Unruhe diese zweifelhafte Lage des Albert in Lust seiner Risa verursacht habe. Von allen Seiten her hörte sie jetzt nichts als ihn beklagen; alle öffentliche Blätter stimmten überein: daß es vor menschlichen Augen um ihn geschehen sey, und die Nachrichten des Flit klangen auch immer bedenklicher, ob ihr gleich Albert selbst die beste Hofnung machte. Flit hatte ihn die beiden letztenmale schon mitten in Scharmützeln angetroffen, und ihr wirklich nichts als auf einem seiner Rockknöpfe den Namen " Albert„ zurück gebracht; jetzt, als er um Mitternacht zurückkam, hatte er nicht einmal dieses aufzuweisen, sondern brachte nur einen Gruß, und, trotz aller seiner brittischen Kälte, ganz zerstört die Nachricht:

daß

daß Uso von allen Seiten auf ihn eindringe. Risa sprang auf. Amalie fand am Morgen mit Kreide auf ihren Tisch geschrieben: "Ich muß meinen Albert sehen! und, wenn er stirbt, mit ihm sterben. Amalie, lebe wohl„ — Amalie sank in Ohnmacht, und Risa war mit ihrem Flit vielleicht schon auf der Grenze.

Vierter Abschnitt.

Halt aus, Herz! — es geht vorüber.

Rechts und links krachten Kanonen, und vor ihnen wildes Kriegsgeschrey; Flit sah sich oft sorgsam um, und dachte: jetzt wird sie blaß werden! und es wird heißen: halt! — Aber Risa trabte so kalt und ruhig hinter ihm her, als ob sie spatzieren ritten, und fragte nur immer: ob sie bald bei ihm wären? — Oft wichen sie noch mit genauer Noth, durch Hülfe ihrer flüchtigen Pferde, streifenden Partheien aus, und die Kugeln pfiffen ihnen artig um die Köpfe; nichts schreckte sie zurück! Oft hielten sie an breiten Gräben und unabsehbaren Abgründen, voll Dornen und Steinklippen; nichts hielt ihren Weg auf! Setzen, Klettern, in Gefahr seyn von Felsenklippen, oder vom strauchelnden Gaule selbst erschlagen und in einer nie wieder zu findenden Untiefe begraben zu werden — die zarten Hände, das schöne Gesicht und den vollen klopfenden Busen in Dornen zu zerreissen — alles war ihr einerlei; denn es gieng ja zu ihrem Albert. Endlich, nach unsäglicher Arbeit und Gefahr,

fahr, kamen sie wieder aufs Freie; Gott! es war die völlige Schlacht. Die ganze Stellung der Armeen hatte sich natürlicherweise geändert, und Flit wußte nicht wohin oder woher; ob sie unter Freunden oder Feinden waren; denn der dickeste Pulverdampf hatte den ganzen Luftkreiß erfüllt, die Erde schien unter ihnen zu zittern, und das Geheul und Geschrei vermehrte sich mit jedem Schritte. So strichen sie lange schon unsicher umher, als eine streifende Parthei auf sie stieß, die sie, schon als sie die Pferde zur Flucht umgewendet hatten, für Husaren des Albert erkannten. Sie fragten: wo Albert zu finden wäre? — "Allenthalben; du Windshund! schrie einer, der den Flit kannte; willst du die deutschen Kugeln auch kosten?„ — "Sie werden dir schön auf die dürren Rippen klatschen!„ — schrie ein anderer; und sie wollten vorüber fliegen. Aber der Officier stutzte doch, und kam gesprengt. "Um Gotteswillen!„ rief er, "Landgräfin!„ — "Ruhe!„ sagte sie; "wo ist Albert?„ "Hinter jenem Gebüsch wird er ohne Zweifel noch halten„ sagte er, "aber„ —

Risa. (schnell) Haben sie geliebt?

Der Officier. (mit einem Blick zum Himmel) O, Gott! meine gute Mariane steht gewiß jetzt Todesangst aus, denn sie darf nicht einmal um mich weinen! —

Risa. Warum nicht?

Der Offizier. Ihr harter Vater, ein stolzer Edelmann! — Ich bin bürgerlich, und habe nichts

nichts als diesen Säbel, und dieses Herz voll
Liebe! —

Rifa. Guter Mann! ihr Name?

Der Officier. Albani.

Rifa. (ihm die Hand reichend) Wenn wir leben, so ist Mariane die ihrige! — melden sie sich bei mir.

Er wollte danken, wollte sie warnen, und da sie sich nicht warnen lassen wollte, sie wenigstens mit seinem Kommando begleiten; aber — "es steht nichts davon in ihrer Order!" sagte sie, gab ihrem Gaule den Sporen und flog nach dem Gebüsche zu.

Dort hielt ihr Albert, auf einer kleinen Anhöhe, mit gezogenem Degen. Adjutanten sprengten auf und ab, und in einiger Entfernung hinter ihm hielt zu seiner Bedeckung, ihr Regiment. Es war ein seltsames Gefühl das jetzt, bei diesem Anblick' in ihrem Herzen klopfte! Sie war so ruhig; denn dort war er ja. Um ihren Albert zu seyn auf dem Schlachtfelde! — Gefahr mit ihm zu theilen, und — vielleicht mit ihm zu sterben; — o, Rifa! wie warst du so glücklich! — Ein Sporenstich noch, und — sie hielt neben ihm. "Ums Himmelswillen!„ rief er, als sie an ihn mit einem freudigen: "Glück auf!„ heran sprengte "Rifa! was willst du?„ —

Rifa. Mit dir sterben!

Albert. (ohne seinen aufmerksamen ernsten Blick von der Schlacht im Thale wegzuwenden) Dazu kann Rath werden! — (rufend) Adjutant —! Die Grenadiere nabiere dort leiden schrecklich; Hartwig Dragoner soll einhauen! — (ein Adjutant sprengte fort).

Auch Risa blickte jetzt ins Thal hinab, wo er mit dem Degen hin zeigte; eine Dampfwolke zog sich weg, und sie sah das fürchterliche Getümmel der Schlacht, das sie bisher nur gehört hatte; da wurde sie doch ein bischen bleich. Albert bemerkte es, und sah sie lächelnd an. "Nicht wahr? sagte er, im großen Saale zu Lusi tanzt sich's besser? Ich bitte dich, kehre um! da es noch möglich ist; vielleicht bald ist's unmöglich!„ "heute nicht! sagte sie gefaßt; wo du bleibst, bleib ich auch!„ Indem kamen wieder Adjutanten, blutend und wie ihre Pferde mit Schweiß und Staub bedeckt; er fertigte sie gelassen ab, und ritte weiter auf die Anhöhe vor. Risa wich nicht von seiner Seite. "Risa! rief er, um alles in der Welt willen bitte ich dich: kehre um! — Ich mag dir die Gefahr nicht sagen, unter der mir selbst das Herz bebt — Risa, kehre um!„ — "Unzertrennlich!„ sagte sie lächelnd, und blickte ihn mit innigster Zärtlichkeit an; "dich in Gefahr sehen, und umkehren?„ — Indem erhob sich zur linken ein Gebrauß, wie das Brausen eines Sturmwinds mit Hagelwetter, und zur rechten eine fürchterliche Kanonade. "Was ist das?„ rief Albert; Adjutanten sprengten nach beiden Seiten hin, und Risa stieg ab, legte ihren Arm auf seinen Sattelknopf, und sah ihn sehnlich an, als ob sie so, in diesem Anblicke sterben wollte. Lange schien er sie nicht zu bemerken; denn es kamen immer Adjutanten, denen er Befehle zu geben hatte. "Wir sind überflügelt! hieß es; überflügelt, auf allen

Seiten!„ — Auch das derangirte ihn nicht, und er gab mit der größten Ruhe Befehle, ihre Stellung zu ändern. und es koste was es wolle, die entgegengesetzten Anhöhen zu ersteigen. Dem einen Adjutanten fiel, in dem er mit dem Albert sprach, sein Pferd, verblutet, unterm Leibe nieder; er warf sich auf ein andres, und sprengte wieder fort. Todenblässe stand einigen auf den Gesichtern, wie schon halbe Leichen hiengen einige kaum noch auf den Pferden, und sanken, indem sie fortsprengen wollten, verwundet davon herab. Jetzt wollte der Risa zu schäudern anfangen. Ein scharfes Pfeifen erhob sich in der Luft, und man erinnerte den Albert: daß es hier unsicher werde; doch er achtete es nicht, und hörte nicht darauf. Um seiner Risa willen hätte er doch wohl jetzt darauf geachtet; aber er war jetzt eben ganz beim Vaterlande, und dachte nicht einmal daran, daß sie an seinem Pferde lehnte. Sein Generaladjutant Drako kam in voller Furie gesprengt, und indem er sprechen wollte, riß ihn eine Kanonenkugel vom Pferde. Risa wurde vom Drucke der Luft hart an Alberts Pferd angeschlagen, und ein eiskalter Schauer überlief sie. "Mein braver Drako!„ rief Albert; "Arme Seline!„ seufzte Risa. Sie wollte Rettung versuchen; aber er war todt. Die Kugel war unterm rechten Arme hinein, und mitten durch die Brust gegangen. Indem kam Buschmann gesprengt. — "Das ganze Heer, das gegen den Fust stand, rückt uns im Rükken an! rief er; der Vortrab sprengt schon dort unten um die Anhöhen herum,„ — "Das hab' ich gedacht!

dacht! rief Albert grimmig, und drückte den Huth in die Stirn; nun muß Ufo weichen, oder über unser aller Schädeln nach Nordin gehen! — O, Risa! was hast du gemacht! — Bei mir bleiben kannst du, bei Gott, nicht! — Du wirst erdrückt im Gedräng', auch wenn dich keine Kugel treffen sollte. — (rufend) Küraffier! — (Max flog wie ein Sturmwind mit dem Regimente herbei) Mehr kann ich nicht thun! — theilen mit dir und dem Vaterlande; — wenns noch eine Möglichkeit ist euch beide zu retten. — Holmer! hier — eure Landgräfin! (ein frohes Gemurmel erhob sich unter den Reitern) Und dir, Max! — mein ganzes Glück — alles! alles! — bei Gott, alles was ich noch hab' auf der Welt außer dem Vaterlande — vertrau' ich dir an! — Es ist die Schwester deiner Valeska! — Max! — (ihm die linke Hand reichend, und mit der rechten, in der er den Degen hält, an die Brust schlagend) und — was ich jetzt beschließe! — (ihm heftig die Hand schüttelnd) wenn du sie rettest! (zur Risa) Sitz' auf! (zum Max) Nimm die Hälfte da! und sieh zu, wie du dich irgendwo mit ihr durchschlagen, und sie in Sicherheit bringen kannst! — Ich breche mit der andern dort in jene Lücke — dort! — (zu Burern, der die ganze Zeit über still und ernst neben ihm gehalten hat; ihm die Hand mit dem Säbel hinreichend) Mache fest! —

Burer schlang ihm den Riemen am Säbel fester um die Hand, und band ihm den Huth an. Max theilte das Regiment ab.

Risa.

Risa. So ists denn keine Möglichkeit, Albert! daß ich bei dir bleiben kann?

Albert. Nein! — "Das Vaterland ruft!„ sagtest du mir einst, als ich beleidigt war, und in Ruhe mit Ehre seinem Untergange zusehen konnte. Jetzt kann ichs nicht! — "Das Vaterland ruft!„ sage ich jetzt — (ihr um den Hals fallend) o, Risa! — lebe wohl! —

Die Trompeter bliesen; Burer kam um seinen Herrn herum gesprengt, und küßte Risas Hand, in der sie den Zügel hielt. Max allein bemerkte, daß dem harten Krieger eine Thräne aus dem Auge auf ihre Hand hin fiel. — Er sah sie nicht wieder! — Albert riß sich los, und sprengte fort. Max nahm die wie betäubte Risa bei der Hand, und seine Holmer schlossen sich an. Er ließ sie sich einschwenken und wollte links aushin reiten; da riß sich auf einmal Risa wieder heraus, und sprengte gegen ihren Albert vor. "Albert! rief sie, mein Albert! wo sehen wir uns wieder?„ — "Ich weiß's nicht!„ rief er — "Trompeter, Marsch! Marsch!„ — Die Trompeter schmetterten: Marsch! Marsch! — und er flog mit verhängten Zügeln davon. Da hielt sie, wie aus der ganzen großen Welt herausgerissen, und sah mit ausgestreckten Armen ihm nach; denn sein "ich weiß's nicht!„ fuhr ihr mehr durch Mark und Bein, als alle Schrecken der Erde. Langsam sanken ihre gefalteten Hände auf den Sattelknopf herab, als sie ihn für Staube nicht mehr sehen konnte; keine Thräne — aber ein Blick zum Himmel — o, welch ein Blick! es war ihre ganze

liebe=

liebevolle Seele, — sie betete. Rings umgeben
von Schrecken und Tod — die schöne Risa, betend
auf dem Schlachtfelde! der Himmel mußte sich er=
barmen. Jetzt kam Mar, und erinnerte sie: daß
Albert sie ihm anvertraut, und sie ihm also folgen
müsse. Sie reichte ihm ruhig lächelnd die Hand,
und flog mit ihm und ihren Holmern davon.

Aber es war zur Rettung für die gute Risa zu
spät! — Rechts Untiefen und unwegsame Gebü=
sche, wo räuberisches Gesindel hinter jedem Strau=
che mit gespanntem Hahn auf Beute lauerte; links
das feindliche Land und nichts als streifende Par=
theien; vorwärts das in hellen Haufen anrückende
Heer des Suthamton, der gegen den Fust gestau=
ben hatte, und im Rücken die furchtbarste Schlacht.
Wo sollte sich der gute brave Mar mit ihr hinwen=
den? wo gabs weniger Tod, in einer Gegend,
wo er zu Hause zu seyn schien? — Mit Löwen=
muth fiel er einen Trupp nach dem andern an, und
dachte sich durchzuschlagen; unbändig hieben die
braven Holmer um sich, ihre geliebte Landgräfin
in der Mitte, Blut floß von ihren schweren Sä=
beln, und jeder Hieb wickelte von einem Körper die
Seele los; aber die widerstehende Macht war zu
groß und die Tapferkeit mußte ihr weichen. Ihrer
wurden immer weniger, die meisten der noch Leben=
den waren verwundet, Mar selbst, an der Hand
und auf dem linken Backen; die Pferde waren abge=
trieben von der grimmigen Hitze und dem unablässi=

gen Gefecht, und eins nach dem andern stürzte verwundet oder aus Mattigkeit hin. So streiften sie lange unstät im freien Felde umher, nachdem sie sich mit Mühe aus dem letzten Gefecht mit einem zu ungleichen Haufen losgewickelt, und suchten umsonst einen Ausweg. Risa wollte durchaus kein Blut mehr um ihretwillen vergießen laffen, bedauerte mit Thränen den braven Max, und floh mit zerstreuten Haaren, nach dem dicksten Schlachtgetümmel zurück, Um mit ihrem Albert zu sterben; da begegneten ihnen Stutz und Buschmann, die, wie die Spürhunde, beständig bei solchen Gelegenheiten auf der Lauer umherstreiften, und diese wollten dort unten ein kleines Thal wissen, aus dem sich eben der Feind weggezogen, und versprachen sie da durch zu bringen. Sie kamen auf dem Wege dahin wieder über den Platz, wo sie zuvor gehalten hatten; hier entdeckte Risa die Leiche des braven Drako wieder — "Halt!„ rief sie und sprang ab, "im Fall ich leben bleibe, so muß ich seiner Seline was mitbringen; Max, deinen Säbel!„ — Sie schnitte ihm mit dem blutigen Säbel schaudernd eine Locke ab, und steckte sie in ihren Busen. "Auf daß ich auch was hab!„ sagte Stutz, und zog ihm die Uhr aus der Tasche, eh's an fremde Leute kommt! — "Ei, ein schön Mädgen!„ — Es war das Portrait der Seline. "Was?„ sagte Risa, "das Portrait seiner Frau? — Ja! die Uhr ist mein; hier hast du die meinige!„ — "Auch gut!„ sagte der wilde Stutz; "aber der Ring hier? ist der auch ihre?„ —

Risa.

Risa. Laß sehn! — (es war auch das Bild seiner Seline) Guter Drako! (den Ring an ihr Herz drückend) allenthalben deine Seline! — Seline, auch in diesem durchbohrten Herzen! Lebe wohl! — (bitter weinend) Drako! redliche Seele, lebe wohl! Ich will sie trösten, deine arme Seline! (mit tiefem Schmerz) vielleicht auch als Witwe! — Kinder! und wenns möglich ist, wenn ich nicht mehr hier bin — begrabt ihn! — (zum Stutz, indem sie sich wieder zu Pferde schwingt) Du hast für den Ring hundert Dukaten an mir zu fordern. —

Unter dem fürchterlichsten Gekrache der Kanonen trappten sie das Thal hinunter, indem sich die Schlacht davon etwas links gezogen. Am Ende desselben sahen sie einen Trupp ledige Pferde stehen, und dabei Reiter und Fußvolk an der Erde sich mit jemanden beschäftigen. "Geschwind! — Geschwind! — Pferde!„ — rief es dort; das Herz pochte dem Mar. Risa erkannte die Stimme ihres Albert; und flog wie ein Pfeil hin. Er war verwundet, wiewohl leichter als man befürchtet hatte, und ließ sich verbinden. Risa war schon zu sehr an Schrecken dieses Tga über gewöhnt, sonst würde sie dieser Anblick ungleich heftiger erschüttert haben. "O, Gott!„ rief sie, sprang ab, und warf sich in wilder Betäubung neben ihn hin. "Auch du noch nicht in Sicherheit?„ rief er schmerzhaft; "o Mar!„ —

Max. Wir bluten alle! dort oben aber ists schlechterdings unmöglich; so suchen wir hier einen

Ausgang. Ich lebe noch, Albert! und so laß dir nicht um sie bange seyn.

Albert. O weh, braver Max! du blutest sehr; aber nicht wahr, es rückt alles an?

Max. Alles! — Mit Mühe nur haben wir uns aus dem Vortrabe heraus gehauen.

Albert. Geschwind denn, geschwind! — (dem Feldscheer seinen Arm hinreichend) drücke die Kugel heraus, wenn sie noch drinnen ist, gieß dein Zeugs drauf, und binde zu. Geschwind! — Pferde! — (man bringt einige Pferde.)

Risa. (bittend) Albert ich will bei dir bleiben!

Albert. (bitter lachend) Ha! bei mir? — Wer mit aller Gewalt den Tod sucht, der muß sich jetzt an meine Seite stellen! — (grimmig) O, Risa! mit Meuchelmördern bin ich umgeben! — alles ist todt, was um mich war! — mein Irrländer, der große Däne — Burer — alles todt! — Hardi! — (kn'rschend) Hardi! — Risa, dir bangte wohl immer für diesem Buben! — Ich hörte im Gedränge hart hinter mir einen Schuß; — "Kanaille!„ schrie Burer an meiner Seite; da sah ich mich um, und indem stach er den Hardi vom Pferde, der wahrscheinlich schon das zweite Pistol auf mich hielt. Hat er mich getroffen, weiß ich nicht! Den ehrlichen Burer sah ich nicht mehr; er war hart verwundet, und konnte kaum den Säbel noch heben. Indem stürzte mein Irrländer; ich wollte wieder aufsitzen, aber sie rissen mich mit Gewalt heraus, weil sie dachten, ich mögte ver-
bluten.

bluten. — (seinen rechten Arm, in dem er immer noch den Degen hält, freudig aufstreckend) O, Gott sey Dank! — Vaterland! ich habe noch Blut genug! — (zu seinen Leuten) zu Pferde! — ich bin gleich da! —

"Schrecklich!" rief Risa; "schrecklich!" — Indem kam ein blutender Adjutant fröhlich gesprengt, und schrie: Sieg! Sieg! — Uso ist todt und alles flieht!" — Da ließ Albert lächelnd seinen Degen neben sich hinsinken, streckte den Arm aus und sagte: "komm, meine Risa! jetzt habe ich einen Augenblick für die Liebe!" — Sie fiel ihm in den Arm; und mit wilder Freude standen die blutenden Helden umher und sahen diesem prächtigen Schauspiele zu. "Rasch nun hinterher!" rief er nach einigen Augenblicken, und sprang auf; daß auch ihre Rücken bluten, und sie die Flucht nicht läugnen können! Schwanecker soll sich mit dem linken Flügel wenden, und dem Suthamton entgegen rücken! — Die Batterien auf den Anhöhen dort thun ihm nun gute Dienste; — fort! — (die Adjutanten sprengen fort) Ich denke nicht, daß es weiter soll Noth haben! — Und nun, braver Max! (ihn umarmend) Ich danke dir! — danke dir — meine Risa! — Ich werde nicht vergessen, was ich dort oben beschloß, als ich dir sie übergab! du hast sie redlich mit deinem Fürstenblute beschützt — vielleicht kann ich dirs vergelten! — Jetzt laß dich verbinden, und erwarte mich hier. Ich reite nur dort hinauf, um zu sehen, wie es mit dem Suthamton steht, und bin gleich wieder bei euch. (lächelnd zu seiner Risa, die sich fest an ihn schmiegt) Du darfst nun nicht fort! Daß du ganz sagen kannst: ich hab'. eine Schlacht, gesehen! maßt du dann noch mit uns über den Wahlplatz reiten, und — Viktoria schießen hören; — Auf den Abend — hier hast du meine Hand, —, auf den Abend schläfst du (lächelnd) in Amaliens Bette,,. —

Er umarmte sie, ließ sich aufs Pferd heben, und sprengte mit seinem Gefolge davon.

Allenthalben her bestätigten sich jetzt die fröhlichen Nachrichten von der vollkommensten Niederlage der Feinde. Suthamton hielt auf die Nachricht von Uso's Tode, kaum den ersten Gruß der Batterien ab, und zog sich in der ersten, größten Unordnung in die Gebirge zurück; aber der muthige Schwanecker holte ihn ein, machte seine ganze Arriergarde zu schanden, erbeutete viel Geschütz und die sämmtliche Munition, und that ihm in den engen Wegen, die er in der Geschwindigkeit besetzen lassen, noch unermeßlichen Schaden. Albert kam sehr fröhlich zurück, nahm einige Erfrischungen, und führte dann wirklich seine Landgräfin übers Schlachtfeld; "Es ist nicht allein, daß man siegt und sich freut,, sagte er lächelnd, als sie schon beim Anblicke der unzähligen Todten und sich noch zerstümmelt in ihrem Blute röchelnd herum wälzenden Sterbenden, zu schaudern anfieng; "auch das Schreckliche solch eines Siegs muß man ertragen lernen,, — Sie war äusserst bewegt, denn jetzt
fiel

fiel ihr ein: daß ihr Albert auch so daliegen könne.
Man konnte den Platz genau unterscheiden, wo
er zuletzt gefochten; denn die Leichen lagen dicker;
und er ließ seinen Buxer auffuchen. Er lag, mit
Wunden bedeckt, unter einem Leichenhaufen; sein
Säbel stack noch in der Brust des Hardi, der neben ihm lag, und er hielt ihn noch so fest in der
Hand, daß man sie ihm mit Gewalt aufbrechen
mußte. Vermuthlich war er also schon ganz verblutet gewesen, und — o, der redliche Greis; hatte doch im Todeskampfe noch seinen Herrn von
der Hand eines Schurken errettet. "Er soll nicht
hier begraben werden,„ sagte Albert, tief gerührt,
"ob er gleich hier auch neben Helden läg; unter
jenem Baume dort oben, will ich ihn dann, neben
meinem Drako begraben sehen; (sich eine Thräne vom
Auge wischend) sie waren meine Freunde.„ —
"Hier!„ sagte Stnz, der indeß dem Hardi die
Taschen ausgeleert hatte, und gab ihm einen Brief,
den er darinn gefunden; Albert schlug ihn auf, und
erkannte sogleich die Hand der Therese. "Sie
thun sehr unrecht,„ schrieb sie, "daß sie in Verlegenheit sind, als ob ihre Gelder, seit dem letzten
verunglückten Unternehmen, aussen bleiben würden.
O, der beste Schütze kann fehlen! und sein Trost
ist: daß er noch mehr Kugeln hat. Ich hoffe sie
sollen auch so denken; besonders, da er nun wieder bei ihnen ist, wirds ihnen an Gelegenheit nicht
mangeln. Denken Sie daran: daß sie sich jetzt
nicht mich allein, sondern auch unsern Hof ver-
bindlich machen; und im Fall sie darüber Verdacht

auf

auf sich erweckt haben, und in Verlegenheit zu kommen glauben sollten, so finden sie gewiß keine sichere Zuflucht, als bei ihrer

Therese.„

"Verfluchtes Weib!„ rief er, und gab seiner Risa den Brief; "also wahrscheinlich auch vor Ins wegen, war er der Hund, der mich von hinten morden wollte. Schön! — herrlich! — o, Bube! so trug dir dem Privathaß noch Geld ein? — Hier solltest du seufzen: arme Berda! denn sie darf nicht einmal ihren Schurken beweinen.„ — "Und er war vielleicht nicht der einzige!" sagte Risa sorgsam, und zeigte ihm auf der andern Seite des Briefs, was er in der Hitze nicht bemerkt hatte. "Noch lege ich eine besondre Anweisung auf fünf hundert Dukaten bei; indem sie mir von einigen Freunden schreiben, die sie damit in unser Interesse ziehen könnten. Auch soll auf Verlangen, noch mehr erfolgen; denn, sie haben recht, für zwei, drei, findet sich immer mehr Gelegenheit, als für einen einzigen!„ — "Pfui, rief er, bitter lachend, und gab den Brief unter den anwesenden Generals und Adjutanten herum; Pfui, meine Herren! — o, der Schande! daß Bärenans Adel seine Generals und seine Ehre um ein Spielgeld an die Feinde des Vaterlandes verkauft! — Ich will diesen Brief mit an den Arno schicken, daß er doch sieht, unter was für Menschen ich bin!„ — Alle waren äusserst aufgebracht. Es wurden nach der Hand ohne Vorwissen des Albert, im geheim und

öffent=

öffentlich Untersuchungen unter den Freunden und Bekannten des Hardi angestellt; aber sie konnten alle ihre Unschuld beweisen, und fluchten ihm noch in den Tod nach: daß er sie, wahrscheinlich um nur noch mehr Geld zu schneiden, in einen so schändlichen Verdacht gebracht.

"Ich habe gesiegt!„ schrieb Albert sogleich dem Arno; "so vollkommen, daß du dich ruhig auf dein Ohr legen und schlafen kannst; aber von was für Menschen ich umgeben bin, wirst du aus diesem Briefe sehen, der sich in der Tasche des Hardi fand, den mein braver Buxer in der Schlacht hinter mir niederstieß, als er ein Pistol auf mich abfeuerte. Ich bin leicht in den linken Arm verwundet, ob aber durch den Schuß dieses Schurken, weiß ich nicht. Ueberhaupt hoffe ich, es soll sich dir durch diesen Brief vieles aufklären, und du sollst mich bedauern. Ich blute für dich und das Vaterland, und man verkauft mich an meine Feinde! — Doch werde ichs wagen, und sobald ich das Heer des Uso (den du auf der Todtenliste finden wirst) vollends aufgerieben habe, gerades wegs auf Helmingen losgehen. Ich mögte vielleicht diesmal nicht so glimpflich damit umgehen, als einst; denn ein Feind, der sich zu dergleichen Niederträchtigkeiten herabläßt, verdient keine Schonung. So viel indeß vom Schlachtfelde aus, um dich und dein Nordia zu beruhigen; die offiziellen Berichte sollen noch diesen Abend ausgefertiget werden, und mit dem Tage von hier abgehen. Die Landgräfin hat mich heute auf dem Schlachtfelde besucht,

besucht, und sitzt, indem ich dieses schreibe, neben
mir auf einer Kanone. Doch ich denke, es soll
das erste und letztemal seyn, daß sie solch eine Vi-
site gemacht hat; denn abgerechnet, daß sie unser
braver Prinz Max kaum noch aus der Gefahr ret-
tete, so will es ihr auch hier auf dem Wahlplatze
gar nicht behagen. Sie küßt dir die Vaterhand,
und verspricht: unmittelbar über Lust nach Nordia
zurückzukehren. Sobald sie hat Viktoria schießen
hören, werde ich sie auf das Guth der Gräfin von
Prascha nach Rosenau bringen lassen, wo sie diese
Nacht schlafen soll, und mit dem anbrechenden Tage
bricht auch sie wieder nach Lust auf.

Albert."

Flit sollte sogleich damit fort; aber da war
kein Flit weder zu hören, noch zu sehen! Endlich,
nach langem Suchen graßte dort ein dürrer Roth-
schimmel an einem Raine, und Flitt lag daneben
auf einer zerschossenen Kanone, und schlief so sanft
und ruhig, wie in seinem Bette. "Flit! Flit!"
schrie alles; und mit einem Sprung war er auf,
und zu Gaule. "Here is I," schrie er; und war
wirklich schon da! so munter, als wenn er nicht geschlafen hätte. Er erhielt, nebst diesem Briefe, den
Auftrag: von der letzten Station aus, weil es ihn
sonst aufhalten würde, mit so viel Postillons als er
auftreiben könne, nach Nordia hinein zu reiten,
und flog schon beim letzten Worte, mit einem freudigen "Fare-Well," über die Leichen hin.

Das

Das Fußvolk rückte endlich wieder auf die Wahlstadt vor, und die schwere Reiterei kam vom Nachsetzen zurück. Freilich war auch manches Regiment ziemlich zusammen gerückt; aber Albert mogte heute gar nicht hin sehen, denn er fühlte sich jetzt an der Seite seiner Risa so glücklich. Er ritte mit gezogenem Huthe an der Fronte hinunter, und dankte im Namen des Vaterlandes. Unterm Viktorieschießen lehnten sie Arm in Arm an dem Baume, wo sie ihn diesen Morgen getroffen, und sahen den Burer und Drako begraben. Es war ein schauerlich prächtiger Anblick! Heldengeist und Liebe strahlte aus seinem Auge, und eine Thräne der Freundschaft schwamm im hohen Siegerblick, als dort, unterm Gekrach der Kanonen, ein lautes: "es lebe der König!„ die langen Reihen der Krieger durchlief. Jetzt glaubten sie nicht tiefer fühlen zu können; als aber, bei der zweiten Salve: und unser Nordenschild!„ — und bei der dritten, von Risa Kürassier aus, die mit hochgeschwungenen Säbeln den Ton angaben; "und unsre Landgräfin Risa!„ das weite Thal zurück hallte; da schwuren sie sich in einer langen Umarmung: auch ohne Krone und Reich, einander das zu seyn, wofür sich wechselsweis ihre Herzen erkannten.

Das Glück dieses Tags sollte gekrönt werden. Langsam und immer dumpfer rollte das Gekrach an den Bergen hinunter, und verkündigte rechts zum Schrecken der Feinde, und links zur Freude jedes guten Bürgers im Vaterlande: daß Atno noch immer der große König in Nordia sey! — Albert lag noch in Risas Armen und fühlte die Freude des Va-

terlan=

terlandes, die Freude des Arno, der Feinde Schrek, ken, und — Risas Liebe; — da erhob sich auf einmal über den Bergen eine fürchterliche Kanonade. "Das ist Fust! rief Albert, und fuhr auf; (freudig) o, Fust! — herrlicher Fust! du krönst meinen Sieg.„ — Stutz und Buschmann, und einige Kommandos der flüchtigsten Reiterei mußten sogleich fort, und Erkundigung einziehen; und als Albert von Rosenau, wohin er seine Risa zu ihrem Nachtquartiere begleitet, mit Sonnenuntergange zurück kam, waren auch sie mit einigen aufgefangenen Flüchtigen zurück, welche aussagten: daß Fust wirklich durch verstellte Märsche den Suthamthon hintergangen habe, und mit unglaublicher Geschwindigkeit zurückgekehrt seyn müsse, weil er sie schon in dem engen Thale bei Breitenbach hier, mit der schrecklichsten Kanonade empfangen. Als sie weggelaufen, wär eben seine Reiterei zwischen den Bergen hervor ihnen in die Flanken eingebrochen, und was nicht etwan, durch Begünstigung der Nacht, sich mit der Flucht in die Wälder rette, müsse in Grund und Boden gehauen und geschossen werden. Albert kampirte fröhlich diese Nacht auf dem Schlachtfelde. Mit dem anbrechenden Morgen zog Fust schon triumphirend an den Bergen herunter; brüderlich umarmten sich diese zwei siegenden Helden auf den Trümmern der Stolzen, und brausten nun, fürchterlich wie eine Gewitterwolke, vereinigt, durch das feindliche Land hin.

Aber

Aber Risa trabte langsam und trübe, mit dem Buschmann und einem Kommando Dragoner, das sie bis an die friedliche Grenze bringen sollte, jenseits der andern Bergkette hin; — Amalie weinte für Freuden, als sie sich ihr am andern Tage wieder in den Arm warf, und vergaß die fürchterlichen Stunden in denen ihr gutes Herz für sie gezittert. „Ich hab' eine Schlacht gesehn, Amalie! rief sie, mit innigen Schauder; Amalie! kein Schrecken in der Natur kann diesem gleichen; und mitten in diesem Schrecken stand Albert, ruhig wie ein Gott! — Hier! — eine Locke des braven Drako, der an meiner Seite fiel! mit dem blutigen Säbel des Max habe ich sie ihm für sein armes Weib abgeschnitten; — (sich schüttelnd). Amalie! wie hat es dieses Herz aushalten können! jetzt ist es mir ganz unbegreiflich, wie ich so kalt hinein reiten und das alles mit ansehn konnte; — Gott! aber was überwindet die Liebe nicht? Und als sie Viktorie schossen — Amalie! nun herausgewunden aus allen diesen Schrecken — Amalie! was wir uns da schwuren; — Du wirst staunen, und dich freuen!" — Stunden verstrichen wie Minuten, unter solchen fürchterlich süßen Erzählungen und Lust jauchzte, voll Liebe für den glücklichen Helden, als der allgemeine prächtige Ruf von diesem Siege nun erscholl; aber Flit kam mit dringenden Bitten vom alten Arno zurück, und Amalie weinte bald am Busen ihrer Risa die bittersüße Thräne der Trennung.

R   Arno

Arno war jung geworden für Freude. Mit Helldengluth auf den eingefallenen Wangen hörte er die Erzählungen des heldenmüthigen Mädchen; Valeska zitterte, stolzer nun noch auf ihren Mar, der ihre Risa gerettet, und das jauchzende Korbia vergötterte seinen Albert.

Aber Albert glich einem Blizstrale; schön, schnell, unaufhaltbar gewaltig und fürchterlich schwebte er jetzt schon über dem Haupte des zitternden Feindes. Er hatte keinem geschlagenen Heere nur einen Augenblick Zeit gelassen sich zu erholen; es konnte also nicht fehlen, daß sich bald keins mehr in ofnem Felde zu erhalten im Stande war, sondern sich, wie die gescheuchten Rehe, in die noch übrigen festen Plätze werfen mußte. Solchergestalt, ohne mehr einen Feind im ofnen Felde vor sich zu haben, ließ Albert ein kleines Heer zur Einschließung dieser Plätze zurück, und gieng mit dem Kerne seiner Völker geradewegs zum drittenmale vor Helwingen. Jetzt, da auch von keinem Alliirten mehr Hülfe zu hoffen war, indem Hektor und Thurneisen sie beinah eben so kleinlaut gemacht hatten, — jetzt schien Helwingen ohne Rettung verlohren zu sein. Ein kleines aber muthiges Häuflein — es war das Herzblut vom Sambrianischen Reiche; die schönsten Leute! mit denen einst Uso seine einzigen Vortheile über den Albert erhalten — dieses Häuflein noch stellte sich ihm, kühn und trotzig gnug in den Weg. Es dauerte ihn; aber weil es nicht hören, und sich mit Drohungen und kleinen Scharmützeln wollte zu-

rück

rück weisen lassen, so müßte es die ganze Schwere seines Arms fühlen, und blutend ihm das Feld und Helwingen überlassen. In dieser Schlacht fiel etwas merkwürdiges für ihn und die gute Sophie vor; aber wir erfahren es Zeit genug, wenn sie sich in Nordia wiedersehn, und bleiben jetzt auf der Bahn seiner Siege. Mit der unglaublichsten Geschwindigkeit war Helwingen von allen Seiten eingeschlossen, so daß sich der Hof nicht einmal entfernen können; jetzt flog die erste Bombe hinein, um zu zeigen wie er an eine Königsburg anklopfe, und hundert Zwölfpfünder zerschossen in wenig Minuten die größte Batterie, hinter den königlichen Gärten, um seinen Ernst und seine Forsche zu zeigen. Alles war in Todesangst; denn man versprach sich von ihm, aus guten Gründen, wenig Schonung. Aber jetzt griffen sie sein Herz an; und der, der durch keine Macht und Schmeichelei war zu überwinden gewesen, wurde durch sein Gefühl und durch seine Großmuth überwunden. Die Landleute — ein ehrliches biederes Volk, das ihm immer gefiel, lag weinend zu seinen Füßen, und flehte: Friede! — Weiber und Mädchen, und Männer und Greise der Vorstädte, die jetzt abgebrannt werden sollten, neben ihnen mit gerungenen Händen, und wimmerten: Friede! — Da stand er; den Degen in seiner rechten schon ausgestreckt mit dem Befehle zur fürchterlichsten Kanonade — ein schönes weinendes Mädchen netzte seine linke, unter den sanftesten Küssen, mit ihren Thränen, und reichte ihm die mit Lorbeeren durchflochtene Palme des Friedens; — er blickte mitleidig herab, und — es jammerte ihn, "Friede! Friede!" riefen sie; "du warst der furchtbarste Feind, o sei auch der edelste!" — "Es sei!" sagte er und steckte den Degen ein; "in sofern ich ihn euch geben kann, so habt ihr Frieden." — O! du bist Arnos Herz;" riefen alle freudig, und jauchzten ihm ihren Dank. "In diesem Kusse bringe ihn indeß von mir deinen Bürgern," sagte er, und küßte das schöne Mädchen; "und du — (einem Greise die Hand schüttelnd) deinen Bauern! — Um euretwillen, bei Gott! um euretwillen hab ich meinen Degen eingesteckt; — (mit Feuer und Nachdruck) sonst steht hier, wie ihr seht, ein furchtbares Heer, um euren Könige die Würde des Markgraf Arno begreiflich zu machen." —

Er entließ sie freundlich, unter lautem Jauchzen, und schrieb noch in dieser Stunde dem Arno. "Sie bitten um Frieden," schrieb er, "Arno! und ich fühlte mich so glücklich, als ich, mit der Macht in den Händen, sagen konnte: ich mag sie nicht brauchen! — Es ist so edel der Ueberwundenen zu schonen, Arno! gieb ihnen was sie bitten! Du weißt mit welchem Grimm ich hierher zog; und sieh — jetzt bitt' ich dich selbst darum; gieb ihnen Frieden! daß der, der dich blos fürchtete, von nun an auch liebt, und Deutschland deinen größten Sieg bewundert — den Sieg über dich selbst. Aber mir schicke den Brief der Therese an den Hardi zurück; denn dieser soll meine einzige Rache werden. —

Albert."

Arno

Arno gab fröhlich Frieden; denn er fühlte das Ziel seiner Tage dringend heran nahn. Er schickte dem Albert indeß Vollmacht, nach seinen vorgeschlagenen Punkten, indeß die Präliminarien zu unterzeichnen, und versprach: sogleich einen Minister, mit gehöriger Instruktion, zur völligen Vollziehung abgehn zu lassen.

———

Albert wurde sehr freundschaftlich eingeladen: selbst zu den Unterhandlungen in die Residenz zu kommen; er fühlte was besondres in dem Gedanken: mitten unter seinen Feinden zu sein, entschloß sich dazu, so viel auch seine Freunde dagegen hatten, und gieng, mit seinem Fust und einer kleinen Begleitung Reiterei, dahin ab. Alles jauchzte ihm entgegen, als seinem Wohlthäter, und was nicht jauchzte das stand starr für Staunen. Er der schönste Mann, der jemals in Helwingen gesehn worden, und Fust eine Riesenfigur, für dessen Fußtritt die Erde zu beben, und dessen Blick die Sonne auszulöschen schien. Er sprach am Hofe ganz als Sieger und Bevollmächtigter des Arno, von dessen Großmuth jetzt ganz das Schicksal des einst so stolzen und übermüthigen Sambrianien abhieng, und doch ertrug man ihn nicht nur, sondern kam ihm allenthalben mit Freundschaftsbezeugungen zuvor. Er lächelte dazu; denn er fand darinnen Furcht und Scham. Die Weiber vorgaben es jetzt der Therese, daß sie, bei all' ihrem Haß gegen ihn, immer doch noch mit so viel Feuer von ihm sprach, und beneideten sie sämtlich um die vergangenen Zeiten, aus denen sie kein Geheimniß gemacht hatte. Der Minister kam; und der vortheilhafteste, und, wie es schien, festeste Friede wurde unter der Garantie des mächtigen Hofes den Albert für den Arno gewonnen hatte, nicht nur mit diesem Reiche, sondern auch mit seinen Aliirten, deren Völker unter Hektors und Thurneisens Schwertern seufzten, endlich hier abgeschlossen. Helwingen schien nun neu aufzuleben, und jeder Tag war ein Fest. An einigen wenigstens mußten die hohen Abgeordneten Antheil nehmen, so sehr sie nach Hause eilten; und besonders der prächtige Sieger, Albert. Er war nun ganz biegsamer Hofmann, nachdem er sie den Helden hatte fühlen lassen, und eroberte Herzen. Man scherzte jetzt über die Bombe, die er zum Morgengruß' herein geschickt; über die fürchterliche Kanonade, mit der er die Damen aus dem Schlafe geschreckt, und über das schöne weinende Mädchen, dem er zuerst mit einem Kusse den Frieden versprochen; o! wie manche Dame mogte wünschen an ihr der Stelle gewesen zu sein! und die Schwermeret gieng so weit, daß man ihn in dieser Stellung mahlen ließ. Ein Stück das sehr theuer bezahlt wurde; denn es war jeder erwachenden Dame das schönste liebste vis à vis in ihrem Schlafzimmer. Er ließ sich das Mädchen kommen, um sie doch recht mit Verstande zu betrachten; es war die Tochter eines sehr armen Schullehrers, aber ihre Schönheit und Güte des Herzens, die aus dem unschul-

bigen

digen blauen Auge sprach, erhob sie weit über manche Dame. Sie sollte sehr schön singen und Klavier spielen, — er ließ ein Instrument bringen, sie spielte — sang — und alles übertraf weit alle Beschreibungen. Er beschenkte sie fürstlich, und sprach von nun an mit Begeisterung von ihr; aber mehr noch begeistert war der eisenharte Fust. Am Hofe war man ordentlich sinnreich sich ihm gefällig zu machen; man hatte kaum bemerkt, daß er im Ernste dieses Mädgen unterscheide; so hatte ihr Vater (er hieß Ulrich, und das Mädgen Henriette) schon einen bessern Dienst, und er war also doch in der Verlegenheit, im Ernste diesem Hofe, wie er es nicht gehoft hatte, für etwas danken zu müssen. Alles wetteiferte darinnen, und Therese trug ihn, wie man zu sagen pflegt, beinah auf den Händen; aber er vergaß doch seine Rache nicht! —

Am letzten dieser Festtage, die er hier abwarten mußte, als alles schon bereit stand, daß er unmittelbar nach der Tafel abreisen wollte, reichte er beim Desert der Therese einen verdeckten Teller lächelnd über die Tafel hin; sie griff sehr schnell und mit einem ganz aufgeheiterten Gesichte zu, denn sie mogte sich eine Schäkerei vermuthen; aber — o! was sahen ihre Augen — es war ihr Brief an den Hardi. Sie verfärbte sich schrecklich, und doch wollte sie lächeln. Einige neugierige Damen wollten wissen, was es sei; — "es ist ein Brief von der lieben Gräfin, der mir glücklicherweise in die Hände gekommen ist," sagte er laut und ganz unbefangen; "und beinah hätte ichs vergessen, ihr ihn zuzustellen! — (lächelnd zur Therese) Der Innhalt bleibt unter uns, schöne Gräfin! denn weil er auf dem Schlachtfelde in der Tasche eines gefallenen Offiziers — und noch dazu eines Offiziers aus meiner Familie — gefunden worden war, so war es meine Schuldigkeit ihn zu lesen.„ —

Der König selbst war derangirt; — und das war die Rache des Albert. Die Tafel wurde zeitiger als jemals aufgehoben; Albert empfahl sich sehr freundlich nochmals Sr. derangirten Majestät, und der für neuer Wuth knirschenden Hoheit Therese, schwenkte sich vergnügt auf seinen Gaul, und ritte davon. —

―――――――――――

Er hatte einen einzigen Engel in diesem Neste voll Teufel gefunden; also, nur zwar mit einem, aber mit einem herzlichen Blicke, sahe er zurück, und es war ihm, als ob er seufzen müßte: du dauerst mich! — Sein Fust seufzte noch tiefer; aber er bemerkte es nicht; denn wer sollte sichs träumen lassen, daß auch ein Fust seufzen könne?

Diesmal durfte ers dem Arno nicht abschlagen: im öffentlichen Triumphe, mit seinem Heer' einzuziehen; auch fühlte er selbst jetzt, mit tiefem innig und süß belohnendem Gefühle: daß es in Bärenau für ihn keine Ehrenbezeugung und kein Siegsgepränge gebe, dessen er sich zu schämen habe, und gewährte dem Arno diese Freude desto williger. Er zog also langsam mit seinem Heere fort, so ungeduldig ihn auch sein Herz zu eilen erinnerte, ver-

ein

einigte sich auf der Wiburger Heide mit dem Hektor und Thurneisen — es war ein prachtvoller Anblick sich diese drei siegreichen Helden umarmen zu sehen, indeß ihre Schaaren einander, unterm Freudengekrach der Kanonen entgegen jauchzten: es lebe das Vaterland! — und zog dann mit ihnen fröhlich nach dem fröhlichen Nordia zu. Der Weg war rechts und links von jauchzenden Landleuten besetzt, und als sie in die Nähe von Nordia kamen, zog ihnen die königliche Nobelgarde in Parade entgegen; noch weiter hin, empfing sie ein Chor Mädgen und Jünglinge mit Blumenkränzen, und am äußersten Thore die Gesandtschaft der Landstände, die ihnen den Dank des Vaterlandes mit Freudenthränen brachten. Es ist unmöglich die Gefühle der Helden bei diesen Szenen zu schildern! wem ein großes Herz im Busen schlägt, der wird es empfinden, und mir gern die todten Worte schenken. Alle Gassen, wo sie durchzogen, waren mit Blumen bestreut, und lautes Jauchzen und stille Freudenthränen bewillkommte sie von allen Seiten. Alle Glocken wurden geläutet, alle Kanonen krachten von der Festung und allen Wällen, von jedem Kirchthurme schallte, unter Trompeten und Pauken: Nun danket alle Gott! — und am Schloßthore saß der alte Arno, auf seine Krücke gestützt mit entblößtem Haupte, unter seinen Ministern und übrigen Helden, die theils ihres hohen Alters wegen hatten zurück bleiben müssen, theils schon, verwundet, hieher geschaft worden waren, und sah tief gerührt diesem prächtigen Zuge zu. Casar phatte auch dabei seyn sollen; aber er konnte nicht mehr von seinem Stuhle auf, und freute sich ganz in der Stille, wie Risa, die mit keinem Blicke bei diesem ganzen Zuge zu sehen war; nur als Albert vor ihrem Palais vorüber ritte, lehnte sie ins Fenster, und warf ihm einen Kuß zu. Wir verweilen indeß beim Arno. Zuerst kam Hektor, dann Thurneisen, und endlich Albert. Die von seinem Heer eroberten Fahnen und Standarten — eine schöne Menge! — gieng voran; dann kam das Geschütz, dann die Schlüssel und Wapen der eroberten Städte, und die Wapen und Insignien der eroberten Provinz, nebst den Degen des Ellrich und Uso, von Herolden getragen, und endlich er selbst, vor seinem Regimente, von dem die meisten Gesichter mit zum Theil noch ganz frischen Narben bedeckt woren; da stand Arno auf, neigte seinen grauen Kopf, und sagte: "solche Gesichter müssen auch Könige ehren!" — "Es leb' unser Arno!„ schrie alles, und schlug an die klirrenden Gewehre; "der letzte Tropfen Blut in unsern Adern ist sein!„ — Albert neigte lächelnd seinen Degen, und — der Zug gieng vorüber. — Nun kamen, von allen Orten her, die Helden zurück gesprengt, um ihren Arno nun auch in der Nähe zu grüssen. Er umarmte sie alle brüderlich, und klopfte ihnen die narbenvollen Backen, besonders seinem Hektor, und dem Mar, und dem Albert "Jetzt geht! sagte er dann, jeder in seine Familie, und zu seinen Lieben, und erndtet Gatten- und Vaterfreuden, und Freuden der Liebe, morgen erwarte ich euch am versammelten Hofe, um euch den Lohn auszutheilen,

len, — (tief gerührt) so gut wie ein armer alter König solche Thaten belohnen kann!„ —

Sie giengen; jeder in seine frohlockende Familie, oder zu seinen Lieben und Freunden; Thurneisen allein blieb zurück: "Ich habe keinen ältern Bekannten als dich,„ sagte er zum Arno; "keine Familie, als das Vaterland — (indem er seinen Huth auf einen Stuhl wirft, und den Degen darneben hin lehnt) aber — mich durstet!„ —

Albert und Max hätten nicht einmal nöthig gehabt einander anzusehen! denn es gab gewiß für beide nur eine einzige Bewegung, in die jetzt ihre Organisation von der Seele gesetzt werden konnte. Jeder ließ dem Gaule den Zügel schießen, und — ob gleich keins von ihren Pferden diesen Weg in seinem Leben noch gemacht hatte, so fand doch jedes alle Brückchen und Vortheile zum Zurücken so gut, als wenn dieser Weg der einzige Grund ihres Daseyns, und ausdrücklich von der bildenden Natur in ihre Pferdemaschine hinein gewebt wär, und kamen genau mit dem Augenblicke zugleich an. Erst wurde mit den drei Mädchens ordentlich Fackeball gespielt; jedes flog, als wenns nach dem Takte gieng, aus einem Arme in den andern, und jedes herzte und küßte so viel es in der Geschwindigkeit konnte, bis endlich jedes in dem gehörigen Arme, und auf
dem

dem gehörigen Munde kleben blieb. O, weh! nun war niemand übler dran als die gute Sophie; denn sie war das dritte, und folglich jetzt übrig. Lange würde sie es vermuthlich noch geblieben seyn; denn die Verliebten pflegen sich in solchen Umständen nicht sonderlich um ein Drittes zu kümmern — wenn sich Albert nicht an seinen Auftrag erinnert hätte. "Sophie!„ rief er, sprang auf und faßte sie in seine beiden Arme; "Sophie!„ rief er noch einmal, und drückte mit funkelnden Augen einen herzhaften Kuß auf ihre Lippen — "fühlst du nichts? o Sophie! — nichts? — Ich bringe dir diesen Kuß vom Schlachtfelde!„ — Die gute Sophie staunte ihn an, und es war als ob sich jetzt das süße Gefühl in ihrem Herzen entwickelte. Risa war auch aufgesprungen, und hatte sich neben sie hingestellt. "In der letzten Schlacht vor Helwingen,„ fuhr er fort, "als ich schon völlig glaubte, gesiegt zu haben, focht unten im Thale noch ein Trupp feindliche Reiterei so verzweifelt brav, daß ich den meinigen mit einigen Escadrons zu Hülfe kommen mußte. (Sophie wurde immer aufmerksamer) Auch mit diesem war ich bald fertig, da hieb sich ein schöner junger Mann, den ich auf den ersten Anblick liebte, und wenn er was auf mich im Sinn haben sollte, zu schonen gedachte, durch das Gedränge zu mir heran. Ich war recht auf meiner Huth, denn sein Säbel schien verflucht schnell und scharf zu seyn; aber sein Gesicht sah so friedlich,

und

und als er vollends heran kam, ließ er den Säbel am Riemen hinfliegen; und hatte mich, ehe ichs mich versah, beim Halse. Gieb ihn meiner Sophie! — rief er, und der feurige Männerkuß brannte auf meinem Munde. — (Sophie sank sanft und in süßem Entzücken in den Arm ihrer Risa) — Es war ein ordentliches Kunststück!,, fuhr Albert fort, ohne sie aus seinen Armen, die nun auch seine Risa umschlossen, loszulassen; "denn in dem Augenblicke flog auch sein Säbel wieder um ihn herum, und er hieb sich mit Löwenforsche durch. Hermann!,, —

Sophie. (freudig auffahrend) Er wars also? — Gott im Himmel!

Albert. (entzückt) O, Sophie! ich wünsche, daß ers gewesen sey; denn ich war ihm so gut! Hermann! rief ich also; denn jetzt erst besann ich mich und wollte fragen, — aber er war schon wieder so tief ins Gedränge, daß ich kaum die Worte verstand: Auf Greiffenhorst sehen wir uns wieder! —

Sophie. (schnell und wonnetrunken) Er ists! — erst ists! — (sich loswindend und mit ausgestreckten Armen umher irrend) Hermann! — Hermann! aber warum nicht heute!. mit diesen Helden? —

Albert. (lächelnd) So wär er unser Gefangener! und er sah nicht so aus, als wenn er sich
gerne

gerne gefangen nehmen ließ. Aber — wie sollt' er mich so genau kennen? und wissen, daß du hier bist? — und was hat er auf Greiffenhorst?

Sophie. (ihm um den Hals fallend) Albert! ich bitte dich: frage mich nicht; — Ich wär das unglücklichste Mädgen, wenn ers nicht wüßte; aber die undankbarste Kreatur, wenn ich dir sagte: wie er dich kennt, und was er auf Greiffenhorst hat. — (sanft und gefühlvoll) Albert! du bist glücklich; und ich hoffe nun es wird eine Zeit kommen, wo wirs alle seyn werden; Albert! dann erinnre dich an diesen Augenblick, und denke, was michs müsse gekostet haben zu schweigen.

Erst spät fiel ihr ein: daß er noch in diesem Gefecht oder in einem andern, geblieben seyn könne, und sie war sehr ängstlich; aber Albert versicherte ihr: daß er genau habe nachsuchen lassen, und ihn nicht unter den Todten gefunden; und von dieser Zeit an keine Maus mehr von Waffen in Feindeslande gestorben sey. Wer war vergnügter als sie! und ob sie gleich immer noch in den Umarmungen überflüßig war, so fühlte sie sich doch unaussprechlich glücklich in dieser neuen Hoffnung auf eine Zeit, wo sie es nicht mehr seyn werde.

Die

Die süsseste Ruhe hatte nun alle Sorgen aus den Herzen der Liebenden verdrängt; denn jedes sah, zwar nur wie durch einen Flor, in die tiefe dunkle Nacht seines Schicksals, aber es sah doch den wohlthätigen Schimmer der Hoffnung nah oder fern, auf die sich sein Erdenglück gründete. Mar hatte seine Valeska; was wollt' er mehr? und die gute Valeska hatte noch niemals über dieses süße "Haben„ hinaus gedacht. Er lebte noch, lag wieder in ihren Armen; — o, das war ja die Summe eines Glücks, wo ihr schon schwindelte! für das übrige ließ sie den Himmel sorgen. Mar fühlte sich, und sah schon die Zeit, wo er werde sagen können: ich bin Ludwigs Sohn! — Sophie wußte, daß ihr Hermann noch lebte, und daß er ihre Nachrichten erhalten und verstanden; und Lisa drückte mit freudigem Beben ihrem Albert die Hand, als er ihr sagte: daß Arno morgen seine Helden belohnen wolle. War das nicht alles mögliche, was sie vom Glück' in dieser schnellen Wendung hatten hoffen können? und die süßeste Zufriedenheit strahlte jedem aus dem Auge.

Der kommende Tag brach an, und alles was nur Hof hieß, war in Bewegung; denn jedes hoffte, nach seiner Art, für sich alles heute von der Verschwendung des Arno, die man in solch einem

einem Falle kaunte. Risa kleidete sich so einfach
als möglich, und verschwendete alle Pracht an
ihrer Valeska; denn wer wußte, was diesen Tag
aus ihr wurde?

Prächtig saß Arno unter einem goldnen Thron-
himmel auf seinem Sessel; ihm zur rechten Risa,
nebst ihrer Schwester und den übrigen Prinzessin-
nen; und zur linken Hektor, Mar, Thurneisen,
und die andern alten Generals. Albert stand vor
ihm, an der Spitze der übrigen Helden, unter die
einige Hofmarschälle noch immer Orden und andere
Gnaden- und Ehrenzeichen austheilten, und besprach
sich mit ihm über die Versorgung der Wittwen
und Kinder der gebliebenen Offiziere. "Gut!„
sagte der König endlich, als er seine Vorschläge
gehört hatte, "was ich hier heute nicht thue, das
kann ich morgen thun; aber auch dein Schuldner
mag ich nicht länger bleiben!„ — Ein sanftes
Roth überzog das Gesicht der Risa, und Albert
trat mit einer bescheidenen Verbeugung, einige
Schritte zurück. "Du schämst dich für deinen Verdiensten?„ fuhr Arno fort; "destomehr werden
sie dich vor der Welt ehren! — Hektor hat für
sich selbst und sein eignes Land gefochten; ihm also
bin ich nichts schuldig. Thurneisen ist für jedes
Glük der Erde, das ich ihm geben könnte, zu
alt, und hofft bald den Lohn seines ehrlichen Herzens mit mir in der Ewigkeit; (ihm die Hand reichend)

chend) aber schlafen soll er neben mir, der redliche, brave Thurneisen, in des Gruft meiner Väter! stehn soll er neben mir zur linken, im Marmor, und Casper zur rechten, wenn wir todt sind; denn sie waren die treusten Gefährten der fahrvollen Tage meiner Jugend, und haben mich auch im Alter nicht verlassen! Albert, aber du? — Wärlich, ich sehe, daß jetzt die ganze Welt aufpaßt; wie ich dich belohnen werde; da jedermann weiß, was ich dir schuldig bin. Du hast die letzten kummervollen Tage meines Alters in Freude verwandelt, hast meinen Ruhm erhalten, mein armes Land aus den Klauen der Feinde gerissen, und seine Grenzen erweitert; — Albert! ich würde mich betrüben, daß ich auf immer müßte dein Schuldner bleiben; aber ich kenne ja deinen süßesten Wunsch, und — Gott sey Dank! daß ich ihn erfüllen kann. (Indem er, und alles mit ihm aufsteht, und Risas Hand faßt) Komm! — hier ist dein Lohn!„ —

Albert gieng und empfing nun auch die Hand seiner Risa, deren Herz schon lange sein war, aus der Hand des Arno. "Seyd glücklich!„ sagte gerührt dieser edle Greis, "und wenn auch nach meinem Tode der Feind brummt, so hast du ja deinen Hektor!„ — Hektor versicherte ihm dieses in einer brüderlichen Umarmung; und es herrschte eine tiefe Stille. "Du glaubtest mir dein Land schuldig zu seyn, Arno!„ sagte Albert, "und

S hast

haſt mich königlich belohnt. Ich bin deinem Max meine Riſa ſchuldig, und mögte ihn wenigſtens fürſtlich belohnen! — (ſanft lächelnd zu ſeiner Riſa) Riſa laß mir den Stolz: daß ich nur meine Riſa, nicht die Landgräfin von Holm, liebte!„ —

Riſa. (zum Könige, dem ſie die Hand küßt) Ich danke dir, Vater Arno! du haſt unſern ſüßeſten Wunſch erfüllt; jetzt wollen wir ſehen, ob wir es dir wett machen können. Du hörſt es — (lächelnd) daß jener Stolze keine Landgräfin mag; — und mich däucht, dem iſt ſo — (indem ſie ſchnell ihre Schweſter mit der linken, und den Prinz Max mit der rechten ergreift) am beſten abgeholfen. Ich gebe ihr hiermit meine Landgrafſchaft, gieb Du ſie deinem Max! — (Arno ſieht ſie erſtaunt an, und ſie fährt nach einer kleinen Pauſe fort) Mein gutes Holm kann nichts dabei verliehren; denn Max wird ihm ein guter Vater, und Valeska eine gute Mutter ſeyn; ich aber gewinne die namenloſe Freude: ohne meinen Albert zu verliehren, den ſüßeſten Wunſch meines Königs erfüllt zu haben. —

Arno. (tief gerührt und mit ſichtbarer Freude) Kinder! — Kinder! — was habt ihr für Herzen; — (indem er die Hand der Valeska in die Hand des Max legt, welche beide wie in einem ſüßen Traume daſtehn) Alſo ſoll ich noch einmal ſegnen?

Albert.

Albert. (ganz zufrieden) Segne, Vater Arno! Segne. Denn es würde mir weh gethan haben, wenn nur durch die Aufopferung des süßesten Wunsches meines Königs, der meinige hätte erfüllt werden sollen.

Arno. Nordenschild! — Ich seh' in die Zukunft, und finde, daß du jetzt dem Könige von Bäreuau mehr gegeben hast, als durch alle deine Siege.

Albert. (seine Risa in den Arm schließend) Und du mir mehr als eine Krone! —

Ende des zweiten Theils.